Oliver Kuhn
Alles, was ein Mann wissen muss

Oliver Kuhn

Alles, was ein
MANN
wissen muss

Vademecum für alle Lebenslagen

Droemer

Besuchen Sie uns im Internet:
www.droemer.de

Die Folie des Schutzumschlags sowie die Einschweißfolie sind
PE-Folien und biologisch abbaubar.
Dieses Buch wurde auf chlor- und säurefreiem Papier gedruckt.

Copyright © 2007 by Droemer Verlag.
Ein Unternehmen der Droemerschen Verlagsanstalt
Th. Knaur Nachf. GmbH & Co. KG, München
Alle Rechte vorbehalten. Das Werk darf – auch teilweise –
nur mit Genehmigung des Verlages wiedergegeben werden.
Alle Illustrationen im Text: Gisela Rüger, außer Seiten
11, 18, 48, 63, 78, 84, 213, 218, 236, 300, 302, 303:
Achim Norweg und Seite 38: Markus Röleke.
Umschlaggestaltung: ZERO Werbeagentur, München
Umschlagabbildung: FinePic, München
Gestaltung und Herstellung: Daniela Nikel, München
Satz: Adobe InDesign im Verlag
Druck und Bindung: CPI – Ebner & Spiegel, Ulm
Printed in Germany
ISBN 978-3-426-27434-7

7 9 10 8 6

**Männer brauchen nur noch dieses eine Buch,
denn in ihm finden sie alles, was sie wissen müssen:**

Über Politik, Philosophie und Kunst. Über Fußball, Sex und Verführung. Über Etikette, Design und Selbstverteidigung. Über Religion, Handwerken und Erste Hilfe. Alles, um die größten Abenteuer des Lebens zu bestehen: Gegen Bären, Löwen und Krokodile kämpfen. Sich auch auf höchstem gesellschaftlichem Parkett benehmen. In Gesprächen brillieren und Vorstellungsgespräche überstehen. Im Poker gewinnen und den Haushalt beherrschen. Wichtige Reparaturen selber machen und sich in aussichtslosen Situationen durchschlagen. Außerdem alles, was Männer ihren Söhnen beibringen müssen.

Es ist das Konzentrat einer ganzen Bibliothek. Hochdosiertes Wissen. Denn endlich wird in einem einzigen Buch all das zusammengetragen, was der moderne Mann kennen muss. Dies ist nicht nur ein Buch, es ist ein guter Freund.

INHALT

WISSEN ... 7
Die Erde, Kriege & Revolutionen, Verbrechen & Verbrecher, Nobelpreisträger, Philosophie, Design, Deutschland & Europa, Das Wetter, Kunst & Kultur, Tiere, Der Mensch, Psychologie, Physik & Technik, Das Universum, Sport, Architektur, Sprache, Reisen, Religion, Gesundheit, Recht, Die wichtigsten Forbes-Listen, Smalltalk

GUTES BENEHMEN ... 157
Der Adel, Gesellschaftliche Anlässe, Bei Tisch

ESSEN & TRINKEN ... 167
Cocktails, Hochprozentiges, Wein, Verzehr

MODE & STIL ... 185
Designer, Anzug & Hemd, Der Binder, Die Schuhe, Accessoires

FRAUEN ... 199
Frau & Mann, Verführung, Romantik, Sex

BERUF ... 223
Die Bewerbung, Chefs, Präsentation

ABENTEUER ... 231
Unterwegs, Erste Hilfe, Heimwerken, Kampf, Haushalt, In der Natur, Überleben, Vater & Sohn, Spiel & Spaß, Fitness, Poker

DIE ERDE

SUPERLATIVE DER ERDE

Höchster Berg	Mount Everest	8848 m
Größtes Gebirge	Himalaya	2500 km lang, 150–280 km breit
Größter Süßwassersee	Oberer See	82.103 km^2
Wasserreichster Fluss	Amazonas	180.000 m^3/s
Längster Fluss	Nil	6671 km
Größter Kontinent	Asien	44.250.000 km^2
Größte Insel	Grönland	2,17 Mio. km^2
Größte Halbinsel	Arabien	2.730.000 km^2
Heißester Ort	El Azizija (Libyen)	58 Grad Celsius
Kältester Ort	Wostok (Antarktis)	−89,2 Grad Celsius (Jahrestemp. −55,6)
Tiefster Punkt	Marianengraben	−11.034 m
Größtes Meer	Pazifischer Ozean	166.240.000 km^2
Größtes Flussdelta	Ganges-Brahmaputra	80.000 km^2
Größter See	Kaspisches Meer	371.000 km^2
Größter deutscher See	Bodensee	571,7 km^2
Größte deutsche Insel	Rügen	926,4 km^2
Größte Wüste	Sahara	8,7 Mio. km^2
Meiste Regentage	Mt. Waialele/Hawaii	350
Feuchtester Ort	Cherrapunji (Indien)	10.795 mm Jahresniederschlag
Geringste Sonnenscheindauer	Nord- und Südpol	182 Tage ohne Sonnenschein
Größtes Land	Russland	17,1 Mio km^2
Einwohnerreichstes Land	China	1,3 Milliarden Einwohner
Größte Metropole	Tokio-Yokohama	37 Mio. Einwohner

Größte Stadt	Mumbai	12,69 Mio. Einwohner (2005)
Meistgesprochene Sprache	Hochchinesisch	907 Millionen Sprechende

BASISDATEN DER ERDE

Durchmesser am Äquator	12.756 km
Durchmesser am Pol	12.714 km
Gewicht	59.742 x 10^{24} kg
Oberfläche	510,1 Mio. km²
Wasserfläche	361 Mio. km²
Atmosphäre	78 % Stickstoff, 21 % Sauerstoff, 0,93 % Argon, 0,03 % Kohlendioxid

DIE HÖCHSTEN WASSERFÄLLE

Angel Falls, Venezuela	979 m
Tugela Falls, Südafrika	948 m
Gocta, Peru	771 m
Yosemite Falls, USA	739 m

Übrigens: Die Niagara-Fälle sind nur 52 Meter hoch. 1901 überlebte Annie Taylor den Sturz in einem Holzfass.

DIE HÖCHSTEN BERGE
ALLER SIEBEN KONTINENTE

Mount Everest	8848 m	Asien
Aconcagua	6962 m	Südamerika
Mount McKinley	6194 m	Nordamerika
Kilimandscharo	5895 m	Afrika

Elbrus	5642 m	Europa
Vinson-Massiv	4892 m	Antarktis
Carstenz-Pyramide	4884 m	Ozeanien *oder*
Mount Kosciuszko	2228 m	Australien

DIE SIEBEN ANTIKEN WELTWUNDER

Leuchtturm von Alexandria (282 v. Chr.)
Wurde bei einem Erdbeben im 14. Jahrhundert zerstört und war damals mit geschätzten 115–160 Metern Höhe eines der höchsten Gebäude der Welt.

Koloss von Rhodos (250 v. Chr.)
Die riesige Bronzestatue des Sonnengottes Helios stand nur für 50 Jahre im Hafen, dann wurde sie von einem Erdbeben zerstört.

Zeus-Statue des Phidias in Olympia (450 v. Chr.)
Die 12 Meter hohe Statue aus Gold und Elfenbein wurde 460 nach Christus bei einem Brand zerstört, allerdings in Konstantinopel, wohin sie ca. 100 Jahre zuvor gebracht worden war.

Mausoleum von Halikarnassos (350 v. Chr.)
König Mausolos schuf für sich ein so riesiges Grab (im 14. Jahrhundert zerstört durch ein Erdbeben), dass solche Grabstätten seither Mausoleum genannt werden.

Pyramiden von Gizeh (2500 v. Chr.)
Das Steingrab von Cheops wurde aus 2,3 Millionen Steinblöcken erbaut, die jeweils 2,5 Tonnen wiegen. Es ist 138 Meter hoch. Bis zu 360.000 Arbeiter soll der Pharao engagiert haben. Die Pyramide von Gizeh ist immer noch bestens erhalten.

Hängende Gärten der Semiramis in Babylon (550 v. Chr.)
Sie wurden von König Nebukadnezar errichtet, der so das Heim-

weh seiner Frau mildern wollte. Womöglich sind sie auch nur eine Legende, weil jegliche Augenzeugenberichte fehlen.

Tempel der Artemis zu Ephesos (ca. 550 v. Chr.)
Der griechische Marmortempel zu Ehren der Jagdgöttin wurde 262 nach Christus von den Goten zerstört.

DIE SIEBEN MODERNEN WELTWUNDER

Aus 21 Finalkandidaten wurden von 70 Millionen Menschen im Juli 2007 die sieben modernen Weltwunder gewählt:

1. Die Maya-Ruinen Chichén Itzá auf der Halbinsel Yucatán (Mexiko)
2. Die chinesische Mauer (Volksrepublik China)
3. Die Christus-Statue (Cristo Redentor) in Rio de Janeiro (Brasilien)
4. Das antike Amphitheater Kolosseum in Rom (Italien)
5. Die Inka-Ruinenstadt Machu Picchu in den Anden (Peru)
6. Die Felsenstadt Petra (Jordanien)
7. Das Grabmal Taj Mahal (Indien)

Übrigens: Knapp am Weltwunderstatus vorbei schrammte Schloss Neuschwanstein auf Platz acht.

DIE SIEBEN WELTWUNDER DER NATUR

1. Der Grand Canyon
2. Der Naturhafen von Rio de Janeiro
3. Die Polarlichter
4. Das Great Barrier Reef
5. Die Victoriafälle
6. Der Mount Everest
7. Der Vulkan Paricutin

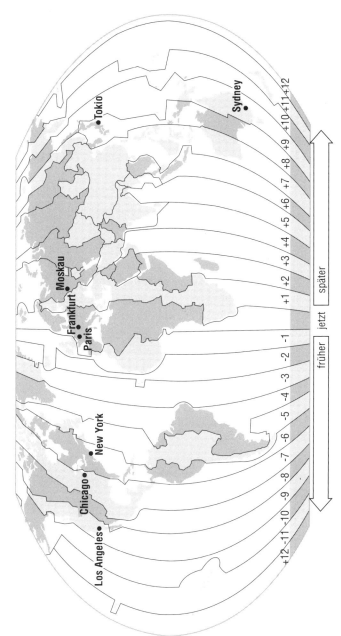

WICHTIGE ENTDECKUNGEN UND ENTDECKER

326 v. Chr.	Alexander der Große reist nach Indien.
1000	Erste Entdeckung Amerikas (»Markland«, »Helluland«, durch die Wikinger unter Führung von Lefis, dem Sohn des Roten)
1271–1295	Der Venezianer Marco Polo reist nach Zentral- und Ostasien.
1486	Bartolomeu Diaz umsegelte das Kap der Guten Hoffnung. Er nennt es »Kap der Stürme«.
1492	Wiederentdeckung Amerikas durch Christoph Kolumbus (1498 Südamerika, 1502 Mittelamerika)
1497/98	Der Portugiese Vasco da Gama erreicht Ostindien. Er ist der Erste, der beweisen kann, dass der indische Ozean mit anderen Meeren verbunden ist.
1519	Ferdinand Magellan führt eine Expedition von fünf Schiffen und 270 Mann Besatzung an, um die Erde zu umsegeln. Er benennt den Pazifik (weil er ihm so ruhig und friedlich vorkommt). Magellan wird 1521 von philippinischen Ureinwohnern umgebracht. Eines seiner Schiffe mit 18 Männern schafft 1522 die Weltumrundung.
1531/33	Francisco Pizarro erobert Peru und zerstört das Reich der Inkas (zuvor vernichtet Cortez die Azteken in Mexiko).
1776–1779	Erdumsegelung durch den englischen Seefahrer James Cook
1792/93	Erste Durchquerung Nordamerikas durch Alexander Mackenzie
1852–56	David Livingstone durchquert das südliche Afrika.
1908–09	Ernest Shackleton erreicht den magnetischen Südpol.
14.12.1911	Roald Amundsen erreicht den Südpol (vier Wochen vor seinem Konkurrenten Robert Falcon Scott).
1953	Erstbesteigung des Mount Everest durch Edmund Hillary und Tenzing Norgay

1958	Das amerikanische U-Boot »Nautilus« fährt unter der Eisdecke des Nordpols durch.
12.4.1961	Der 27-jährige sowjetische Pilot Yuri Gagarin umrundet die Erde in 108 Minuten in einer Höhe von 327 Kilometern an Bord der »Wostock 1«.
1978	Reinhold Messner und dem Österreicher Habeler gelingen die erste Besteigung des Mount Everest ohne Sauerstoffgerät.
1989/90	Reinhold Messner und Arved Fuchs durchqueren die Antarktis zu Fuß.

Amundsen gegen Scott – der Wettlauf zum Südpol
Roald Amundsen startete mit nur sieben Männern. Robert Falcon Scott ging gleich mit 33 Mann an Land. Amundsen hatte bei seinen früheren Expeditionen viel von den Inuit gelernt und kaufte hundert Huskys in Dänemark. Scott setzte auf Ponys als Packtiere. Auch bei der Wahl der Ausrüstung machte Scott einige Fehler. So wählte er etwa Rentierpelze statt der dreilagigen Schlafsäcke von Amundsen. Die Pelze vereisten, die Schlafsäcke nicht. Der Norweger Amundsen erreichte am 14. Dezember 1911 als erster Mensch den Südpol. Der Engländer Scott kam am 18. Januar 1912 an seinem Ziel an, um festzustellen, dass ihm Amundsen zuvorgekommen war. Auf dem Rückweg erfror er, nur noch 18 Kilometer von seinem sicheren Lagerplatz entfernt.

DIE ERDGESCHICHTE

Wenn man sich die Geschichte unseres Universums als Jahreskalender vorstellt, der Urknall also pünktlich zu Neujahr am 1. Januar passiert wäre, dann würde sie ungefähr so aussehen:

1. Januar	Urknall
1. Mai	Entstehung der Milchstraße
9. September	Entstehung des Sonnensystems
14. September	Die Erde entsteht

25. September	Erste Einzeller
9. Oktober	Die ältesten bisher entdeckten Fossilien
12. November	Die ersten Wasserpflanzen
15. November	Mehrzellige Organismen
17. Dezember	Wirbeltiere
18. Dezember	Die ersten Pflanzen an Land
24. Dezember	Dinosaurier
25. Dezember	Säugetiere
27. Dezember	Vögel
29. Dezember	Dinosaurier sterben aus
31. Dezember	13.30 Uhr Die ersten Menschen
	22.30 Uhr Entwicklung der Landwirtschaft
	23.59.20 Uhr Die alten Ägypter
	23.59.50 Uhr Geburt Christi
	23.59.59 Uhr Das Auto wird erfunden

DIE ENTSTEHUNG DES MENSCHEN

Vor 3,6 Milliarden Jahren	Die ersten Einzeller
Vor 700 Millionen Jahren	Die ersten Mehrzeller
Vor 450 Millionen Jahren	Der erste Fisch – Astraspida Evolutionsforscher fahnden immer noch nach dem Lebewesen, das für den Übergang zu den Primaten führte.
Vor 45 Millionen Jahren	Der erste Primat – Eosimias (lebte in den Bäumen)
Vor 7,5 Millionen Jahren	Erster aufrecht gehender Vorfahr – Australopithecus afarensis
Vor 3 Millionen Jahren	Der größere und stärkere Australopithecus africanus macht ihm Konkurrenz.
Vor 2 Millionen Jahren	Der Homo erectus entdeckt das Feuer und die Benutzung von Werkzeugen.
Vor 200.000 Jahren	Der Neandertaler setzt Waffen ein.
Vor 130.000 Jahren	Der Homo sapiens

REVOLUTIONEN, DIE DIE WELT VERÄNDERT HABEN

Glorreiche Revolution 1689
Wird so bezeichnet, weil sie ohne Blutvergießen den Sturz des englischen Königs Jakob II. erreicht. In der »Bill of Rights« bekommt das Parlament eine Sicherheit gegen die Königsgewalt.

Nordamerikanischer Unabhängigkeitskrieg 1775–1783
Erfolgreicher Aufstand der nordamerikanischen Kolonien gegen die britische Herrschaft. Dies führte zur Unabhängigkeitserklärung (von Thomas Jefferson) und zur neuen Verfassung mit Gewaltenteilung und Grundrechten.

Französische Revolution 1789–1799
Am 14. Juli 1789 erstürmt das Volk die Bastille. Die Nationalversammlung verkündet die Menschenrechte und beseitigt alle Standesvorrechte. Im August 1792 stürmt das Volk dann abermals auf die Tuilerien und stürzt die Monarchie. Die Losung lautet: »Liberté, Egalité, Fraternité« (Freiheit, Gleichheit, Brüderlichkeit). Am 21. Januar 1793 wird Ludwig XVI. hingerichtet.

Revolution in Deutschland 1848/49
Nach der Märzrevolution 1848 geht die Frankfurter Nationalversammlung aus freien Wahlen hervor. Sie tagt in der Paulskirche und soll eine Verfassung durchsetzen. Doch die Nationalversammlung scheitert. Weitere Versuche, die Verfassung durchzusetzen, werden von den alten Ordnungsmächten blutig niedergeschlagen.

Oktoberrevolution 1917
Am 7. November 1917 schießt ein Panzerkreuzer in Richtung des Winterpalasts von Petrograd (Sankt Petersburg). Die Bolschewiki unter Führung von Wladimir Iljitsch Lenin nehmen den Palast ein und gründen Anfang 1918 mit der Sozialistischen Föderativen Sowjetrepublik den ersten kommunistischen Staat der Welt.

Novemberrevolution 1918
Sturz der Monarchien. Bildung von parlamentarischen Republiken. Karl Liebknecht proklamiert die »freie sozialistische Republik«. Doch die Novemberrevolution wird niedergeschlagen, die Weimarer Republik unter Reichspräsident Friedrich Ebert wird begründet.

Kulturrevolution 1966–1969
Mao Zedong versucht seine Macht zu festigen und pragmatische Gegner wie Deng Xiaoping auszuschalten. Seine »Roten Garden« terrorisieren Kritiker und schicken Hunderttausende zur »Umerziehung« aufs Land. Mao setzt die Armee zur Wiederherstellung der Ordnung ein.

DIE GESCHICHTE DER WAFFENTECHNOLOGIE

Waffen sind ein zentraler Antrieb der Menschheit und moderner Technologien:

4000 vor Chr.	zweirädriger Kampfwagen
200 n. Chr.	Kettenpanzerung
300	Steigbügel
1100	Armbrust
1200	Schießpulver
1350	Feuerwaffen
1451	Granaten
1592	gepanzerte Kriegsschiffe
1718	Maschinengewehre
1776	U-Boote
1797	Fallschirme
1866	Torpedo und Dynamit
1903	Flugzeuge
1915	Giftgas
1916	Panzer
1917	Flugzeugträger

1918	Sonar
1933	Radar
1937	Hubschrauber
1938	düsengetriebene Flugzeuge
1943	Nachtsichtgeräte
1945	Atombombe
1951	Wasserstoffbombe
1955	Atom-U-Boote
1977	Neutronenbombe
1982	Stealth-Bomber

SCHWULE (ODER BISEXUELLE) HEERFÜHRER

Achilles, Alexander der Große, Julius Cäsar, Richard Löwenherz, Friedrich der Große, Lawrence of Arabia

MILITÄRISCHE SIEGE IN UNTERZAHL

1070	Der Normanne Wilhelm der Eroberer unterwirft mit seiner 10.000 Mann starken Armee ganz England (1,5 Millionen Bewohner).
1211	Der Mongole Dschingis Khan besiegt mit 75.000 Mann die chinesische Armee (600.000 Soldaten).
1521	Hernando Cortez landet mit 550 spanischen Soldaten in Mexiko und unterwirft das gesamte aztekische Reich (10 Millionen Menschen).
1836	189 Männer kämpfen bei der Schlacht von Alamo gegen 2000 Mexikaner. Sie meucheln mehr als die Hälfte der mexikanischen Truppe.
1915	Der deutsche General Paul von Lettow-Vorbeck (mit einer wild gemischten Truppe aus 14.000 europäischen und afrikanischen Soldaten) drängt die 300.000 Mann starke alliierte Armee zurück.

DIENSTRÄNGE BEI DER BUNDESWEHR

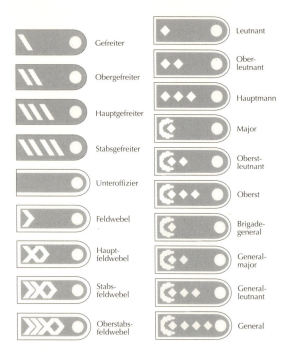

AUSGEWÄHLTE KRIEGE UND BÜRGERKRIEGE NACH DEM ZWEITEN WELTKRIEG

1969, El Salvador/Honduras
Nach einem Fußballländerspiel (3:2 für El Salvador) kommt es zu Unruhen. Die Armee von El Salvador dringt nach Honduras ein. Mit einer Dauer von nur vier Tagen gilt er als der kürzeste Krieg aller Zeiten.

1969–1994, Nordirland
Die katholische IRA will die Teilung Irlands aufheben, die Protestanten kämpfen für den Verbleib bei Großbritannien.

KRIEGE & REVOLUTIONEN

1980–1988, Irak
Erster Golfkrieg: Verlustreicher Krieg zwischen Iran und Irak um Gebiete am persischen Golf

1982, Falkland
Als Argentinien die Falkland-Inseln beansprucht, entsendet Großbritannien seine Marine und siegt.

1987–1993, Israel/Palästina
Erste Intifada (»Intifada« bedeutet abschütteln und meint die israelische Besatzung durch die Palästinenser)

1990–1995, Ruanda
Der Stammeskonflikt zwischen Hutu und Tutsi eskaliert. Hunderttausende werden bestialisch ermordet, Millionen fliehen.

1991, Irak/Kuwait
Zweiter Golfkrieg: Irak fällt in Kuwait ein und wird von den UN-Truppen zurückgeschlagen.

1991–2001, Jugoslawien-Kriege
Kroatien-Krieg, Bosnien-Krieg, Mazedonien-Konflikt. Auseinandersetzungen in der Folge der Unabhängigkeit der ehemaligen jugoslawischen Teilrepubliken

Seit 1991, Algerien
Fundamentalistische Islamisten kämpfen für einen Gottesstaat.

2000–2005, Israel/Palästina
Zweite Intifada (de facto trotz Waffenstillstandsabkommen noch nicht beendet)

seit 2001, Afghanistan
Militärische Interventionen der Amerikaner aufgrund der Anschläge auf das World Trade Center

seit 2003, Irak
Amerikanischer Angriffskrieg gegen Saddam Hussein. Vergebliche Suche nach Massenvernichtungswaffen

DIE GENFER KONVENTIONEN

1864	»betreffend die Linderung des Lobes der im Felddienst verwundeten Militärpersonen«
1929	Abkommen zur Verbesserung der Situation der Kranken und Verwundeten im Feld und Abkommen über die Behandlung von Kriegsgefangenen (Folterung und Hinrichtung ohne rechtsstaatliches Verfahren sind verboten)
1949	Abkommen zum Schutz der Kriegsopfer
1951	Abkommen über die Rechtsstellung von Flüchtlingen (die Zurückweisung von Kriegsflüchtlingen in ihre Heimatländer und in Länder, die ihre Freiheit bedrohen, ist verboten)
1972	Abkommen zur biologischen Kriegsführung (Herstellung, Verbreitung und Lagerung biologischer Waffen ist verboten)

DIE TOP-GESUCHTEN DES FBI

Usama Bin Muhamad Bin Laden alias der Prinz, der Emir, Abu Abdallah, der Direktor, Hajj
Geboren: 1957, Saudi-Arabien
Vorwurf: Chef der Terrororganisation al-Qaida
Merkmale: Braune Augen, Linkshänder, er läuft am Stock
Belohnung: 25 Millionen Dollar

Diego Leon Montoya Sanchez alias »Don Diego«, »El Senor de la Guerra«, der Radfahrer
Geboren: 1959, Kolumbien
Vorwurf: Er hat unzählige Tonnen Kokain in die USA geschmuggelt.
Merkmale: Braune Augen, Operationswunde am Rücken, Beine steif nach einem Autounfall, wird von einer paramilitärischen Vereinigung geschützt
Belohnung: 5 Millionen Dollar

Victor Manuel Gerena alias Victor Ortiz, Victor M. Gerena Ortiz
Geboren: 1958, New York, USA
Vorwurf: Bewaffneter Raubüberfall mit Geiselnahme auf eine Sicherheitsfirma in Connecticut (1983), bei der 7 Millionen Dollar erbeutet wurden
Merkmale: Grüne Augen, Narbe am rechten Schulterblatt
Belohnung: 1 Million Dollar

James J. Bulger alias Tom Marshall, »Whitey«
Geboren: 1929, Boston, USA
Vorwurf: Zahlreiche Morde, Mitgliedschaft im organisierten Verbrechen, Erpressung, Drogenhandel
Merkmale: Blaue Augen, er nimmt das Herzmedikament Atenolol, er ist Tierfreund.
Belohnung: 1 Million Dollar

DRAMATISCHE FLUGZEUGENTFÜHRUNGEN

1970 Terroristen der Volksfront für die Befreiung Palästinas kapern zwischen 6. und 9. September vier Passagiermaschinen. Sieben palästinensische Terroristen werden freigepresst. Die Geiseln werden freigelassen bzw. befreit, die Maschinen gesprengt.

1977 Die Lufthansa-Maschine »Landshut« wird von Sondereinsatzkräften der GSG 9 auf dem Flughafen von Mogadischu gestürmt. Es sollten RAF-Häftlinge freigepresst werden. Drei der vier Entführer werden getötet, 86 Geiseln befreit. Der Pilot war zuvor exekutiert worden.

1986 Mitglieder einer PLO-Splittergruppe entführen eine Pan-Am–Maschine in Karachi. Bei der Erstürmung sterben 22 der 375 Insassen.

2001 Insgesamt 19 Terroristen entführen vier Flugzeuge und steuern sie in die beiden Türme des World Trade Center und ins Verteidigungsministerium (Pentagon). Eine vierte Maschine stürzt in der Nähe von Pittsburgh ab, sie hatte vermutlich das Weiße Haus zum Ziel. Es sterben über 3000 Menschen.

BEDEUTENDE SPIONE

Alfred Redl	Der österreichische Oberst spionierte für Russland und beging nach seiner Enttarnung Selbstmord.
Mata Hari	Die niederländische Tänzerin spionierte im Ersten Weltkrieg für die Deutschen und die Franzosen.
Richard Sorge	Der deutsche Kommunist spionierte für die Sowjetunion und warnte vor dem deutschen Überfall im Jahr 1941.
Klaus Fuchs	Der Deutsche emigrierte 1933 nach England

	und arbeitete am US-Atombombenprojekt mit und spionierte für die Russen.
Francis G. Powers	Der US-Pilot wurde über der Sowjetunion abgeschossen und inhaftiert (er wurde bei einem Agententausch in Berlin gegen Atomspion Rudolf Abel freigelassen).
Kim Philby	Der britische Doppelagent setzte sich 1963 in die Sowjetunion ab.
Günter Guillaume	Der persönliche Referent von Bundeskanzler Willy Brandt wurde 1974 als DDR-Spion enttarnt.
Anthony F. Blunt	Der britische Geheimagent beriet die Königin und wurde 1979 als Doppelagent enttarnt. Er arbeitete auch für den KGB.
Victor Ostrovsky	Israelischer Agent, der später als Schriftsteller tätig war. Er offenbarte die Diffamierungskampagne gegen Österreichs Präsident Kurt Waldheim.
Werner Mauss	Deutscher Privatagent und V-Mann für Polizei und Geheimdienste. Er wird in Zusammenhang gebracht mit der Auffindung des Seveso-Giftes, der Freilassung von Hisbollah-Geiseln im Libanon und der Festnahme des RAF-Terroristen Rolf Pohle in Athen.

BERÜHMTE HOCHSTAPLER

Gert Postel
Der 48-jährige Gert Postel aus Bremen erlangte durch seine Anstellungen als falscher Arzt Berühmtheit. Dabei stellte er mit seiner vorgetäuschten Fachkenntnis die deutsche Ärzteschaft bloß. Obwohl er nie ein Medizinstudium abgeschlossen hatte, bewarb er sich unter dem falschen Namen Dr. med. Dr. phil. Clemens Bartholdy im September 1982 erfolgreich um die Stelle des stellvertretenden

Amtsarztes in Flensburg. Auf die Frage, worüber er promoviert hätte, antwortete Postel: »Über die Pseudologia phantastica am literarischen Beispiel der Figur des Felix Krull nach dem gleichnamigen Roman von Thomas Mann und die kognitiv induzierten Verzerrungen in der stereotypen Urteilsbildung.« Postel wurde 1998 in Stuttgart festgenommen und 1999 wegen Betrugs und Urkundenfälschung zu vier Jahren Haft verurteilt.

Tile Kolup, auch bekannt als Dietrich Holzschuh
Kolup gab sich als Kaiser Friedrich II. aus (der kurz zuvor gestorben war). Der Betrüger hielt Hof, empfing hohe Herren, Bischöfe und Fürsten, gab Urkunden aus und bestätigte Privilegien. Als König Rudolf von Habsburg vor Wetzlar lagerte, nahmen sie Kolup fest und lieferten ihn an den rechtmäßigen König aus. Der ließ ihn dort am 7. Juli 1285 als Ketzer verbrennen.

Karl May
Der »Winnetou«-Autor war nie im »Wilden Westen«. Das hatte er auch nie behauptet. Bevor May allerdings als Romanautor reüssierte, behauptete er zwischen 1864 und 1870 immer wieder, Augenarzt zu sein. Er gab sich dabei als »Dr. Heilig« aus. Dieses – und einige andere Delikte – brachte May mehrere Jahre Zuchthaus ein.

Frank William Abagnale
Seit dem Steven-Spielberg-Film »Catch me if you can« mit Leonardo di Caprio in der Hauptrolle kennt man die unglaubliche Story dieses Hochstaplers. Er kam noch vor seinem 21. Lebensjahr auf eine Beute von rund 2,5 Millionen US-Dollar. Das Geld gab er größtenteils für Luxusgüter aus. Er versuchte sich unter anderem erfolgreich als Kopilot, Arzt und Rechtsanwalt. Nach einigen Jahren im Gefängnis wechselte er schließlich – als Gegenleistung für seine Freilassung – die Fronten und arbeitete ab 1974 für das FBI.

Friedrich Wilhelm Voigt, auch bekannt als »Der Hauptmann von Köpenick«
Der vorbestrafte Schuster verkleidete sich am 16. Oktober 1906 als preußischer Hauptmann, unterstellte mehrere Soldaten seinem Kommando und besetzte mit ihnen das Rathaus von Köpenick. Er verhaftete den Bürgermeister und beschlagnahmte die Stadtkasse.

BERÜCHTIGTE MÖRDER

Henri Désiré Landru
Landru umgarnte heiratswillige Damen. Nach seinem Heiratsversprechen übertrugen sie ihm ihr Vermögen. Zehn Frauen ermordete er in seinem Landhaus in Frankreich. 1922 wurde er zum Tod durch die Guillotine verurteilt.

Fritz Haarmann
Der »Vampir von Hannover« tötete mindestens 27 junge Männer, indem er ihnen die Kehle durchbiss. 1925 wurde er geköpft.

Peter Kürten
Der »Werwolf von Düsseldorf« gestand 13 Morde, 30 Mordversuche und 36 Brandstiftungen. Er wurde 1931 enthauptet.

Bruno Lüdke
Der debile Mann gestand im März 1943 insgesamt 84 Frauenmorde. Die NS-Justiz ließ ihn unter ungeklärten Umständen verschwinden.

Charles Manson
Manson gründete Ende der 1960er Jahre in Los Angeles die Satanssekte »Manson Family«: In der Villa des Filmregisseurs Roman Polanski tötete er fünf Menschen auf bestialische Weise, darunter Polanskis schwangere Ehefrau, die Schauspielerin Sharon Tate. Charles Manson sitzt mit einer Verurteilung zu lebenslanger Haft in einem Staatsgefängnis in Kalifornien.

»*Die Todesschwestern von Wien*«
Die Krankenschwestern Stefanija Meyer, Irene Ludolf, Waltraud Wagner und Maria Gruber töteten im Lainzer Krankenhaus 42 alte oder unheilbar kranke Patienten durch Ertränken oder Medikamentenüberdosis. Im April 1989 wurden sie verhaftet.

Harold Shipman
»Doktor Tod« brachte während seiner Laufbahn als Hausarzt 215 Patienten um. Er wurde von einem englischen Gericht zu lebenslanger Haft verurteilt.

DIE FÜNF SERIENMÖRDER MIT DEN MEISTEN OPFERN

Tefilo »Sparks« Rojas, Kolumbien	592 Opfer	von 1935–1963
Pedro Alonso López, Ecuador, Peru	300 Opfer	von 1973–1980
Harold Shipman, England	215 Opfer	von 1976–2000
Henry Lee Lucas & Ottis Toole, USA	200 Opfer	von 1975–1983
Luis Alfredo Garavito, Kolumbien	140 Opfer	von 1995–1999

POLITISCHE ATTENTÄTER

John Wilkes Booth Der Schauspieler erschoss US-Präsident Abraham Lincoln während eines Theaterstücks am 14. April 1865.
Gavrilo Princip Er ermordete den österreichischen Erzherzog Franz Ferdinand während eines Staatsbesuchs in Sarajevo am 28. Juli 1914 und löste so den Ersten Weltkrieg aus.
Lee H. Oswald Am 22. November 1963 erschoss er US-Präsident John F. Kennedy durch zwei Gewehrschüsse in Dallas (Texas).
James Earl Ray Am 4. April 1968 streckte er den Nobelpreisträger und Bürgerrechtler Martin Luther King auf dem Balkon eines Hotels in Memphis (Tennessee) nieder.

Mehmet Ali Agca Der Türke schoss am 13. Mai 1981 auf Papst Johannes Paul II. und verletzte ihn schwer.
Yigal Amir Der jüdische Extremist tötete den israelischen Präsidenten Itzhak Rabin am 4. November 1995 mit drei Schüssen.

ENTFÜHRUNGEN

Der Sohn von Charles A. Lindbergh
Der Sohn des Mannes, der 1927 als Erster den Atlantischen Ozean allein überflogen hatte, wurde aus dem Haus der Familie entführt. Trotz Zahlung des Lösegeldes von 50.000 Dollar wurde das Kind zwei Monate später im Mai 1932 tot aufgefunden. Der deutschstämmige Bruno Hauptmann wurde verhaftet, zum Tode verurteilt und 1936 hingerichtet.

Der Enkel von Paul Getty
Paul Getty III., der Enkel des US-Milliardärs Paul Getty I., wurde in Süditalien gekidnappt. Als Druckmittel übersendeten die Geiselnehmer das abgeschnittene Ohr. Nach Zahlung des Lösegelds kam er 1973 frei. Die Entführer wurden wenig später verhaftet.

Richard Oetker
Am 16. Dezember 1975 wurde der Spross der Backwarendynastie entführt und in eine Kiste unter der Erde gesteckt. Nach Zahlung von 21 Millionen Mark Lösegeld kam er 48 Stunden später schwer verletzt frei. Haupttäter Dieter Zlof wurde zu 12 Jahren Haft verurteilt.

Patricia Hearst
Die Tochter des Zeitungsverlegers Randolph Hearst wurde im Februar 1974 von Mitgliedern der Untergrundgruppierung SLA (Symbiones Liberation Army) entführt. Als Lösegeld wurde die Verteilung von Lebensmitteln im Wert von 5 Millionen Mark an Bedürftige gefordert. Während ihrer Gefangenschaft solidarisierte sich die

Millionenerbin mit den Zielen ihrer Entführer. Sie machte bei einem bewaffneten Raubüberfall mit und wurde 1974 gefasst. 1976 wird sie zu 35 Jahren Haft verurteilt, wenig später jedoch begnadigt.

Jan Philipp Reemtsma
Der Konzernerbe wurde 1996 entführt und nach Zahlung von 30 Millionen Mark nach 33 Tagen freigelassen.

FRIEDENSNOBELPREISTRÄGER SEIT 1971

Jahr	Träger	Nationalität	Begründung
1971	Willy Brandt	Deutschland	seine Ostpolitik
1972	nicht verliehen		
1973	Henry Kissinger und Le Duc Tho (verzichtete auf den Preis)	USA, Vietnam	Friedensabkommen von 1973 in Vietnam
1974	Seán MacBride und Satô Eisaku	Irland, Japan	Präsident des Internationalen Friedensbüros und Leiter der UN-Kommission für Namibia, Eisaku für den Einsatz gegen Atomwaffen
1975	Andrei Sacharow	Sowjetunion	Menschenrechtler in der UdSSR
1976	Betty Williams und Mairead Corrigan	Nordirland	Gründerinnen des »Northern Ireland Peace Movement«
1977	Amnesty International		Einsatz für politische Häftlinge
1978	Anwar as-Sadat, Menachem Begin	Ägypten, Israel	Friedensvertrag zwischen Ägypten und Israel
1979	Mutter Teresa	Indien	Gründerin des Ordens »Missionare der Nächstenliebe«

1980	Adolfo Maria Pérez Esquivel	Argentinien	Menschenrechtler
1981	Flüchtlingskommissariat der Vereinten Nationen		
1982	Alva Myrdal Alfonso García Robles	Schweden Mexiko	Bemühungen um weltweite Abrüstung
1983	Lech Walesa	Polen	Gründer der polnischen Menschenrechtsbewegung Solidarnosc (»Solidarität«)
1984	Desmond Tutu	Südafrika	Vorkämpfer für die Beendigung der Apartheid in Südafrika
1985	International Physicians for the Prevention of Nuclear War (IPPNW)		Internationale Ärzteorganisation mit dem Ziel, einen Atomkrieg zu verhindern
1986	Elie Wiesel	USA	US-Schriftsteller, für seinen Kampf gegen Unterdrückung und Rassismus
1987	Óscar Arias Sánchez	Costa Rica	Für seine Friedensvermittlungen in Mittelamerika
1988	Die Friedenstruppen der Vereinten Nationen		Friedenseinsätze im Auftrag der Vereinten Nationen in Krisengebieten

1989	Tenzin Gyatso (14. Dalai-Lama)	Tibet	Gewaltloser Kampf um die Befreiung Tibets
1990	Michail Sergejewitsch Gorbatschow	Sowjetunion	Für seine Beiträge zur Beendigung des Kalten Krieges
1991	Aung San Suu Kyi	Myanmar	Einsatz für die Menschenrechte
1992	Rigoberta Menchú Tum	Guatemala	Engagement für die Ureinwohner
1993	Nelson Mandela und Frederik Willem de Klerk	beide Südafrika	Beiträge zur Beendigung der Apartheid in Südafrika
1994	Jassir Arafat, Schimon Peres, Jitzhak Rabin	Palästinenser, Israel, Israel	Bemühungen zur Lösung des Nahostkonflikts
1995	Józef Rotblat (Pugwash Conference on Science and World Affairs)	Polen bzw. UK	Bemühungen, die Bedeutung von Atomwaffen zu verringern
1996	Carlos Filipe Ximenes Belo und José Ramos-Horta	beide Osttimor	Anstrengungen, eine friedliche Lösung im Osttimorkonflikt zu finden
1997	Internationale Kampagne für das Verbot von Landminen und Jody Williams	USA	Ächtung von gegen Personen gerichteten Minen

1998	John Hume und David Trimble	beide Nordirland	Suche nach einer friedlichen Lösung im Nordirlandkonflikt
1999	Ärzte ohne Grenzen		Anerkennung ihrer humanitären Pionierarbeit auf mehreren Kontinenten
2000	Kim Dae-jung	Südkorea	Verständigung Südkoreas mit Nordkorea
2001	Die UNO und ihr Generalsekretär Kofi Annan	Ghana	Ihr Einsatz für eine friedlichere Welt
2002	Jimmy Carter	USA	Engagement zur Lösung internationaler Konflikte
2003	Schirin Ebadi	Iran	Einsatz für Demokratie und Menschenrechte
2004	Wangari Muta Maathai	Kenia	Beitrag zu nachhaltiger Entwicklung, Demokratie und Umweltschutz
2005	Die Internationale Atomenergieorganisation und ihr Generalsekretär Mohammed el-Baradei	Ägypten	Engagement der IAEO gegen den militärischen Missbrauch von Atomenergie
2006	Muhammad Yunus und seine Grameen Bank	Bangladesch	Förderung wirtschaftlicher und sozialer Entwicklung von unten

DIE FÜNF DISZIPLINEN DER PHILOSOPHIE

Logik	Wissenschaft von der Struktur und den Formen des Denkens
Erkenntnistheorie	Lehre von Ursprüngen, Methoden, Zielen und Grenzen des Denkens
Ethik	Lehre vom sittlichen Verhalten der Menschen
Ästhetik	Wissenschaft von den Gesetzen des Schönen und der Kunst
Metaphysik	Wissenschaft von den Urgründen des Seins, die nicht sinnlich erfahrbar sind

GROSSE PHILOSOPHISCHE RICHTUNGEN

Die Kyniker
Selbstverwirklichung und Seelenruhe machen das Glück aus. Diogenes von Sinope habe manchen Quellen zufolge in einer Tonne gelebt. Alexander der Große soll ihn besucht und gefragt haben, welchen Wunsch er ihm erfüllen kann. Die Antwort: »Geh mir aus der Sonne.«

Die Stoa
Glückseliges Leben besteht im Einklang mit dem kosmischen Weltgesetz. Der Mensch kann allenfalls seine Einstellung zur Außenwelt beeinflussen. Angestrebt wird ein leidenschaftsloser Zustand, die Apathie

Die Epikureer
Oberste Maxime des Handelns ist körperliches Wohlergehen und Gemütsruhe

Die Mystik
Mystiker sind auf der Suche nach einem religiösen Erlebnis. Dafür versuchen sie sich von allen weltlichen Dingen frei zu machen und

das »Seelenfünklein« zu entzünden. Gott sei in jedem Menschen vorhanden, werde nur oft nicht erkannt.

Die Aufklärung
»Der Ausgang des Menschen aus seiner selbstverschuldeten Unmündigkeit.«

WICHTIGE PHILOSOPHISCHE THEORIEN

Agnostizismus	Erkenntnistheoretischer Standpunkt, dem zufolge die Existenz Gottes nicht geklärt ist
Atheismus	Verneinung der Existenz von Gott und Metaphysik
Determinismus	Alle Willenshandlungen sind vorbestimmt. Der Wille ist nicht frei.
Dialektischer Materialismus	Grundlage der Ideologie von Marx: Die Produktionsverhältnisse bestimmen das menschliche Leben.
Dogmatismus	Orientierung an überlieferten Denkweisen, die nicht überprüft werden
Dualismus	Die Welt wird durch entgegengesetzte Prinzipien bestimmt: Gott versus Teufel.
Empirismus	Erkenntnis beruht allein auf Erfahrung (Sinnesempfindungen).
Evolutionismus	Die Welt und das Leben entwickeln sich immer weiter zu Höherem.
Existenzialismus	Es gibt in der Welt über die individuelle Existenz hinaus keinen Sinn, keine Objektivität und keinen Gott, der einen Sinn vorgeben könnte.
Hedonismus	Lust ist das höchste Gut.
Humanismus	Der Mensch steht im Zentrum allen Seins. Besinnung auf das antike Ideal des freien Menschen.

Idealismus	Ethik: Bedeutung von Sittlichkeit; Metaphysik: Wahre Realität kommt nur dem Ideellen zugute. Erkenntnistheorie: Das Subjekt gewinnt die Erkenntnis.
Individualismus	Der Einzelne steht im Mittelpunkt.
Materialismus	Das Geistige existiert nicht unabhängig von der Materie.
Naturalismus	Überzeugung, alle Phänomene mit natürlichen Kategorien erklären zu können
Okkasionalismus	Um den Dualismus zwischen Körper und Seele zu überwinden, ist göttliche Vermittlung erforderlich!
Optimismus	Überzeugung, dass das Positive siegen wird.
Pantheismus	Gott und die Welt sind eins.
Pessimismus	Überzeugung von der Übermacht des Bösen und Schlechten im Leben
Positivismus	Erkenntnis beruht auf Wahrnehmung. Metaphysik ist deshalb irrelevant.
Pragmatismus	Prüfung anhand der praktischen Konsequenzen einer Handlung
Rationalismus	Erkenntnisse können nur durch Vernunft und Erfahrung gewonnen werden. Die Struktur der Welt ist logisch und gesetzmäßig.
Realismus	Es gibt eine Wahrheit, die durch die Sinne erkannt werden kann. Im semantischen Realismus ist jede Aussage entweder wahr oder falsch.
Relativismus	Es gibt nicht das Absolute.
Skeptizismus	Zweifel an Erkenntnissen
Spiritualismus	Alles Sein wurzelt im Geistigen.
Universalismus	Sittliches Handeln ist mit dem Wohl der Menschheit verknüpft.
Voluntarismus	Der Wille ist der Grund von allem.

WICHTIGE FRAGEN AN DIE PHILOSOPHEN

1. Wie können wir zu Erkenntnis gelangen, und wie sind diese Erkenntnisse einzuschätzen? (Erkenntnis- und Wissenschaftstheorie, Logik)
2. Wie sollen wir handeln? (Ethik)
3. Was ist die Welt? Warum gibt es überhaupt etwas und »nicht vielmehr nichts«? Gibt es einen Gott? Steuert die Geschichte auf ein Ziel zu und, wenn ja, auf welches? (Metaphysik, Religions- und Geschichtsphilosophie)
4. Was sind wir für Wesen? In welchem Verhältnis stehen wir zu der Welt, die wir vorfinden? (Philosophische Anthropologie, Kultur- und Sozialphilosophie, Ästhetik)

WICHTIGE LOGISCHE, MATHEMATISCHE UND PHILOSOPHISCHE PARADOXA ZUM SELBERLÖSEN

Großvater-Paradoxon
Ein Zeitreisender, der in der Vergangenheit seinen Großvater umbringt, würde nicht geboren werden und könnte daher nie seinen Großvater umgebracht haben.

Paradoxon des Epimedes
Ein Kreter behauptet: Alle Kreter lügen.

Barbier-Paradoxon (von Aristoteles)
Der Barbier von Sevilla rasiert alle Männer von Sevilla. Ausgenommen die, die sich selbst rasieren. Wer rasiert den Barbier von Sevilla?

Allmächtigkeitsparadoxon
Kann ein allmächtiger Gott einen Stein erschaffen, den er selbst nicht heben kann?

Bildungsparadoxon
Zunehmende Bildung aller Bevölkerungsschichten kommt den Privilegierten zugute.

Eierkocherparadoxon
Für mehr Eier wird weniger Wasser benötigt.

Zwillingsparadoxon
Fliegt ein Zwilling mit einem Raumschiff in Lichtgeschwindigkeit zu einem anderen Stern, so gehen für den zurückgebliebenen Bruder die Uhren langsamer. Der fliegende Bruder sieht dagegen die Uhren auf der Erde langsamer gehen. Kehrt der fliegende Bruder zur Erde zurück, ist er der weniger gealterte.

Spiegelproblem
Warum ist im Spiegelbild rechts und links vertauscht, aber nicht oben und unten?

IDEEN, DIE DIE WELT VERÄNDERT HABEN

4. Jh. v. Chr.	»Alles besteht aus winzig kleinen Atomen.« (Griechische Philosophie)
1543	»Die Erde dreht sich um die Sonne und nicht umgekehrt.« (Kopernikus)
1628	»Blut kreist im Körper.« (William Harvey)
1666	»Gravitation hat denselben Effekt auf Planeten wie auf Äpfel.« (Newton)
1803	»Es ist bewiesen, dass alles aus winzigen Atomen besteht.« (John Dalton)
1859	»Die der Umwelt am besten angepassten Lebewesen überleben nach dem Prinzip der natürlichen Selektion. Das ist die Theorie der Evolution.« (Charles Darwin)

DIE WICHTIGSTEN DESIGN-ÄREN

Jugendstil (Art Nouveau in Frankreich, Sezession in Österreich, Stile Liberty in Italien)
Um 1900. Fließend organischer Stil mit einer schwingenden Linearität. Viele Stilelemente wurden von Pflanzen inspiriert. Es gab aber auch Bezüge zu keltischer Kunst und Rokoko.

1915 wurde die auf der Form der Kolanuss basierende legendäre Coca-Cola-Flasche entworfen

Konstruktivismus
Eine Bewegung nach der Oktoberrevolution in Russland, 1917, die die schönen Künste zugunsten der angewandten Kunst und der Massenproduktion vernachlässigt.

Bauhaus
Ab 1919: Unter Leitung von Walter Gropius wurde in Dessau die Kunstschule »Bauhaus« gegründet. Hier unterrichteten Architekten wie Marcel Breuer und Mies van der Rohe. Das Bauhaus-Design versucht historische Quellen zu verneinen. Die Betonung von Glas und Beton hatte großen Einfluss auf die Architektur des 20. Jahrhunderts.

1921 wurde Chanel Nr. 5 eingeführt. Coco Chanel hatte die ersten vier Entwürfe des Parfümeurs Ernest Beaux abgelehnt

Art déco
Um 1925. Abstrakte Zickzackformen, Materialien wie Bronze, Bakelit und Elfenbein und brillante Farben wurden zu diesem dekorativen Stil zusammengeführt. Bedeutende Werke: Das Chrysler Building in New York.

Pop-Art
Sechziger Jahre: Popkünstler wie Andy Warhol, Jasper Johns und Roy Lichtenstein recyceln das Alltägliche zu Kunstwerken, wie die ikonischen Bilder der Suppendosen von Campbell.

Punk
Späte Siebziger: Die aggressive Straßenmode Punk inspiriert Modedesigner (Vivienne Westwood) und Designer (Ron Arad, Daniel Weil).

16 DESIGN-IKONEN

Barcelona-Sessel von Mies van der Rohe (1929)
Entworfen für das spanische Königshaus zur Eröffnung der Industrieausstellung in Barcelona. Überkreuzende verchromte Stahlstäbe bieten Stabilität für das Rückengestell.

Leica 1A von Oskar Barnak (1929)
Die erste kommerziell erfolgreiche 35-mm-Kamera.

Vespa-Roller von Corradino d'Ascanio (1946) für Piaggio
Der schnittige Roller wurde zum Symbol des Wiederaufbaus in der Nachkriegszeit.

Biomorpher Tisch von Isamu Noguchi (1947)
Das skulpturartige Holzgestell besteht aus zwei identischen Teilen. Ab 1947 wurde der Tisch von der amerikanischen Möbelfirma Herman Miller vertrieben.

3107-Stuhl von Arne Jacobsen (1952)
Ein von einem Stahlrohr gestützter Sitz, dessen Rückenlehne aus einem durchgehenden gebogenen Stück Formschichtholz besteht.

Fender Stratocaster von Leo Fender (1954)
Drei Tonabnehmer, Tremoloarm und schließlich Jimi Hendrix, der ihr die letzten Geheimnisse entlockte.

Eames-Chair (Klubsessel und -hocker) von Charles und Ray Eames (1956)
Entworfen als Geburtstagsgeschenk für Filmregisseur Billy Wilder. Die Sperrholzschalen sind durch Aluminium verbunden. Steht mittlerweile in jedem besseren Wohnzimmer.

Doc Martens von Dr. Martens und Dr. Funck (1960)
Die bulligen Stiefel mit Luftkissensohle sind nahezu unverändert heute noch auf dem Markt.

Oyster Perpetual von Rolex (1965)
Edelstahl-Uhr, die sich durch die Bewegungen des Handgelenks aufzieht.

Montblanc 149 Meisterstück (um 1970)
Der Original-Meisterstück-Füller stammt aus dem Jahre 1924. Das Stern-Logo symbolisiert den Schnee auf dem Gipfel des Montblanc.

Tizio-Lampe von Richard Sapper (1972)
Im Sockel ist ein Transformator untergebracht, der die Stromspannung reduziert. Durch die Niedervoltelektronik ist ein sehr filigraner Aufbau möglich.

Alessi-Kessel von Michael Graves (1983)
Der berühmte »Kessel mit Vogelflöte« ist typisch für diverse Küchenprodukte mit verspielten Details und postmodernem Design, bei dem man sich im Zweifel die Finger verbrennt.

Swatch-Uhr (Delirium) von Ernst Thonke, Jacques Müller und Elmer Mock (1983)
Die Swatch war die erste Armbanduhr, bei der das Uhrwerk fest mit

dem Gehäuse verschweißt ist. Das erste Modell Delirium war noch sehr konservativ, erst später wurden die Uhren farbenfroh.

Baby Born von Viktor M. Pracas (1991)
Lebensechte Puppe, die weinen und in die Windel machen kann. Sie wurde zur erfolgreichsten Babypuppe des letzten Jahrzehnts.

iMac von Macintosh (1998)
Leit-Ikone des modernen Bürodesigns. Kompakter Computer mit integriertem Laufwerk und Bildschirm.

Beosound 9000 von Bang & Olufsen (1999)
Ein Arm fährt bei diesem 6-CD-Wechsler am Gerät entlang.

WICHTIGE DESIGNER

Aicher, Otl: (1922–1991): Entwarf die Piktogramme für die Olympiade in München, 1972.
Arad, Ron: (geb. 1951): Viele wunderbare moderne Möbeldesigns wie der Bücherwurm oder der Rover-Sessel
Breuer, Marcel: (1902–1981): Bauhaus-Student, der revolutionäre Stahlrohrmöbel designte. Berühmtestes Werk: Wassily-Sessel
Colani, Luigi: (geb. 1928): Diverse Designs, die oft nicht über Prototypen hinauskommen
Eames, Charles O. (1907–1978): Entwarf mit seiner Frau Ray den berühmten Klubsessel.
Gray, Eileen: (1878–1976): Die geometrischen Möbel aus Glas und Aluminium wie ihr Beistelltisch gelten heute noch als Klassiker.
Kuramata, Shiro (1934–1991): Minimalistische Designs mit Metallgeflechten. Schuf 1986 den Klassiker »How High the Moon«.
Le Corbusier (1887–1965): Der Schweizer Charles-Edouard Jeanneret-Gris wurde unter dem Pseudonym Le Corbusier berühmt. Er entwarf in den zwanziger Jahren mehrere Sofas und Sessel, die zu Klassikern wurden.

Mies van der Rohe, Ludwig (1886–1969): Seine Stahlrohrmöbel wurden in den dreißiger Jahren von Thonet-Mundus vertrieben. Wichtigstes Werk des Deutschen: der Barcelona-Sessel.

Panton, Verner (geb. 1926): Sein Freischwinger-Stuhl aus Kunststoff (für Hermann Miller) war der erste seiner Art.

Starck, Phillipe (geb. 1949): Der Franzose durfte die Privaträume von Präsident Mitterrand im Élysée-Palast neu gestalten. Er hat auch Motorräder, Leuchten und Uhren entworfen. Und eine Zitronenpresse, bei der der Zitronensaft gerne mal ins Auge spritzt.

Thonet, Michael (1796–1871): Der Österreicher gründete das gleichnamige Unternehmen. Seine aus schichtverleimtem Holz hergestellten Stühle sind Designklassiker.

DIE DEUTSCHEN BUNDESLÄNDER

Land	Größe	Hauptstadt	Einwohner
Bremen	404 km^2	Bremen	0,7 Mio.
Schleswig-Holstein	15.730 km^2	Kiel	2,8 Mio.
Hamburg	755 km^2	Hamburg	1,7 Mio.
Niedersachsen	47.620 km^2	Hannover	8,0 Mio.
Mecklenburg-Vorpommern	23.179 km^2	Schwerin	1,7 Mio.
Sachsen-Anhalt	20.444 km^2	Magdeburg	2,5 Mio.
Brandenburg	29.477 km^2	Potsdam	2,6 Mio.
Berlin	883 km^2	Berlin	3,4 Mio.
Nordrhein-Westfalen	34.068 km^2	Düsseldorf	18,1 Mio.
Hessen	21.114 km^2	Wiesbaden	6,1 Mio.
Rheinland-Pfalz	19.848 km^2	Mainz	4,1 Mio.
Saarland	2569 km^2	Saarbrücken	1,1 Mio.
Thüringen	16.000 km^2	Erfurt	2,3 Mio.
Sachsen	18.412 km^2	Dresden	4,3 Mio.
Baden-Württemberg	35.751 km^2	Stuttgart	10,7 Mio.
Bayern	70.553 km^2	München	12,4 Mio.

DIE DEUTSCHEN BUNDESPRÄSIDENTEN

1949	Theodor Heuss (FDP)
1959	Heinrich Lübke (CDU)
1969	Gustav Heinemann (SPD)
1974	Walter Scheel (FDP)
1979	Karl Carstens (CDU)
1984	Richard von Weizsäcker (CDU)

1994	Roman Herzog (CDU)
1999	Johannes Rau (SPD)
2004	Horst Köhler (CDU)

DIE DEUTSCHEN BUNDESKANZLER

1949	Konrad Adenauer (CDU)
1963	Ludwig Erhard (CDU)
1966	Kurt Georg Kiesinger (CDU)
1969	Willy Brandt (SPD)
1974	Helmut Schmidt (SPD)
1982	Helmut Kohl (CDU)
1998	Gerhard Schröder (SPD)
2005	Angela Merkel (CDU)

WARUM SITZT DIE FDP RECHTS VON DER CDU/CSU-FRAKTION?

Der Ältestenrat entschied 1949, dass die FDP im Bundestag rechts von der Union sitzen soll. Damals galten CDU und CSU nicht als konservativ, sondern als christlich-soziale Parteien und die FDP als rechtsliberal.

DIE LÄNGSTEN DEUTSCHEN FLÜSSE

Fluss	*Mündung*	*Länge*
Donau	Schwarzes Meer	2888 km
Rhein	Nordsee	1320 km
Elbe	Nordsee	1091 km
Oder	Ostsee	866 km
Mosel	Rhein	545 km
Main	Rhein	524 km
Inn	Donau	517 km

DIE EUROPÄISCHE UNION

Europäische Kommission (Exekutive)
Exekutivorgan mit 27 Kommissaren. Schlägt Gesetze vor, führt Haushaltsplan aus, überwacht die Umsetzung der europäischen Gesetze

Rat der europäischen Union (Legislative)
Jeder Mitgliedsstaat ist durch einen Minister vertreten. Entscheidet mit über Gesetze und den Haushalt und schließt internationale Verträge

Europäisches Parlament (Legislative)
Volksvertretung mit 785 Mitgliedern. Wird alle fünf Jahre direkt von den Bürgern gewählt. Kontrolliert die Kommission und entscheidet mit über Gesetze und Haushalt

Europäischer Gerichtshof (Judikative)
Sichert einheitliche Auslegung des europäischen Rechts

DIE MITGLIEDSSTAATEN DER EUROPÄISCHEN UNION

Land	Beitrittsjahr	Hauptstadt	Bevölkerung (Mio.)	Fläche (km²)
Belgien	1957	Brüssel	10,4	30.510
Deutschland	1957/1990	Berlin	82,4	357.021
Frankreich	1957	Paris	59,6	547.030
Italien	1957	Rom	57,3	301.320
Luxemburg	1957	Luxemburg	0,4	2.586
Niederlande	1957	Amsterdam	16,2	41.526
Dänemark	1973	Kopenhagen	5,4	43.094
Irland	1973	Dublin	4,0	70.280

Vereinigtes Königreich	1973	London	59,3	244.820
Griechenland	1981	Athen	11,0	131.940
Portugal	1986	Lissabon	10,5	92.931
Spanien	1986	Madrid	41,6	504.782
Finnland	1995	Helsinki	5,2	337.030
Österreich	1995	Wien	8,1	83.858
Schweden	1995	Stockholm	8,9	449.964
Estland	2004	Tallinn	1,4	45.226
Lettland	2004	Riga	2,3	64.589
Litauen	2004	Wilna	3,5	65.200
Malta	2004	La Valletta	0,4	316
Polen	2004	Warschau	38,2	312.685
Slowakei	2004	Bratislava	5,4	48.845
Slowenien	2004	Ljubljana	2,0	20.253
Tschechien	2004	Prag	10,2	78.866
Ungarn	2004	Budapest	10,1	93.030
Zypern	2004	Nikosia	0,7	9.250
Bulgarien	2007	Sofia	7,3	110.994
Rumänien	2007	Bukarest	22,5	238.391
Gesamt		Brüssel	485,5	4.322.982

WOLKEN

Wolken bestehen aus Wasser (Aerosol) und Eis. Eine große Wolke kann 500 Tonnen wiegen. Wolken sind schwerer als Luft und schweben dennoch am Himmel. Warum? Die Wassertropfen sind mikroskopisch klein (0,001–0,015 Millimeter) und sinken daher nur sehr langsam. Die Wolke schwebt, weil sie durch die warme Luft, die vom Boden aufsteigt, immer wieder nach oben geschoben wird. Nachts sinken die Wolken. Wenn sich die aufsteigende feuchte Luft verdichtet, dann werden die Tropfen so groß (bis drei Millimeter), dass sie abregnen. In China gelten Wolken als Glückssymbol, zu Geschlechtsverkehr sagen die Chinesen »Wolken-und-Regen-Spiele«.

WIE DIE WOLKEN HEISSEN

Hohe Wolken (in 6–12 Kilometer Höhe)
Zirrus (Federwolken, dünne weiße, aufgelockerte Wolken)
Zirrostratus (hohe Schleierwolke, schleierartige Streifenwolke)
Zirrokumulus (kleine Schäfchenwolke, in geriffelter Anordnung über den Himmel verteilt)

Mittelhohe Wolken (in 2–6 Kilometer Höhe)
Altokumulus (größere Schäfchenwolke, konturlose weiße bis graue Wolken)
Altostratus (mittlere Schichtwolke, graue, dünne Wolken in einheitlichen Schichten)

Tiefe Wolken (unter 2 Kilometer Höhe)
Stratus (graue Schichtwolke, fast bis zum Boden reichend)
Nimbostratus (schwarze, tiefe Regenwolke)
Kumulus (unten flach, oben rund)
Kumulonimbus (große vertikale Mächtigkeit, Gewitterwolke, dichte Regen- oder Hagelwolke)

Eine Front kündigt sich an, wenn zuerst Zirruswolken, dann Zirrostratus und schließlich Nimbostratus aufziehen. Bei einer Warmfront ziehen die Wolken (in der genannten Reihenfolge) langsamer auf als bei einer Kaltfront (die kalte Luft drückt schneller voran).

SO ENTSTEHT EIN REGENBOGEN

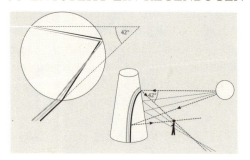

WETTERREGELN

Bei diesen Zeichen wird das Wetter gut (oder bleibt gut):
- Schäfchenwolken am Abend
- Wolken am Westhimmel nach einem Sturm
- Haufenwölkchen mit scharfen Rändern
- Fallender Nebel
- Im Herbst dichter Morgennebel
- Grauer Morgenhimmel
- Abendrot
- Frühreif
- Tau

Bei diesen Zeichen wird das Wetter schlecht (oder bleibt schlecht):
- Unterschiedliche Wolkenformen und -arten
- Schnell ziehende Federwolken aus Süden oder Westen
- Schäfchenwolken aus Südwesten oder am Morgen

- Haufenwolken bei Sonnenaufgang, in großen Höhen oder mit unscharfen Rändern
- Schichtwolken
- Steigender Nebel
- Morgennebel im Sommer (Gewitterneigung)
- Morgenrot mit niedrigen Wolken
- Trotz Wind tiefblauer Himmel

DIE ATMOSPHÄRE

Exosphäre	Hier kreisen die Satelliten
Thermosphäre	Hier herrschen Temperaturen von bis zu 2000° C
Mesosphäre	Hier verglühen die Sternschnuppen
Stratosphäre	Hier fliegen Passagierflugzeuge, knapp über den Wolken
Troposphäre	Hier entsteht das Wetter

WICHTIGE WINDE

Schirokko	feuchter afrikanischer Wüstenwind im Mittelmeergebiet
Föhn	warmer Fallwind in den Alpen und Voralpen
Mistral	trockenkalter Nordwind in Südfrankreich
Blizzard	Schneesturm in Kanada und den USA
Taifun	südäquatorialer tropischer Kaltluft-Wirbelsturm in Ostasien
Tornado	nordöstliche Gewitterböen an der Südostküste Nordamerikas
Chinook	warmtrockener Föhnwind an der Ostseite der Rocky Mountains
Monsun	halbjährlich die Richtung wechselnder Wind in Südostasien (im Sommer feucht, im Winter trocken)
Bora	kalttrockener Fallwind in Dalmatien

WINDSTÄRKEN

	Bezeichnung	km/h	An Land	Auf See
0	Windstille	0–1	Rauch steigt senkrecht auf	spiegelglatte See
1	Leichter Zug	1–5	Rauchablenkung	Kräuselwellen
2	Leichte Brise	6–11	im Gesicht spürbar	kleine Wellen
3	Schwache Brise	12–19	Blätter bewegen sich	Wellen mit Schaumköpfen
4	Mäßige Brise	20–28	loses Papier fliegt	brechende Wellen
5	Frische Brise	29–38	große Zweige bewegen sich	weiße Schaumkämme
6	Starker Wind	39–49	knatternde Fahnen	große Wellen
7	Steifer Wind	50–61	Bäume bewegen sich	aufgewühltes Wasser
8	Stürmischer Wind	62–74	Autos geraten ins Schleudern	mäßig hohe Wellenberge
9	Sturm	75–88	kleine Beschädigungen	hohe Wellenberge
10	schwerer Sturm	89–102	entwurzelte Bäume	überbrechende Kämme
11	orkanartiger Sturm	103–117	schwere Sturmschäden	Gischt in der Luft
12	Orkan		Verwüstungen	wenig Sicht wegen Gischt

UMRECHNUNG CELSIUS / FAHRENHEIT

°C	°F	°C	°F
-10	14	15	59
-5	23	20	68
0	32	25	77
5	41	30	86
10	50		

ZUM UMRECHNEN:

Zehn Liter sind 2,2 britische Gallonen
Eine britische Gallone sind 4,55 Liter
Zehn Kilometer sind ungefähr 6,2 Meilen
Eine Meile sind ungefähr 1,6 Kilometer
Ein Yard sind 0,9144 Meter
Ein Pint sind 0,57 Liter
Ein Ounce (oz) sind 28,35 Gramm

DEUTSCHE, DIE DEN NOBELPREIS FÜR LITERATUR ERHALTEN HABEN

Theodor Mommsen (1902), Rudolf Eucken (1908), Paul Heyse (1910), Gerhart Hauptmann (1912), Thomas Mann (1929), Heinrich Böll (1972), Günter Grass (1999)

DICHTER, DIE SICH UMGEBRACHT HABEN

Heinrich von Kleist, Stefan Zweig, Virginia Woolf, Kurt Tucholsky, Klaus Mann, Ernest Hemingway, Paul Celan

PSEUDONYME BERÜHMTER LITERATEN

Novalis – Georg Philipp Friedrich Freiherr von Hardenberg
Woody Allen – Allen Steward Königsberg
Mark Twain – Samuel Clemens
Hans Fallada – Rudolf Ditzen
Agatha Christie – Mary Westmacott
George Orwell – Eric Arthur Blair
John le Carré – David Cornwell
Michel Houellebecq – Michel Thomas
Voltaire – Francois-Marie Arouet
Stefan Heym – Helmut Flieg

FIKTIVE DETEKTIVE

Hercule Poiret	Agatha Christie
Miss Marple	Agatha Christie
Kommissar Maigret	Georges Simenon
Sam Spade	Dashiell Hamett
Philip Marlowe	Raymond Chandler

Guido Brunetti   Donna Leon
Kurt Wallander   Hennig Mankell

ROMANANFÄNGE, DIE MAN KENNEN SOLLTE

»Als Herr Bilbo Beutlin von Beutelsend ankündigte, dass er demnächst zur Feier seines einundelfzigsten Geburtstages ein besonders prächtiges Fest geben wolle, war des Geredes und der Aufregung in Hobbingen kein Ende.«
J.R.R. Tolkien, *Der Herr der Ringe*

»›Der Nigger da auf der Straße‹, sagte Dr. Hasselbacher, ›erinnert mich an Sie, Mr. Wormold.‹«
Graham Greene, *Unser Mann in Havanna*

»Heute ist Mama gestorben. Vielleicht auch gestern, ich weiß es nicht.«
Albert Camus, *Der Fremde*

»Weit draußen in den unerforschten Einöden eines total aus der Mode gekommenen Ausläufers des westlichen Spiralarms der Galaxis leuchtet unbeachtet eine kleine gelbe Sonne.«
Douglas Adams, *Per Anhalter durch die Galaxis*

»Später sollte der Oberst Aureliano Buendia sich vor dem Erschießungskommando an jenen fernen Nachmittag erinnern, an dem sein Vater ihn mitnahm, um das Eis kennenzulernen.«
Gabriel Garcia Marquez, *Hundert Jahre Einsamkeit*

»In der PanAm-Maschine nach Wien befanden sich 117 Psychoanalytiker, und mindestens sechs von ihnen hatten mich behandelt. Einen siebten hatte ich geheiratet.«
Erica Jong, *Angst vorm Fliegen*

»Scarlett O'Hara war nicht eigentlich schön zu nennen.«
Margaret Mitchell, *Vom Winde verweht*

»Wir Deutschen, liebe Kitty, können ein Wirtschaftswunder machen, aber keinen Salat, sagte Thomas Lieven zu dem schwarzhaarigen Mädchen mit den angenehmen Formen.«
Johannes Mario Simmel, *Es muss nicht immer Kaviar sein*

»Ich habe einen schlechten Charakter und eine gute Figur.«
Ildikó von Kürthy, *Herzsprung*

»Die ewigen Top Five meiner unvergesslichsten Trennungen für die einsame Insel in chronologischer Reihenfolge: 1. Alison Ashworth; 2. Penny Hardwick; 3. Jackie Allen; 4. Charlie Nicholson; 5. Sarah Kendrew.«
Nick Hornby, *High Fidelity*

»Am Tag vor seinem 43. Geburtstag kam in Hubert Rosebrock der Verdacht auf, dass er eine ausgesprochene Pfeife war.«
Axel Marquardt, *Rosebrock*

»Alle glücklichen Familien ähneln einander; jede unglückliche aber ist auf ihre eigene Art unglücklich.«
Leo Tolstoi, *Anna Karenina*

»Am Rande der kleinen, kleinen Stadt lag ein alter, verwahrloster Garten.«
Astrid Lindgren, *Pippi Langstrumpf*

»John Franklin war schon zehn Jahre alt und noch immer so langsam, dass er keinen Ball fangen konnte.«
Sten Nadolny, *Die Entdeckung der Langsamkeit*

»Was ist das. – Was – ist das?«
Thomas Mann, *Buddenbrooks*

DIE MEISTVERKAUFTEN BÜCHER ALLER ZEITEN

1. Die Bibel (rund sechs Milliarden, seit 1450)
2. Worte des Vorsitzenden Mao Tse-Tung (900 Mio., seit 1966)
3. The American Spelling book (100 Mio., seit 1783)
4. Guinness-Buch der Rekorde (90 Mio., seit 1955)
5. World Almanac (73,5 Mio., seit 1868)
6. The McGuffy Readers (60 Mio., seit 1836)

THEATERSTÜCKE, DIE AUF DEUTSCHSPRACHIGEN BÜHNEN AM HÄUFIGSTEN AUFGEFÜHRT WERDEN

1. Die Dreigroschenoper (Bertolt Brecht, Uraufführung 1928)
2. Ein Sommernachtstraum (William Shakespeare, um 1595)
3. Romeo und Julia (William Shakespeare, um 1595)
4. Nathan der Weise (Gotthold Ephraim Lessing, 1783)
5. Faust I (Johann Wolfgang von Goethe, 1829)
6. Der zerbrochene Krug (Heinrich von Kleist, 1808)
7. Was ihr wollt (William Shakespeare, 1600)
8. Kabale und Liebe (Friedrich Schiller, 1784)
9. Hamlet (William Shakespeare, 1601)
10. Maria Stuart (Friedrich Schiller, 1800)

WICHTIGE MEISTERWERKE UND WO SIE ZU SEHEN SIND

A bigger splash	Hockney	Tate, London
Bacchus	Rubens	Eremitage, St. Petersburg
Bildnis der Elsbeth Tucher	Albrecht Dürer	Alte Meister, Kassel

Das Abendmahl	Leonardo da Vinci	Sant Maria delle Grazie, Mailand
David	Michelangelo	Accademia, Florenz
Die Erschaffung Adams	Michelangelo	Sixtinische Kapelle, Rom
Die Geburt der Venus	Botticelli	Uffizien, Florenz
Guernica	Picasso	Reina Sofia, Madrid
Legende der heiligen Ursula	Carpaccio	Gallerie dell' Accademia, Venedig
Ich und das Dorf	Chagall	Museum of Modern Arts, New York
Mädchen mit Perle	Vermeer	Mauritshuis, Den Haag
Die Perlenwägerin	Vermeer	National Gallery of Art, Washington
Marilyn Monroe	Warhol	The Warhol Museum, Pittsburgh
Mona Lisa	Leonardo da Vinci	Louvre, Paris
Nachtwache	Rembrandt	Rijksmuseum, Amsterdam
Der arme Poet	Spitzweg	Neue Pinakothek, München
Saturn verschlingt seinen Sohn	Goya	Prado, Madrid
Sternennacht	van Gogh	Museum of Modern Arts, New York
Turiner Grabtuch	unklar	Kathedrale Turin
Tutanchamun	unbekannt	Ägyptisches Museum, Kairo

KUNST & KULTUR

WICHTIGE KUNSTPHASEN DES FRÜHEN 20. JAHRHUNDERTS

Expressionismus
Wann: 1905–1920er Jahre
Wo: Deutschland
Wer: »Die Brücke« (in Dresden) mit Ernst Ludwig Kirchner, Emil Nolde; »Der blaue Reiter« (in München) mit Wassily Kandinsky, Paul Klee, Franz Marc. Und die Maler der neuen Objektivität: George Grosz, Otto Dix, Max Beckmann
Vorbilder: Vincent van Gogh, Friedrich Nietzsche, Eduard Munch
Typische Merkmale: Verzerrung, Abstraktion, Fragmentierung mit viel Pathos, Gewalt und Morbidität.

Kubismus
Wann: 1907–1920er Jahre
Wo: Frankreich
Wer: Pablo Picasso, Georges Braque, Juan Gris, Fernand Léger
Vorbilder: Cézanne
Typische Merkmale: Der Bruch mit visuellem Realismus, Perspektive und Schatten fehlen. Von analytischem (gedämpfte Farben, komplizierte Formen, intellektuelle Anmutung) hin zu synthetischem Stil (helle Farben, einfache Formen, natürliche Anmutung)

Futurismus
Wann: 1909–1918
Wo: Mailand
Wer: Filippo Tommaso Marinetti, Giacomo Balla, Umberto Boccioni
Vorbilder: Georges Seurat, Henry Ford
Typische Merkmale: Dynamik, Rhythmus, Ausstrahlung sind wichtiger als die Form. Überschwenglich, optimistisch und anarchistisch. »Zerstört die Museen. Legt die Kanäle von Venedig trocken!« (Marinetti)

Konstruktivismus
Wann: 1913–1932
Wo: Moskau
Wer: Vladimir Tatlin, Aleksandr Rodchenko, El Lissitzky
Vorbilder: Kasimir Malevich, Lenin
Typische Merkmale: Kunst als Form der Produktion. Ingenieure kreieren neue Formen. »Konstruktivismus ist der Sozialismus der Vision« (Laszló Moholy-Nagy)

Dadaismus
Wann: 1916–1922
Wo: Zürich (später Berlin, Paris, New York)
Wer: Tristan Tzara, Jean Arp, Marcel Duchamp, Man Ray, Max Ernst, Kurt Schwitters
Vorbilder: Filippo Tommaso Marinetti
Typische Merkmale: Verstörend, nihilistisch, anarchistisch, kindisch, teilweise Nonsens

Surrealismus
Wann: 1924 bis zum Zweiten Weltkrieg
Wo: Paris (später auch New York)
Wer: Salvador Dalí, Max Ernst, René Magritte, Joan Miró, Jean Cocteau
Vorbilder: Sigmund Freud, Leo Trotzki
Typische Merkmale: Je bizarrer, umso besser – gewidmet dem Traum und dem Unterbewusstsein. Antibourgeois

PICASSOS WICHTIGSTE PHASEN

1901–1904	Die blaue Periode
1904–1906	Die rosa Periode
ab 1907	Analytischer Kubismus
ab 1909	Beginn der abstrakten Malerei
ab 1912	Synthetischer Kubismus

ab 1925	Einfluss des Surrealismus
ab 1930	Plastische Arbeiten
1945–1949	Lithographien
ab 1947	Bemalte Keramiken
ab 1954	Bearbeitung alter Meister
ab 1961	Zeichnungen und Radierungen

DIE TEUERSTEN VERSTEIGERTEN BILDER

1. Pablo Picasso: *Der Jüngling mit der Pfeife*, 1905, 104 Mio. $
2. Vincent van Gogh, *Portrait du Dr. Gachet*, 1890, 75 Mio. $
3. Pierre August Renoir: *Au moulin de la Galette*, 1876, 71 Mio. $
4. Peter Paul Rubens: *Der Kindermord von Bethlehem*, 1636–1638, 69 Mio. $
5. Vincent van Gogh, *Selbstbildnis ohne Bart*, 1889, 65 Mio. $

DIE WELTWEIT GRÖSSTEN KINOERFOLGE

1. Titanic (1997), $1.835.300.000
2. Herr der Ringe: Die Rückkehr des Königs (2003), $1.129.219.252
3. Fluch der Karibik 2 (2006), $1.060.332.628
4. Harry Potter und der Stein der Weisen (2001), $968,657,891
5. Star Wars: Episode I – Die dunkle Bedrohung (1999), $922.379.000
6. Herr der Ringe: Die zwei Türme (2002), $921.600.000
7. Jurassic Park (1993), $919.700.000
8. Harry Potter und der Feuerkelch (2005), $892.194.397
9. Shrek 2 (2004), $880.871.036
10. Spider Man 3 (2007), $879.286.258

SCHAUSPIELER MIT DEN MEISTEN OSCAR-NOMINIERUNGEN

1. Meryl Streep (13), 2 Oscars
2. Katherine Hepburn (12), 4 Oscars
3. Jack Nicholson (12), 3 Oscars
4. Bette Davis (10), 2 Oscars
5. Laurence Olivier (10), 1 Oscar

REKORDE RUND UM DEN OSCAR

Die meisten Oscars	11 für Ben Hur (1959), Titanic (1997), 4 für Katharine Hepburn
Ältester Darsteller	Henry Fonda (76) für Am goldenen See (1981)
Älteste Darstellerin	Jessica Tandy (80) für Miss Daisy und ihr Chauffeur (1989)
Jüngster Darsteller	Adrien Brody (29) für Der Pianist (2002)
Jüngste Darstellerin	Marlee Matlin (21) für Gottes vergessene Kinder (1986)

EINIGE BEZEICHNUNGEN VON JOBS BEIM FILM

Art-Director	Die Person, die für das Design des Sets und der Filmlocations verantwortlich ist
Best Boy	Assistent des Gaffers
Cinematographer	Der Verantwortliche für die Filmaufnahmen
Foley-Artist	Soundspezialist
Gaffer	Chefelektriker und -beleuchter
Grip	Mädchen für alles, zuständig für den Aufbau und den Transport des Equipments. Der Key-Grip ist verantwortlich für die Gruppe des Grips

DIE JAMES-BOND-FILME

Filmtitel	Darsteller	Jahr	Auto
007 jagt Dr. No	Sean Connery	1962	Sunbeam Alpine
Liebesgrüße aus Moskau	Sean Connery	1963	Bentley Mark IV
Goldfinger	Sean Connery	1964	Aston Martin DB 5
Feuerball	Sean Connery	1965	Aston Martin DB 5
Man lebt nur zweimal	Sean Connery	1967	Toyota 2000 GT
Im Geheimdienst Ihrer Majestät	George Lazenby	1969	Aston Martin DBS
Diamantenfieber	Sean Connery	1971	Moon Buggy
Leben und sterben lassen	Roger Moore	1973	Double Decker
Der Mann mit dem goldenen Colt	Roger Moore	1974	AMC Hornet
Der Spion, der mich liebte	Roger Moore	1977	Lotus Esprit
Moonraker – streng geheim	Roger Moore	1979	Gondola
In tödlicher Mission	Roger Moore	1981	Citroen 2 CV
Octopussy	Roger Moore	1983	Mercedes 250 SE
Im Angesicht des Todes	Roger Moore	1985	Renault 11
Der Hauch des Todes	Timothy Dalton	1987	A. Martin Volante

Lizenz zum Töten	Timothy Dalton	1989	Kentworth Tanker
Golden Eye	Pierce Brosnan	1995	BMW Z3
Der Morgen stirbt nie	Pierce Brosnan	1997	BMW 750iL
Die Welt ist nicht genug	Pierce Brosnan	1999	BMW Z8
Stirb an einem anderen Tag	Pierce Brosnan	2002	A. Martin Vanquish
Casino Royale	Daniel Craig	2006	A. M. DB9, Ford Mondeo

POPSTARS, DIE FRÜH GESTORBEN SIND

Sid Vicious (21 Jahre)
Buddy Holly (22 Jahre)
Notorious B.I.G. (24 Jahre)
Tupac Shakur (25 Jahre)
Kurt Cobain (27 Jahre)
Jimi Hendrix (27 Jahre)
Janis Joplin (27 Jahre)
Jim Morrison (27 Jahre)

TEMPOBEZEICHNUNGEN

Largo	breit, sehr ruhig
Lento	langsam
Adagio	ruhig
Andante	gehend
Moderato	mäßig bewegt
Vivace	munter, lebhaft

Allegro   schnell
Presto   sehr schnell
Prestissimo äußerst schnell

DIE SITZORDNUNG DES GROSSEN SYMPHONIEORCHESTERS

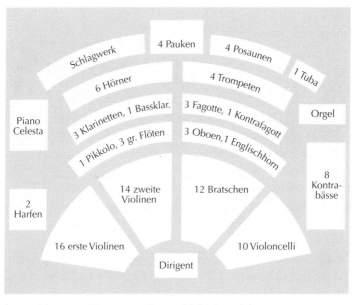

(eingeführt vom Dirigenten Leopold Stokowski)

DIE SCHNELLSTEN TIERE

Wanderfalke im Sturzflug:	320 km/h
Mauersegler:	177 km/h
Gepard:	122 km/h
Fächerfisch:	109 km/h
Libelle (schnellstes Insekt):	57 km/h

WEITERE TIERISCHE REKORDE

- Das größte und schwerste Tier ist der Blauwal (30 Meter lang, 130 Tonnen schwer).
- Das höchste Tier ist die Giraffe mit 5,50 Metern.
- Das fruchtbarste Säugetier ist die Feldmaus. Sie kann pro Jahr 80 Junge werfen.
- Die größte Spannweite erreicht der Wanderalbatros mit 3,70 Metern.
- Die größte gemessene Tauchtiefe eines Vogels beträgt 535 Meter. Ein Kaiserpinguin erreichte sie bei einem Tauchgang, der 16 Minuten dauerte.
- Der am weitesten fliegende Vogel ist die Seeschwalbe. Sie legt jährlich rund 36.000 Kilometer zurück (von der Arktis zur Antarktis und zurück). Der Schmetterling Monarchfalter schafft immerhin 3000 Kilometer.
- Den längsten Winterschlaf halten die arktischen Erdhörnchen. Er dauert bis zu neun Monate.
- Das langsamste Säugetier ist das dreizehige Faultier. Die Durchschnittsgeschwindigkeit beträgt zwei Meter pro Minute.

DIE ÄLTESTEN LEBEWESEN DER WELT

1. 1999 wurden in einem Salzsee Bakterien entdeckt, deren Alter auf 250 Millionen Jahre geschätzt wird.
2. Die Strauchart Lomatia Tasmanica lebt bereits seit 43.000 Jahren auf der Erde, indem sie sich selber klont.
3. In Australien gibt es eine Eukalyptus-Pflanze, die 13.000 Jahre alt ist.
4. Ein antarktischer Riesenschwamm in 140 Metern Tiefe wird auf 10.000 Jahre geschätzt.
5. Das älteste Tier der Welt ist eine rund 220 Jahre alte Quahog-Muschel.

HÖCHSTALTER VON AUSGEWÄHLTEN TIERARTEN

Riesenschildkröte	180 Jahre
Stör	150 Jahre
Kakadu	100 Jahre
Elefant	70 Jahre
Pferd	40 Jahre
Blindschleiche	33 Jahre
Kobra	28 Jahre
Ameisenkönigin	20 Jahre
Rotkehlchen	11 Jahre

DIE INNEREN ORGANE

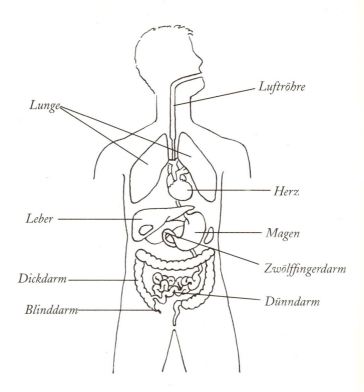

DER MENSCHLICHE KÖRPER

Ein menschlicher Körper, der 70 Kilogramm wiegt, besteht aus rund

Wasser	50,4 kg	Natrium	130 g
Fett	11,2 kg	Chlor	120 g
Stickstoff	2,4 kg	Magnesium	33 g
Kalzium	1,6 kg	Eisen	5,2 g
Phosphor	0,8 kg	Zink	2 g
Kalium	190 g		

Der Mensch hat nur ungefähr 5,7 Liter Blut

DER MENSCH

DAS GEHIRN

Linke Gehirnhälfte (zuständig für die rechte Körperseite)	Rechte Gehirnhälfte (zuständig für die linke Körperseite)
Mathematik	Kreativität
Logik	Visuelle Wahrnehmung
Fakten	Intuition
Analysen	Ideen
Ordnung	Räumliche Wahrnehmung
Liedtexte	Liedmelodien
Detailwahrnehmung	Multitasking

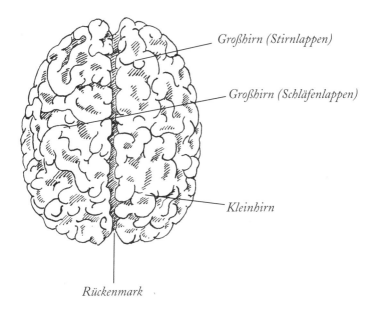

Großhirn (Stirnlappen)

Großhirn (Schläfenlappen)

Kleinhirn

Rückenmark

KONSTITUTIONSTYPEN

Unterscheidung nach dem griechischen Altertum

Sanguiniker	lebhaft, beweglich, optimistisch
Phlegmatiker	schwerfällig, bequem, gleichgültig
Choleriker	leidenschaftlich, aufbrausend, jähzornig
Melancholiker	schwermütig, langsam, pessimistisch

Unterscheidung nach dem Psychiater E. Kretschmer

Pykniker	gedrungener, rundlicher Körperbau; geringe Muskulatur, behäbig, gesellig, heiter, gutherzig
Athletiker	muskulöser Körperbau, breite Schultern, schlank, forsch, aktiv
Astheniker/Leptosome	mager, flachbrüstig, empfindlich, kompliziert, sprunghaft

PHASEN DER PSYCHOANALYSE NACH FREUD

1. Lebensjahr	Orale Phase	Lustgewinn durch Saugen und Lutschen
2./3. Lebensjahr	Anale Phase	Lustgewinn bei Ausscheidungsvorgängen
4./5. Lebensjahr	Phallische Phase	Geschlechtsorgane als erogene Zonen
6.–12. Jahr	Latenzphase	Stillstand der Sexualentwicklung
ab 12. Jahr	Genitale Phase	Erste sexuelle Erfahrungen

DIE KONSTITUTIONEN NACH PLATON

Freud war nicht der Erste, der versucht hat, die menschliche Psyche zu unterteilen. Platon (429–347 v. Chr.) hatte der Seele drei Konstitutionen zugeschrieben, die er sich für seinen idealen Staat wünschte:

Begierde, die den Genüssen der Ernährung und der Fortpflanzung zugrunde liegt, war das Kennzeichen der Gewerbetreibenden.
Tapferkeit war das Kennzeichen der Krieger.
Vernunft durchdringt hingegen die Seele der Herrschenden.

Übrigens: Aristoteles unterschied die Pflanzenseele (Ernährung, Wachstum), die Tierseele (Sinne, Gedächtnis) und die Vernunftseele (Denken, Urteilen).

ZEHN TYPISCHE VERTEIDIGUNGSMECHANISMEN

Nehmen wir an, ein Junge ist böse auf seinen Vater. Die Psychologen haben eine ganze Reihe von Kriterien herausgearbeitet, nach denen seine Verteidigungs- und Schutzmechanismen zu klassifizieren sind:

1. Verdrängung
   »Ich weiß gar nicht, wovon du sprichst.«
2. Regression (Rückschritt in ein früheres psychosexuelles Entwicklungsstadium)
   »Schubidubi. Kicherkicherlaber!«
3. Projektion (Übertragung auf eine andere Person)
   »Ich bin nicht böse auf Papa. Mutti ist böse auf ihn.«
4. Dementierung (Realitätsverneinung)
   »Du spinnst wohl. Ich bin doch nicht böse auf Papa.«
5. Umkehrung
   »Böse auf Papa? Ich liebe ihn. Ich würde gerne auf seinem Schoß sitzen.«

6. Uminterpretation
   »*Böse auf Papa? Er ist böse auf mich!*«
7. Verlagerung
   »*Böse auf Papa? Ich bin böse auf Felix. So ein böser Hund!*«
8. Isolierung (Trennung von der Emotion)
   »*Ich bin böse auf Papa. Ich würde ihn gerne erschießen. Kann ich noch Kekse haben?*«
9. Intellektualisierung (Rationalisierung)
   »*Ich bin wohl deshalb böse auf Papa, weil ich Mutti ganz für mich haben möchte.*«
10. Sublimierung (Transformierung auf einen anderen Bereich)
    »*Böse auf Papa? Entschuldigung, ich muss jetzt unbedingt meine Legoburg zu Ende bauen.*«

MITTEL GEGEN DEPRESSION

Die goldenen Regeln gegen Schwermut von Sydney Smith (1772 bis 1845), die er in einem Brief an Lady Georgina Morpeth formulierte:

Leben Sie so gut, wie Sie es sich trauen.
Nehmen Sie ein Duschbad mit einer Temperatur, kühl genug, um das Gefühl von Kälte zu haben (24–27 Grad Celsius).
Lesen Sie amüsante Bücher.
Kurzfristige Betrachtung des Lebens – nicht weiter als bis zum Tee oder Abendessen.
Nehmen Sie sich so viel vor, wie Sie können.
Sehen Sie vor allem die Freunde häufig, die Sie respektieren und mögen.
Und die Bekannten, die Sie amüsieren.
Machen Sie gegenüber Ihren Freunden kein Geheimnis aus Ihren dunklen Stunden, sondern sprechen Sie offen darüber.
Geben Sie sich der Wirkung hin, die Tee und Kaffee auf Sie haben.
Erwarten Sie sich vom menschlichen Leben nicht viel – das Sein ist eine traurige Angelegenheit.

Vermeiden Sie Poesie, Dramen (außer Komödien), Musik, ernsthafte Romane, melancholische Menschen und alles, was Gefühle und Emotionen zeitigt, die nicht in aktive Wohltat münden.
Tun Sie Gutes und versuchen Sie, jeden auf jede Weise glücklich zu machen.
Verbringen Sie so viel Zeit wie möglich ohne Ermattung an der frischen Luft.
Gestalten Sie den Raum, in dem Sie sich aufhalten, so fröhlich und angenehm es geht.
Kämpfen Sie nach und nach gegen Müßiggang.
Seien Sie nicht zu hart mit sich selbst und stellen Sie Ihr Licht nicht unter den Scheffel, sondern seien Sie gerecht gegen sich selbst.
Sorgen Sie immer für ein loderndes Feuer.
Seien Sie standhaft und ausdauernd in der Ausübung rationaler Religion.

WAS DIE HANDSCHRIFT ÜBER DEN CHARAKTER AUSSAGT

Die Neigung
Nach rechts: emotionale, starke, kontaktfreudige, verantwortungsbewusste Persönlichkeit
Nach links: introvertiert, schüchtern
Senkrecht: rational, selbstbewusst

Die Größe
Große Handschrift: viele Interessen, extrovertiert
Kleine Handschrift: schüchtern, duldsam

Der Druck
Leicht aufdrücken: einfühlsam, angepasst
Stark aufgedrückt: überspannt, gestresst, aggressiv

Die oberen Bögen
Werden b, d, f, h, k und l eher hoch geschrieben, deutet das auf Ehrgeiz, eher niedrige Bögen zeugen von Sensibilität und Phantasiereichtum.

Die unteren Bögen
Sind die Bögen von f, g, j, p, q und y dick und kräftig, zeugt das von einem Streben nach materiellem Wohlstand.

Enthält die Handschrift gar keine Bögen, zeugt das von großer Ungeduld.

NATURGESETZE DES SCHEITERNS

Der Vorfall ereignete sich angeblich 1949 in Edwards Air Force Base, Muroc, Kalifornien. Ed Murphy, ein Entwicklungsingenieur vom Wright Field Aircraft Labor sagte zu einem Arbeiter, als der beim Verdrahten eines Energiewandlers einen Fehler machte: »Wenn es eine Möglichkeit gibt, etwas falsch zu machen, dann wird er es tun.« So entstand der Begriff: Murphys Law.

Varianten
- (Grundgesetz) Wenn etwas schiefgehen kann, dann wird es schiefgehen.
- Alles geht auf einmal schief.
- Wenn ein Projekt n Komponenten verlangt, dann werden maximal n-1 Komponenten auf Lager sein.
- Jedes fertige Programm, das läuft, ist veraltet.
- Jedes einfache Problem kann unlosbar gemacht werden, wenn man genügend viele Konferenzen darüber abhält.
- In jedem von Menschen geführten Unternehmen sucht sich die Arbeit die niedrigste Stufe der Hierarchie.
- Die größte Attraktion für die Suppe ist eine saubere Krawatte.
- Die Tüte, die platzt, ist diejenige mit dem Whiskey und den Eiern drin.

- Was du dir leisten kannst, willst du nicht haben.
- Das Ding, das du möchtest, gibt es nie im Schlussverkauf.
- Die Summe der Intelligenz auf unserem Planeten ist konstant, aber die Bevölkerung wächst.
- Handelt es sich bei einem Reparaturfall um eine Festplatte, dann wirst du die darauf gespeicherten Daten nie mehr wiedersehen.
- Du wirst lediglich das Inhaltsverzeichnis der Festplatte wiederherstellen können, um zu sehen, was dir alles verlorengegangen ist.

WEITERE WICHTIGE GESETZE

Johnsons drittes Gesetz
Wenn man eine Ausgabe einer Zeitschrift verpasst, wird es diejenige sein, in der ein Artikel war, den man unbedingt lesen wollte.
Ettores Beobachtung
Die andere Warteschlange kommt schneller vorwärts.
Lubarskys Gesetz der kybernetischen Insektenkunde
Es gibt immer noch einen ›Bug‹.
Gesetz über die Perversität der Natur
Du kannst vorher nicht wissen, welche Seite des Brotes du mit Butter bestreichen solltest.
Gesetz der selektiven Gravitation
Jedes Objekt wird so fallen, dass es den größten Schaden anrichtet.
Jennings Folgerung
Die Wahrscheinlichkeit, dass eine Scheibe Brot mit der Butterseite nach unten auf den Teppich fällt, steigt mit dem Wert des Teppichs.

WICHTIGE PHYSIKALISCHE GRÖSSEN

Geschwindigkeit	Quotient aus Weglänge und benötigter Zeit
Beschleunigung	Geschwindigkeitsänderung in einer Zeitspanne
Kraft	Gewicht = Masse x Erdbeschleunigung
Dichte	Verhältnis von Masse und Volumen
Arbeit	In Wegrichtung wirkende Kraft x verschobene Wegstrecke
Leistung	Energiezufuhr in einer Zeitspanne
Druck	Kraft durch Fläche
Energie	Masse x Lichtgeschwindigkeit im Quadrat

Eine Pferdestärke (Definition nach James Watt) entspricht der Kraft, die nötig ist, um die Masse von 75 Kilogramm mit einer Geschwindigkeit von einem Meter pro Sekunde hochzuheben.

FRAGEN, DIE NOCH UNBEANTWORTET SIND

Das *National Research Council* der nationalen Akademien der Vereinigten Staaten hat im Jahr 2002 folgende Fragen benannt, die durch gemeinsame Anstrengungen der Forschungsinstitute gelöst werden sollen:

1. Wie hat das Universum begonnen? Was ist die physikalische Ursache der kosmischen Inflation, jener extrem schnellen Ausdehnung zu Beginn des Universums?
2. Was ist das Wesen der dunklen Energie, die mit ihrer abstoßenden Gravitationswirkung dafür verantwortlich ist, dass sich das Weltall immer schneller ausdehnt, je größer es ist?
3. Was ist die dunkle Materie?
4. Lässt sich Einsteins Gravitationstheorie mit Quanteneffekten vereinbaren?
5. Welche Massen tragen Neutrinos, und wie haben diese die Entwicklung des Alls beeinflusst?

6. Wie funktionieren kosmische Beschleuniger?
7. Sind Protonen instabil – so könnte sich das Ungleichgewicht von Materie und Antimaterie erklären?
8. Gibt es bei hohen Dichten und Temperaturen neue Materiezustände wie Quark-Gluonen-Plasmen?
9. Gibt es weitere Raum-Zeit-Dimensionen?
10. Wie sind die schweren Elemente von Eisen bis Uran entstanden?
11. Ist eine neue Theorie der Materie und des Lichts bei hohen Energien erforderlich?

WAS KEINER VERSTEHT, ABER EIN MANN WISSEN MUSS

Die Quantenhypothese (von Niels Bohr)
Atome können Licht absorbieren und wieder ausstrahlen. Wenn die Atome Licht mit bestimmten Frequenzen emittieren, dann ist die Energie der Elektronen gequantelt, das bedeutet, dass sie bei Aufnahme von Lichtenergie auf eine höhere Bahn springen und beim Wechsel auf eine niedrigere ein Lichtquant abgeben.

Heisenbergs Unschärferelation (von 1927)
Es ist grundsätzlich unmöglich, den Ort und die Geschwindigkeit eines Elektrons gleichzeitig zu bestimmen. Das ist kein technisches Problem, sondern ein grundsätzliches. Die Unschärfen von Ort und Impuls eines Teilchens sind stets größer oder gleich wie das Plancksche Wirkungsquantum. Es gilt also nicht das strenge Kausalprinzip der Physik, für einzelne Teilchen kann man allenfalls Wahrscheinlichkeiten berechnen.

Die spezielle Relativitätstheorie
Einstein brachte unsere Vorstellung von Zeit und Raum durcheinander. Er sagte: Licht ist im Vakuum immer gleich schnell, egal ob es von einem ruhenden oder einem bewegten Körper abgestrahlt

wird. Folgt man einem Fahrzeug, das mit 80 km/h fährt, mit 50 km/h, dann entfernt es sich mit 30 km/h von einem. Fährt man einem Lichtstrahl mit halber Lichtgeschwindigkeit hinterher, dann entfernt er sich immer noch mit ganzer Lichtgeschwindigkeit. Zur speziellen Relativitätstheorie gehört auch die Formel $E = mc^2$. Die Masse eines Körpers ist ein Maß für dessen Energiegehalt.

Allgemeine Relativitätstheorie
Folgende Überlegung bezeichnete Einstein als den glücklichsten Moment seines Lebens: »Das Gravitationsfeld hat nur eine relative Existenz. Denn für einen vom Dach eines Hauses frei herabfallenden Beobachter existiert während seines Falles – wenigstens in seiner unmittelbaren Umgebung – kein Gravitationsfeld.« Wenn der Gesprungene einen Apfel in der Hand hält und loslässt, dann schwebt er mit ihm. Diese These war das Zentrum der 1915 veröffentlichten Allgemeinen Relativitätstheorie: Raum und Zeit sind zu einem Kontinuum verbunden. Es gibt keinen ruhenden Punkt im Universum. Die Schwerkraft ist nur eine Auswirkung der Masse auf den Raum. Masse verzerrt den Raum.
Und jetzt wird es endgültig verwirrend: Die Erde kreist also nicht um die Sonne. Die Sonne drückt bei sich die Zeit ein – sie krümmt also die Raumzeit. Die Erde will an der Sonne vorbeifliegen, durch die Delle der Raumzeit fliegt sie aber um die Sonne herum. Aus diesem Grund läuft die Zeit auf der Erde langsamer als in einem Flugzeug und noch langsamer als in einer Raumstation. Deshalb gehen sogar Atomuhren auf einer Raumstation und auf der Erde unterschiedlich. Je weiter man sich von der Erde entfernt, umso schneller vergeht die Zeit. Direkt in schwarzen Löchern bleibt die Zeit sogar stehen, weil die Masse eines schwarzen Lochs so groß ist, dass sie unendlich tiefe Krater im Raumzeit-Kontinuum reißen kann.
Sie verstehen das nicht?
Ich auch nicht.

DIE VIER ELEMENTARKRÄFTE DER NATUR

Gravitation
Newtons allgemeines Gravitationsgesetz: Die Massenanziehungskraft, die ein Körper auf einen anderen ausübt, ist direkt proportional zum Produkt ihrer Massen, aber umgekehrt proportional zum Quadrat ihres Abstands. Die Gravitation steht zur starken Kernkraft in einem Verhältnis von 10^{-39} zu 1.

Elektromagnetische Kraft
Die elektromagnetische Kraft ist 137-mal schwächer als die starke Kernkraft: Teilchen mit elektrischer Ladung ziehen sich an, Teilchen mit gleicher Ladung stoßen sich ab.

Schwache Kernkraft
Die schwache Kernkraft ist 100.000-mal schwächer als die starke Kernkraft. Sie manifestiert sich in radioaktiven Zerfallsprozessen, insbesondere im Betazerfall.

Starke Kernkraft
Die starke Kernkraft verknüpft Quarks zu Protonen und Neutronen und hält Protonen und Neutronen zusammen, so dass die Kerne stabil bleiben. Diese kolossale Energie wird freigesetzt, wenn Atomkerne gespalten oder verschmolzen werden.

Die Physik strebt eine Vereinigung der vier Elementarkräfte in die »Allumfassende Theorie« an. Dann hätte die Physik endlich ein konsistentes System, mit dem sie sämtliche Prozesse, ob unendlich klein oder gigantisch groß, beschreiben könnte.

AUF WELCHER SEITE DES AUTOS IST DER EINFÜLLSTUTZEN?

Das hängt davon ab, wo das Fahrzeug entwickelt worden ist. Deutschland oder Frankreich bedeutet Kraftstoff rechts einfüllen, England und Japan links.

DER VERBRENNUNGSMOTOR

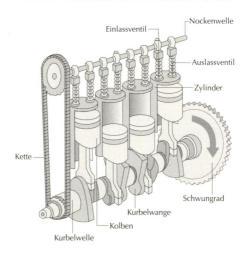

Gottlieb Wilhelm Daimler und Wilhelm Maybach entwickelten den schnelllaufenden Benzinmotor. Er verbrennt in einem Zylinder ein Brennstoff-Luft-Gemisch und treibt so Kolben an.

DER WANKELMOTOR

Wurde von Felix Wankel im Jahr 1954 erfunden. Der Verbrennungsmotor beruht nicht auf Kolben, die sich in axialer Richtung bewegen, sondern auf einem Kreiskolben, der kreist und sich gleichzeitig um seine Achse dreht.

SONDERREGEL FÜR TAXIFAHRER

Taxifahrer müssen nicht angeschnallt sein, um sich gegen aggressive Fahrgäste wehren zu können.

DIENSTKENNZEICHEN

0-1	Bundespräsident
0-2	Bundeskanzlerin
0-3	Außenminister
1-1	Bundestagspräsident
BD 1-xxx	Bundestag Dienstwagen
BD 3-xxx	Bundesrat Dienstwagen

DIE KENNZEICHNUNG VON AUTOREIFEN

Größenbezeichnung
Beispiel 225/40 R16
Reifenbreite in Millimeter (225)
Verhältnis von Reifenhöhe zu Reifenbreite (40)
Bauweise des Reifens (R = Radial, B oder D = Diagonal)
Felgendurchmesser in Zoll (16)

Der Buchstabe weist auf die zulässige Höchstgeschwindigkeit hin:
Q bis 160 km/h   H bis 210 km/h
S bis 180 km/h   V bis 240 km/h
T bis 190 km/h   W bis 270 km/h
U bis 200 km/h   Y bis 300 km/h

Bei einer längeren Ziffernfolge auf den Reifen geben die letzten vier Ziffern Herstellungswoche und Jahr an.

TECHNISCHE REKORDE

Größte Brücke	Akashi-Kaikyo	1991 m Spannweite (Japan)
Höchstes Gebäude	Burj Dubai	541 m im Juli 2007 (wird mehr als 800 m hoch)
Höchstes Bauwerk	Sendemast Konstantynów	646,38 m (stürzte im August 1991 in Polen ein)
Höchster Kirchturm	Ulmer Münster	161,53 m (1890 fertiggestellt)
Größtes Hotel	First World Hotel in Genting, Malaysia	6118 Zimmer
Längster Tunnel	Seikan-Tunnel in Japan	53,9 km (davon 23,3 km unter dem Meer)
Längstes Bauwerk	Chinesische Mauer	6350 km
Größtes Flugzeug	Passagierluftschiff Hindenburg	245 m Länge, 200.000 m^3 (wurde bei einem Unglück am 6. Mai 1937 komplett zerstört)
Größtes Flugzeug	Antonow An-225 Mrija (»Traum«)	84 m Länge, 88,4 m Spannweite
Größtes Passagierschiff	Freedom of the seas	338,75 m Länge mit max. 5370 Personen an Bord
Größtes Kriegsschiff	USS Ronald Reagan	332,80 m Länge, max. 90 Flugzeuge
Größte Entfernung zur Erde	Voyager 1	15 Milliarden km, (derzeit 1,6 Millionen km pro Tag schnell)
Schnellstes Landfahrzeug	Raketenauto, ThrustSSC	1227,985 km/h

Schnellster Serienwagen	Bugatti Veyron	407 km/h (von 0 auf 100: 2,5 s, 1001 PS)
Schnellstes Schienenfahrzeug	TGV-POS (V150)	574,8 km/h

MEILENSTEINE DER TECHNIKGESCHICHTE

vor Christus

350.000	Gebrauch des Feuers
5000	Erste Werkzeuge aus Holz, Leder und Feuerstein
4000	Erfindung des Rades (in Mesopotamien)
1800	Glas in Ägypten
550	Erste Windmühlen in Griechenland
500	Seegängige Ruderboote der Griechen
260	Archimedes erfindet den Flaschenzug
100	Chinesen erfinden das Papier

nach Christus

930	Anfänge des Bergbaus
1120	Chinesen nutzen den Kompass
1280	Die erste Brille
1445	Gutenberg erfindet den Buchdruck
1480	Leonardo da Vinci ersinnt den Fallschirm
1505	Die erste funktionierende Taschenuhr
1641	Mechanische Rechenmaschine von Pascal
1681	Dampfmaschine (optimiert von James Watt 1878)
1780	Galvani entdeckt die galvanische Elektrizität
1783	Heißluftballon der Brüder Montgolfiére
1805	Die erste lochkartengesteuerte Webmaschine
1832	Elektromotor
1835	Daguerre erfindet den Vorgänger der Fotografie
1846	Werner von Siemens baut ein elektrisches Kabel und einen Telegrafen
1862	Otto baut einen Benzinmotor

1863	Erste dampfgetriebene U-Bahn in London (1890 eröffnet)
1876	Bell ersinnt den Fernsprechautomaten
1877	Edison erfindet das Grammophon
1882	Edison baut das erste Kraftwerk in New York
1883	Daimler stellt das erste Kraftrad her
1885	Benz baut den Verbrennungsmotor
1891	Lilienthal unternimmt erste Gleitflüge
1895	Röntgen entdeckt die Röntgenstrahlen
1900	Graf Zeppelin baut ein lenkbares Luftschiff
1903	Die Brüder Wright fliegen das erste Motorflugzeug
1937	Focke konstruiert den Hubschrauber
1938	Konrad Zuse baut die erste programmierbare Rechenmaschine
1945	Spencer erfindet den Mikrowellenherd, der erste Computer ENIAC wird gebaut (ein Gigant aus Elektronenröhren)
1952	Das Farbfernsehen wird entwickelt
1957	Der erste Satellit (Sputnik)
1958	Einführung des A-Mobilnetzes in Deutschland
1961	Gagarin umkreist als erster Mensch mit dem Raumschiff »Wostok I« die Erde
1969	Armstrong landet als erster Mensch auf dem Mond (Apollo 11)
1992	Motorola bringt das erste GSM-Handy auf den Markt
1994	Der Euro-Tunnel unter dem Ärmelkanal wird eröffnet
1997	Markteinführung der DVD

AUSGEWÄHLTE BEDEUTENDE WELTAUSSTELLUNGEN UND IHRE INNOVATIONEN

1851	London	560 Meter langer Kristallpalast
1862	London	Nähmaschine
1873	Wien	Dynamit
1876	Philadelphia	Schreibmaschine, Telefon
1878	Paris	Eisschrank, Bogenlampe
1889	Paris	Eiffelturm, Glühbirne, Kraftrad
1893	Chicago	Reißverschluss, Riesenrad
1900	Paris	Rolltreppe
1904	St. Louis	Flugzeug
1915	San Francisco	Farbfotografie, Fließband
1926	Philadelphia	Tonfilm
1933	Chicago	Fernsehen
1937	Paris	Plexiglas
1940	New York	Roboter, Nylon
1964/65	New York	Farbfernsehen
1967	Montreal	Atomuhr

DIE MONDPHASEN

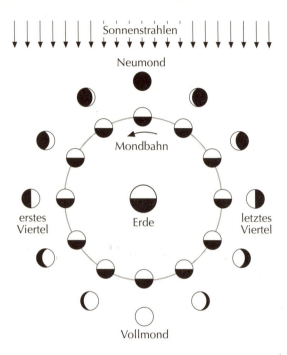

Der Mond kreist alle 27,3 Tage um die Erde. Er ändert natürlich nicht seine Form, sondern wird nur unterschiedlich von der Sonne angestrahlt.

DIE NÄCHSTEN TOTALEN SONNENFINSTERNISSE

01.08.2008 für 2 Min. 27 Sek. sichtbar in Kanada, Sibirien, Mongolei, China
22.07.2009 für 6 Min. 39 Sek. sichtbar in Indien, China, Nepal
11.07.2010 für 5 Min. 20 Sek. sichtbar in Chile, Argentinien, Osterinseln

METEORITEN

- Bislang haben auf der Erde rund 120 Meteoriten eingeschlagen. Die meisten stammten aus dem Asteroidengürtel zwischen Jupiter und Mars.
- Eine Frau saß in Alabama (USA) auf der Couch, als ein Meteorit in ihr Haus einschlug.
- Der größte Krater liegt in Indien, ist 600 Kilometer breit und 65 Millionen Jahre alt.
- Meteoriten darf man nicht mit Meteoren (Sternschnuppen) verwechseln, die verglühen beim Eintritt in die Erdatmosphäre.

WIE ALLES BEGANN

Das Universum entstand ungefähr vor 13,7 Milliarden Jahren. Damals passierte wahrscheinlich, was die Forscher Singularität nennen: Alle Materie wird zu einem unendlich kleinen Punkt von unendlicher Dichte zusammengepresst. Dann kam der Urknall.

Sterne wandeln Wasserstoff in Helium um und erzeugen dabei Licht und Hitze. Ein Stern ist ein riesiger Kernreaktor. Wenn der Wasserstoff zur Neige geht, dann bleibt nur noch Helium übrig, und der Stern dehnt sich aus. Ein roter Riese (wie etwa Beteigeuze im Sternbild Orion) entsteht. Die Temperaturen steigen so stark an, dass auch das Helium Atomenergie erzeugt. Das Helium wird dann bei 50 Millionen Grad in Kohlenstoff, Sauerstoff und Neon umgewandelt. Wenn das Helium aufgebraucht ist, kommt es zu einer Schrumpfungsphase, bei der Temperaturen von zweieinhalb Milliarden Grad erreicht werden können. Dies kann zu einer Explosion des Sterns (Supernovae) führen. Oder der Stern schrumpft, und es bleibt ein weißer Zwerg übrig, ein sehr heißer, extrem dichter Kern, der Milliarden Jahre braucht, um auszukühlen. Dann wird er zum schwarzen Zwerg.

DIE PLANETEN

Um einen Eindruck von der Größe unseres Sonnensystems zu erhalten, stelle man sich vor: Wenn die Sonne die Größe eines Fußballs hat, dann wäre der Merkur ein Krümel Staub etwa 15 Meter von der Sonne entfernt. Die Venus wäre ein 23 Meter entfernter Krümel. Die Staubfluse Erde wäre 32 Meter entfernt, der Mars 50 Meter. Der Jupiter wäre eine kleine Birne, rund 125 Meter entfernt. Weitere Abstände: Saturn 320 Meter, Uranus 660 Meter, Neptun 900 Meter.
Kurz nach oder kurz vor Sonnenuntergang ist der Merkur am Himmel zu erkennen. Auf einer Hälfte des Merkurs ist immer Tag, auf der anderen immer Nacht. Entweder ist es extrem heiß oder extrem kalt. Die Venus hüllt sich beständig in einen Mantel aus weißen Wolken, durch die noch niemand blicken konnte. Die Wolken scheinen nicht aus Wasser zu bestehen wie unsere Wolken. Der Mars liegt am nächsten zur Erde. Die Legende der grünen Marsmenschen stammt womöglich von grünlichen Mustern, die man zeitweise von der Erde aus beobachten kann. Jupiter, Saturn, Uranus und Neptun sind äußerst lebensfeindlich. Sie bestehen aus großen Mengen Ammoniak und Methan. Der Jupiter ist der größte aller Planten, er wird von 63 Monden umkreist. Er strahlt mit reichen Rot- und Brauntönen.

UNSERE GALAXIE

Die Form unserer Galaxie erinnert an zwei Suppenteller, die mit den Rändern aufeinanderliegen. Die hellen Sterne, die wir mit bloßem Auge am Himmel sehen können, liegen in einem kleinen Bereich um die Sonne herum.
- Unsere Galaxie enthält rund 100.000.000.000 Sterne.
- Das Licht muss rund 60.000 Jahre reisen, um die Milchstraße zu durchqueren.
- Die Sonne ist einer von 100 Milliarden Sternen in unserer Galaxie.
- Es gibt Sterne, die hunderttausendmal heller sind als die Sonne.
- Unser Sonnensystem liegt ziemlich am Rand der Galaxie.

LEGENDÄRE FUSSBALLSPIELE

Deutschland – Österreich 1:0
WM, Spanien 1982. Abgekartetes Spiel: Bei einem 1:0 sind beide Teams in der Vorrunde weiter, also schieben sie sich nach dem 1:0 von Hrubesch in der 11. Minute nur noch unmotiviert den Ball zu: »Sie erlauben mir, dass ich die Szenen, die sich hier unten abspielen, nicht weiter veredle. Was hier geboten wird, ist schändlich«, kommentierte Eberhard Stanjek.

Borussia Mönchengladbach – Inter Mailand 7:1
20. Oktober 1971. Doch das Spiel wurde annulliert, weil ein Spieler von Mailand von einer Dose getroffen wurde. Die UEFA setzte das Spiel neu an, Gladbach schied nach dem Wiederholungsspiel 0:0 aus.

Spanien – Malta 12:1
Im letzten Spiel der Qualifikation der Europameisterschaft 1984 brauchten die Spanier einen Sieg mit elf Toren Vorsprung. Sie schafften es. Die Holländer mussten daheimbleiben.

Italien – Deutschland 4:3
Noch immer steht eine Erinnerungstafel im Aztekstadion in Mexiko City:
»Das Aztekenstadion kürt die Auswahlmannschaften von Italien und Deutschland bei der WM 1970 zu den Protagonisten des ›Spiels des Jahrtausends‹ (17. Juni 1970).«
Die Deutschen kämpften bei 50 Grad im Schatten mit Sepp Maier, Franz Beckenbauer und dem legendären Doppelsturm aus Gerd Müller und Uwe Seeler. In der Verlängerung fielen fünf Tore.

England – Argentinien 1:2
WM 1986, in der 51. Minute schiebt Diego Armando Maradona den Ball mit der Hand ins Tor. Der Schiedsrichter gibt das Tor. Später sagt Maradona: »Es war ein bisschen die Hand Gottes und ein bisschen Maradonas Kopf.«

England – Deutschland 4:2
WM 1966, Finale. In der 98. Minute trifft Hurst zum 3:2. Aber eigentlich war der Ball nicht drin! Das Wembley-Tor.

Österreich – Deutschland 3:2
WM 1978, Zwischenrunde: die Schmach von Cordoba. Kommentar von Edi Finger (ORF): »Da kommt Krankl. Schuss ... Tor. Tor. Tor. Tor. Tor! I' werd' narrisch. Krankl schießt ein – 3:2 für Österreich!«

FUSSBALLWELTMEISTERSCHAFTEN UND IHRE SIEGER

1930	Uruguay	Uruguay gegen Argentinien 4:2
1934	Italien	Italien gegen Tschechoslowakei 2:1
1938	Frankreich	Italien gegen Ungarn 4:2
1950	Brasilien	Uruguay gegen Brasilien 2:1
1954	Schweiz	Deutschland gegen Ungarn 3:2
1958	Schweden	Brasilien gegen Schweden 5:2
1962	Chile	Brasilien gegen Tschechoslowakei 3:1
1966	England	England gegen Deutschland 4:2
1970	Mexiko	Brasilien gegen Italien 4:1
1974	Deutschland	Deutschland gegen Holland 2:1
1978	Argentinien	Argentinien gegen Holland 3:1
1982	Spanien	Italien gegen Deutschland 3:1
1986	Mexiko	Argentinien gegen Deutschland 3:2
1990	Italien	Deutschland gegen Argentinien 1:0
1994	USA	Brasilien gegen Italien 3:2 nach Elfmeterschießen
1998	Frankreich	Frankreich gegen Brasilien 3:0
2002	Japan	Brasilien gegen Deutschland 2:0
2006	Deutschland	Italien gegen Frankreich 5:3 nach Elfmeterschießen

WELTFUSSBALLER DES JAHRES

1990	Lothar Matthäus (Inter Mailand)
1991	Lothar Matthäus (Inter Mailand)
1992	Marco van Basten (AC Mailand)
1993	Roberto Baggio (Juventus Turin)
1994	Romario (FC Barcelona)
1995	George Weah (AC Mailand)
1996	Ronaldo (FC Barcelona)
1997	Ronaldo (Inter Mailand)
1998	Zinedine Zidane (Juventus Turin)
1999	Rivaldo (FC Barcelona)
2000	Zinedine Zidane (Juventus Turin)
2001	Luis Figo (Real Madrid)
2002	Ronaldo (Inter Mailand / Real Madrid)
2003	Zinedine Zidane (Real Madrid)
2004	Ronaldinho (FC Barcelona)
2005	Ronaldinho (FC Barcelona)
2006	Fabio Cannavaro (Juventus Turin / Real Madrid)

IN MEMORIAM

George »Georgie« Best (25.11.2005)
Best spielte zwischen 1963 und 1975 als Stürmer mit der legendären Nummer sieben bei Manchester United. Er hatte Sex mit sieben verschiedenen Frauen an einem Tag. Besonders stolz war er auf eine Ménage-à-trois mit Mutter und Tochter. Sein Fazit: »Die Hälfte des Geldes, das ich verdient habe, ist für Alkohol, Frauen und Autos draufgegangen, den Rest habe ich einfach verprasst.« George Best wurde am 3. Dezember 2005 in Belfast beerdigt. Mehr als 100.000 Menschen gaben ihm die letzte Ehre.

DIE TEUERSTEN TRANSFERS

In der folgenden Tabelle sind die 10 teuersten Transfers der Fußballgeschichte aufgeführt.

Rang	Saison	Spieler	Verkauft von	Gekauft von	Ablöse in Euro
1	2001/2002	Zinedine Zidane	Juventus Turin	Real Madrid	73.500.000
2	2000/2001	Luis Figo	FC Barcelona	Real Madrid	60.000.000
3	2000/2001	Hernán Crespo	FC Parma	Lazio Rom	55.000.000
4	2001/2002	Gianluigi Buffon	FC Parma	Juventus Turin	54.100.000
5	2006/2007	Andrij Schewtschenko	AC Mailand	FC Chelsea	51.000.000
6	2001/2002	Gaizka Mendieta	Valencia CF	Lazio Rom	48.000.000
7	2002/2003	Rio Ferdinand	Leeds United	Manchester United	46.000.000
8	2002/2003	Ronaldo	Inter Mailand	Real Madrid	45.000.000
9	1999/2000	Christian Vieri	Lazio Rom	Inter Mailand	45.000.000
10	2001/2002	Juan Sebastián Verón	Lazio Rom	Manchester United	42.600.000

DAS ABSEITS

Die Kenntnis dieser Regel gilt für viele als der Unterschied zwischen Mann und Frau. Man ist dann ein Mann, wenn man weiß:

1. Im Fußball nimmt ein angreifender Spieler eine Abseitsposition ein, wenn alle folgenden Bedingungen erfüllt sind. Er selbst ist im Moment der Ballabgabe:
   - in der gegnerischen Hälfte
   - der gegnerischen Torlinie näher als der Ball
   - nur durch höchstens einen gegnerischen Spieler (meist, aber nicht notwendig, der Torwart) von der gegnerischen Torlinie getrennt
   - von einem Mitspieler der eigenen Mannschaft angespielt worden.
2. Wird ein Verteidiger angeschossen und prallt der Ball unabsichtlich zu einem im Abseits stehenden Spieler, so ist auf Abseits zu entscheiden.
3. Ist der Angreifer mit einem Gegenspieler auf gleicher Höhe, zählt Letzterer zu den Spielern, die die Abseitsposition aufheben können.
4. Wird der Ball, der von einem Mitspieler kam, durch einen Gegenspieler unabsichtlich abgefälscht, so steht der Spieler – sofern die anderen Voraussetzungen zutreffen – im Abseits.

Die Abseitsposition an sich ist noch kein Regelverstoß. Ein solcher wird sie erst, wenn der im Abseits stehende Spieler aktiv in das Spielgeschehen eingreift. Als Eingriff gilt das Spielen/Berühren des Balles, das Beeinflussen eines Gegners in der aktuellen Spielsituation (z. B. Sichtbehinderung) und das Ziehen eines Vorteils aus der Abseitsstellung, wenn ein von Latte, Pfosten oder Gegner abprallender Ball gespielt wird. Der angreifende Spieler begeht keine Regelübertretung, wenn seine Mannschaft einen Eckstoß, Einwurf oder Abstoß ausführt. (Regel 11)

DIE FLAGGEN-ZEICHEN DES SCHIEDSRICHTER-ASSISTENTEN

Freistoß

Vergehen hinter dem Rücken des Schiedrichters

Abstoß

Einwurf

Abseits

Eckstoß

BUNDESLIGA-REKORDE

Rekordspieler:	Karl-Heinz Körbel (Eintracht Frankfurt) – 602 Spiele
Meiste Spiele in Serie:	Sepp Maier (FC Bayern München) – 442 Spiele
Youngster:	Jürgen Friedl (Eintracht Frankfurt) – 17 Jahre und 26 Tage
Oldie:	Klaus Fichtel (FC Schalke 04) – 43 Jahre und 184 Tage
Erfolgreichster Bundesliga-Trainer:	Udo Lattek – 8-mal Deutscher Meister
Am häufigsten entlassene Trainer:	Jörg Berger, Gyula Lorant – je 6-mal entlassen
Meiste Tore:	Gerd Müller (FC Bayern München) – 365 Tore
Rekord-Torschützenkönig:	Gerd Müller (FC Bayern München) – 7-mal (1967/69/70/72/73/74/78)
Meiste Tore in einer Saison:	Gerd Müller (FC Bayern München) – 40 Saisontore (1972)
Rekordschütze in einem Spiel:	Dieter Müller (1. FC Köln) – 6 Tore beim 7:2 gegen Bremen am 17.08.77
Treffsicherster Torhüter:	Hans-Jörg Butt (Hamburger SV/Bayer Leverkusen) – 22 (Elfmeter-)Tore
Meiste Elfmeter-Tore:	Manfred Kaltz (Hamburger SV) – 53 Elfmeter-Tore
Meiste Eigentore:	Manfred Kaltz (Hamburger SV) – 6 Eigentore
Längste Serie ohne Gegentor:	Oliver Kahn (FC Bayern München) – 803 Minuten (09.11.02 – 09.02.03)

Meiste Elfmeter gehalten:	Rudi Kargus (Hamburger SV u. a.) – 23 gehaltene Elfmeter
Der jüngste Bundesliga-Spieler	Nuri Sahin, Borussia Dortmund 2005/2006 im Alter von 16 Jahren und 335 Tagen
Die berühmteste Blutgrätsche	Der Bremer Verteidiger Norbert Siegmann grätscht dem Bielefelder Stürmer Ewald Lienen so brutal in die Beine, dass sein Oberschenkel auf einer Länge von 25 Zentimetern klafft.

DIE WAHREN NAMEN DER BRASILIANER

Edson Arantes des Nascimento	Pelé
Marcos Evangelista de Moares	Cafú
Ronaldo de Assis Moreira	Ronaldinho

BERÜHMTE RÜCKENNUMMERN

1	Sepp Maier (Bayern München)
5	Franz Beckenbauer (Bayern München)
7	George Best (Manchester United)
9	Uwe Seeler (HSV)
10	Michel Platini (Juventus Turin)
10	Diego Armando Maradona (Boca Juniors, SSC Neapel)
10	Pelé (FC Santos, Cosmos New York)
11	Karl-Heinz Rummenigge (Inter Mailand, Bayern München)
13	Gerd Müller (Bayern München)
18	Jürgen Klinsmann (Bayern München, VfB Stuttgart)
23	David Beckham (Real Madrid)

ANDERE SPORTARTEN

Rugby
Ursprung	1823 in Rugby (England) entstanden
Spiel	100 x 69 Meter Rasenfläche plus Malfeld, eiförmiger Lederball, 2 x 15 Spieler, 2 x 40 Minuten
Wertung	Ball ins gegnerische Malfeld gelegt: 4 Punkte. Schuss durch die Malstangen: 3 Punkte

American Football
Ursprung	Um 1870 aus Rugby entstanden (gespielt in USA, Kanada)
Spiel	120 x 50 Meter Rasenplatz, eiförmiger Lederball, 2 x 11 Spieler, 4 x 12 Minuten
Wertung	Touchdown (Ablegen des Balls in der Endzone des Gegners) bringt 6 Punkte, Field Goal (Schießen zwischen die oberen Torstangen) 3 Punkte

Baseball
Ursprung	Kam Mitte des 18. Jahrhunderts von England in die USA
Spiel	Quadratische Rasenfläche 27,45 Meter; Ball mit Korkkern, Schlagkeulen mit 1,07 Meter Länge, 2 x 9 Spieler, 9 Spielabschnitte
Wertung	Der Spieler trifft den Ball und umläuft dann das Feld von Base zu Base. Lauf in die Homebase: 1 Punkt

Curling
Ursprung	In Schottland um 1700 entstanden
Spiel	Eisbahn 44,5 Meter lang; ovaler Curlingstein aus poliertem Granit, 2 x 4 Spieler
Wertung	In jedem Durchgang (mit maximal 17 Ends) werden die Steine gezählt, die näher am Zielmittelpunkt sind als die gegnerischen.

Eishockey

Ursprung	1860 von britischen Soldaten in Kanada eingeführt
Spiel	Eisfläche 60 x 30 Meter mit Bande, runde Hartgummischeibe (Puck), Schläger mit 1,35 Meter Länge, 2 x 6 Spieler, 3 x 20 Minuten Spielzeit
Wertung	Nach erzielten Toren

Hallenhandball

Ursprung	In Deutschland 1919 aus dem Feldhandball entstanden
Spiel	40 x 20 Meter Halle, 2 x 3 Meter Tore, Lederball, 2 x 7 Spieler, 2 x 30 Minuten
Wertung	Nach erzielten Toren

Hockey

Ursprung	Bereits in der Antike entstanden
Spiel	91,4 x 55 Meter Feld, Ball aus Leder oder Kunststoff, Stock: 340–794 Gramm, 2 x 11 Spieler, 2 x 35 Minuten (Halle 2 x 20 Minuten)
Wertung	Nach erzielten Toren

Golf

Ursprung	In Kontinentaleuropa um 1300
Spiel	18 Spielbahnen bis zu 500 Meter lang, 5–14 Schläger, Golfball, Einzelsport, 4 x 18 Bahnen
Wertung	Der Ball muss mit möglichst wenigen Schlägen ins Loch befördert werden. Wer insgesamt die wenigsten Schläge benötigt, hat gewonnen.

GOLFSCHLÄGE

Für jedes Loch ist eine bestimmte Anzahl Schläge vorgesehen (Par).
Bei Bahnlängen bis 228 Meter – Par 3
Bei Bahnlängen bis 434 Meter – Par 4
Bei Bahnlängen ab 435 Meter – Par 5

Wenn der Spieler diese Zahl über- oder unterschreitet, nennt man das:

Triple Bogey	+3	Albatross	−3
Double Bogey	+2	Eagle	−2
Bogey	+1	Birdie	−1

DIE GRAND-SLAM-TENNISTURNIERE

Januar/Februar	Australien Open in Melbourne (Hartplatz)
Mai/Juni	French Open in Paris (Sand)
Juni/Juli	All England Open in London – Wimbledon (Rasen)
August/September	US Open in New York – Flushing Meadows (Hartplatz)

DIE BOOTSKLASSEN BEIM SEGELN

Optimist	2,30 Meter	Flying	6,05 Meter
Europe	3,35 Meter	Dutchman	
OK-Jolle	4 Meter	Tornado	6,10 Meter
420er	4,20 Meter	(Katamaran)	
Laser	4,23 Meter	Star	6,92 Meter
Finn-Dinghy	4,50 Meter	Soling	8,15 Meter
470er	4,70 Meter	Drachen	8,90 Meter
505er	5,05 Meter		

DIE FLAGGENSIGNALE IN DER FORMEL EINS

Gelb-rot	Rutschige Strecke
Rot	Rennen abgebrochen. Langsam in die Box fahren
Grün	Keine Gefahr mehr, Strecke frei
Weiß-schwarz	Verwarnung wegen unsportlichen Verhaltens
Schwarz	Fahrer muss nach der Runde an der Box halten
Gelb	Gehalten: Überholen verboten; geschwenkt: Gefahr direkt voraus
Weiß	Safetycar oder langsames Auto auf der Strecke
Blau	Gehalten: dicht folgender Konkurrent; geschwenkt: Überholversuch
Schwarz mit gelbem Punkt	Auto hat gefährlichen Defekt, nach der Runde an die Box fahren

GEWICHTSKLASSEN BEIM BOXEN

Halbfliegengewicht	bis 49,988 kg
Fliegengewicht	bis 50,802 kg
Superfliegengewicht	bis 52,163 kg
Bantamgewicht	bis 53,524 kg
Superbantamgewicht	bis 55,338 kg
Federgewicht	bis 57,153 kg
Superfedergewicht	bis 58,967 kg
Leichtgewicht	bis 61,235 kg
Halbweltergewicht	bis 63,503 kg
Weltergewicht	bis 66,678 kg
Superweltergewicht	bis 69,853 kg
Mittelgewicht	bis 72,574 kg
Supermittelgewicht	bis 76,203 kg
Halbschwergewicht	bis 79,378 kg
Cruisergewicht	bis 86,182 kg
Schwergewicht	über 86,182 kg

KLEINES BOX-ABC

Auslage	Linksauslage bedeutet linke Führhand und linkes Bein sind vorn, rechte Schlaghand hinten, entsprechend Rechtsauslage bei Linkshändern
Clinch	Regelwidriges Umklammern
Gerade	Schlag, bei dem Oberarm, Unterarm und Handrücken eine gerade Linie bilden
Haken	Schlag mit angewinkeltem Ellenbogengelenk
Jab	Überraschender Stoß mit der Schlag- oder Führhand
Lucky Punch	K.-o.-Schlag des bis dahin schwächeren Gegners
Puncher	Ein auf Schlagkraft und nicht auf Technik ausgerichteter Boxer
Schwinger	Schlag unter Ausnutzung des Körperschwungs
Technischer K. o.	Abbruch des Kampfs durch den Schiedsrichter wegen sportlicher Unterlegenheit oder Verletzung
Uppercut	Aufwärtshaken

BOX-REKORDE

- Der jüngste Schwergewichtsweltmeister war Mike Tyson mit 20 Jahren.
- Der älteste Schwergewichtsweltmeister war George Foreman mit 46 Jahren.
- Der längste dokumentierte Kampf in einer Zeit, als es noch keine Rundenbegrenzung gab, ging über 110 Runden, also insgesamt sieben Stunden und 19 Minuten im Jahr 1893. Ergebnis: Unentschieden.
- Am häufigsten unbesiegt blieb Rocky Marciano. Er kämpfte 49-mal und siegte 49-mal, davon 43-mal durch K. o. Halbschwergewichtler Dariusz Michalczewski verlor seinen 49. Kampf.
- Mindestens 550 Berufs- und Amateurboxer sind an den Folgen von Verletzungen durch Schläge im Ring gestorben.

DER BESTE BOXKAMPF DES JAHRHUNDERTS

Der Thriller in Manila
Die Sonne brennt über dem südchinesischen Meer. 28.000 Menschen schwitzen am 1. Oktober 1975 im Philippine Coloseum. Präsident Ferdinand Marcos ist gekommen, an seiner Seite seine Frau Imelda, die sich aus Tausenden Schuhpaaren für diesen Abend das richtige ausgesucht hatte. Der Kampf zwischen Muhammad Ali und Joe Frazier soll der mörderischste Kampf der Boxgeschichte werden. Die Box-Bibel *The Ring* wählte diesen Kampf zum »besten Boxkampf des Jahrhunderts«. Ein Jahr zuvor hatte sich Ali beim »Rumble in the jungle« in Kinshasa den WM-Titel von George Foreman zurückerobert.
Gleich in der ersten Runde wird Frazier von einem Aufwärtshaken Alis förmlich vom Ringboden gehoben. In der dritten Runde sieht es aus, als würde Frazier jede Sekunde umkippen. Doch er gibt nicht auf. Unbeirrt und unaufhörlich rammt er Ali die Fäuste in die Nieren. Ali kommt kaum mehr aus seiner Ecke. In der sechsten Runde hämmert ihm Frazier einen linken Haken gleich zweimal ans Kinn. Präsident Marcos zuckt zusammen, als hätte ihm jemand ein Messer in den Rücken gestochen. Doch Ali bleibt wie durch ein Wunder stehen. Nach der zehnten Runde wünscht sich Ali, er könne aufgeben. Beide sind platt. In der elften Runde bekommt Ali unzählige Treffer in sein aufgeschwollenes Gesicht. Doch in der 13. Runde kehrt er ein letztes Mal zurück. Fraziers blutiger Mundschutz fliegt in die Pressereihen. In der 14. Runde landet Ali neun rechte gerade Schläge nacheinander.
»Joe«, sagt Fraziers Trainer Eddie Futch, »ich werde abbrechen.«
»Das kannst du mir nicht antun«, klagt Frazier und will aufstehen. Doch Futch drückt ihn wieder auf den Stuhl. »Es ist vorbei. Niemand wird jemals vergessen, was du heute geleistet hast.«
Als die Aufgabe bekannt wird, erleidet Ali einen Kollaps und bleibt bewusstlos auf dem Boden liegen. Nachher staunt Frazier: »Ich habe ihn mit Schlägen getroffen, die eine Stadtmauer zum Einsturz gebracht hätten. Bei Gott, er ist ein großer Champion.«

DIE WICHTIGSTEN ARCHITEKTURSTILE

Griechisch (7.–1. Jh. v. Chr.)
Typische Erkennungszeichen: Tempel mit wohlproportionierten Säulen

Römisch (1.–4. Jh. n. Chr.)
Typische Erkennungszeichen: Viele griechische Anteile und etruskische Bogen

Byzantinisch (4.–15. Jh.)
Typische Erkennungszeichen: Große Kuppelkirchen mit prächtigen Mosaiken und östlichen Einflüssen (Zentrum war Konstantinopel)

Romanik (10.–12. Jh.)
Typische Erkennungszeichen: Rundbogen, dicke Mauern mit kleinen Fenstern
Typische Kirchen: Dom von Speyer und Worms, Mainz

Gotik (12.–16. Jh.)
Typische Erkennungszeichen: Spitzbogen, filigrane Ornamente, kreisrunde Rosetten- und Bleiglasfenster
Typische Kirchen: Notre Dame de Paris

Renaissance (14.–16. Jh.)
Typische Erkennungszeichen: Formen aus der griechischen Antike: Säulen, Dreiecksgiebel. Einfache, geometrische Formen (Quadrat, Kreis)
Typische Kirchen: Petersdom in Rom

Barock (17. Jh.)
Typische Erkennungszeichen: Vereinigung unterschiedlicher Kunstformen. Viel Stuck, Putten, Figuren, verspielte Dekoration (steigert sich bis zum Rokoko)

Typisches Bauwerk: Schloss Versailles, Winterpalast (Eremitage) in St. Petersburg

Neoklassizismus (1750–1850)
Typische Erkennungszeichen: Rückkehr zu den strengen Formen der Antike. Kirchen sind nicht mehr geostet, hell und schlank, nur eine Kuppel
Typisches Bauwerk: Schloss in Gatschina, Parlament in Wien

WICHTIGE BAUWERKE

Deutschland

Brandenburger Tor (Berlin)	1788–1791 erbautes Tor von Carl Gottfried Langhans
Bauhaus (Dessau)	1925 (Walter Gropius)
Zwinger (Dresden)	1711–1722 von Matthäus Daniel Pöppelmann
Dom (Köln)	1248–1880 nach einem ersten Plan von Gerhard von Rile
Olympiastadion (München)	1968–1972 von Behnisch und Partner
Schloss Sanssouci (Potsdam)	1745–1747 von Hans von Knobelsdorff für Friedrich II.
Dom (Speyer)	1030–1111 auf Veranlassung von Konrad II.
Münster (Ulm)	1377–1890 größte gotische Pfarrkirche Deutschlands

Frankreich

Pont du Gard (Nîmes)	Aquädukt von 14 v. Chr.
Arc de Triomphe (Paris)	1806–1835 von Jean-Francois-Thérèse Chalgrin

Eiffelturm (Paris)	1889 von Gustav Eiffel für die Weltausstellung
Centre Pompidou	1977–1981 von Renzo Piano und Richard Rogers
Schloss Versailles	1661–1689 von Louis Le Vau

Griechenland

Akropolis (Athen)	Pantheon erbaut 454–438 v. Chr. von Iktinos
Knossos-Palast	1900 v. Chr.; ab 1900 rekonstruiert von Sir Arthur Evans

England

Tower (London)	1078 Grundstein gelegt von Wilhelm dem Eroberer
Stonehenge (Salisbury)	2000 v. Chr. sakrale Steinkreisanlage: 80 jeweils zwei Tonnen schwere Steine, die vermutlich auf Eichenstämmen von tausend Arbeitern über 30 Kilometer transportiert wurden

Italien

Kolosseum (Rom)	erbaut 72–80 nach Chr.
Engelsburg (Rom)	135 n. Chr. als Mausoleum für Kaiser Hadrian erbaut
Petersdom (Rom)	1506 nach Plänen von Bramante
Dogenpalast (Venedig)	seit 814 mehrfach erweitert. Wichtigster gotischer Bau

Russland

Kreml (Moskau)	1326–1339, später jedoch zerstört, wieder aufgebaut und mehrfach erweitert (u. a. von Michelangelo)
Winterpalast (St. Petersburg)	1754–1762 von Conte Rastrelli

Spanien

Sagrada Familia (Barcelona)	1884–1926 von Antonio Gaudi begonnen. Noch immer unvollendet
Alhambra (Granada)	1300 unter Ibn al-Ahmar, mehrfach erweitert

Brasilien

Parlament (Brasilia)	1957–1960 von Oscar Niemeyer

Peru

Machu Picchu	Ruinenstadt der Inka aus dem 15. Jahrhundert auf 2350 m Höhe

USA

Empire State Building (New York)	1930/1931 entworfen von Shreve, Lamb und Harmon

China

Chinesische Mauer	von 221 vor Chr. bis 1644
Verbotene Stadt (Peking)	um 1420, Kaiserpalast

Indien

Taj Mahal (Agra)	1630–1648, Grabmal für die Lieblingsfrau von Mogulkaiser Shah Jahan

Kambodscha

Angkor Wat	12. Jh. unter König Suryavarman II.

Saudi-Arabien

Kaaba (Mekka)	1333 erbaut. Zentrales Heiligtum des Islam

Australien

Opernhaus (Sydney)	1957–1965 von Jorn Utzon

DIE SCHÖNSTEN DEUTSCHEN WÖRTER

(prämiert vom Goethe-Institut im Jahr 2004)
Habseligkeiten, Geborgenheit, Liebe, Augenblick, Rhabarbermarmelade

EXPORTIERTE DEUTSCHE WÖRTER

Angst, Autobahn, Bildungsroman, Blitzkrieg, Doppelgänger, Gemütlichkeit, Glockenspiel, Götterdämmerung, Hausfrau, Hinterland, Kaffeeklatsch, Kitsch, Lager, Poltergeist, Rucksack, Schadenfreude, Sturm und Drang, verboten, Waldsterben, Wanderlust, Weltschmerz, Wunderkind, Wurst, Zeitgeist

MENSCHEN, DIE ES ZU WORTEN GEBRACHT HABEN (EPONYME)

Boycott	Charles Cunningham Boycott (1832–1897) war ein fürchterlicher Schinder. Eines Tages ignorierten ihn seine irischen Pächter und beantworteten seine Fragen nicht mehr.
Brailleschrift	Louis Braille erblindete im Alter von drei Jahren. Mit 15 Jahren erfand er die Punkteschrift.
Colt	Samuel Colt hat den berühmten Revolver erfunden.
Dieselmotor	Erfunden von Rudolf Diesel (um 1895)
Guillotine	Der Arzt Joseph I. Guillotin verlangte eine menschlichere Form der Vollstreckung von Todesurteilen. Ersonnen hatte das Köpfungsgerät aber angeblich der Chirurg Antoine Louis, deshalb hieß sie früher »Louisette«.
Litfaßsäule	Der Berliner Drucker Ernst Litfaß stellte 1855 in Berlin seine erste Reklamesäule auf.

Lynchjustiz	Hauptmann William Lynch machte sich mit ein paar Freunden auf, um eine Räuberbande zu stellen.
Mercedes	Die Automarke hat ihren Namen von der Tochter des ersten Kunden, Mercedes Jellinek.
Saxophon	Der Belgier Antoine Sax hat das Blasinstrument erfunden.

SPRACHKATASTROPHEN

(die unter anderem Bastian Sick beklagt)
1. »Super-Gau« geht nicht – Gau ist schon der größte anzunehmende Unfall.
2. Phrasen wie: »Das muss dann wieder irgendjemand auf seine Kappe nehmen, auch wenn er damit nichts am Hut hat, weil er sich etwas völlig anderes auf die Fahnen geschrieben hat, aber sonst hagelt es wieder Proteste, und man lässt ihn am Ende womöglich im Regen stehen.«
3. Wortschöpfungen mit den Endungen -bar wie unabsteigbar, erinnerbar, unaufhörbar, unerklärbar, bewältigbar, leistbar …
4. Gebeugte Adverbien wie »zeitweiliges« oder »schrittweisen«
5. Wenn die Präposition »mit« fälschlicherweise für ein Resultat verwendet wird: »Ein Unfall mit drei Toten«.
6. Wenn Leute den Unterschied zwischen scheinbar (nur zum Schein, vorgeblich, nicht in Wirklichkeit) und anscheinend (allem Anschein nach, vermutlich, wahrscheinlich) nicht kennen.
7. Wenn Journalisten in Nachrichtentexten »Erdloch« schreiben statt Grube oder Höhle, weil sie die Nachricht schlecht aus dem Englischen übersetzen.
8. Unnötige englische Wörter wie »downgeloadet« oder »forgewarded«, wenn man auch runtergeladen und weitergeleitet sagen kann.
9. Man kann »bass erstaunt« sein oder »baff«, aber nicht »baff erstaunt«.

10. Effizient bedeutet wirtschaftlich, effektiv bedeutet wirkungsvoll.
11. Gewöhnt kommt von Gewöhnung (positiv), gewohnt von Gewohnheit (ohne Wertung).
12. Vorprogrammiert geht nicht. Allenfalls programmiert.
13. Ein Magazin erscheint »vierzehntäglich« und nicht »vierzehntägig«. Sonst würde das Erscheinen nach zwei Wochen wieder eingestellt werden.
14. Das nächste Wochenende heißt »das kommende Wochenende«.
15. Bei Gleichheit sagt man »wie«, bei »Ungleichheit »als«.

DIE 25 HÄUFIGSTEN FRAGEN AN DIE DUDEN-SPRACHBERATUNG
(UND DIE RICHTIGEN ANTWORTEN)

Schreibt man »essen gehen« oder »Essen gehen«?
Richtig ist »essen gehen«.
Wie gliedert man internationale Telefonnummern?
Richtig: +49 621 1234-0
Schreibt man »Webside« oder »Website«?
Richtig ist »Website«.
Schreibt man »zurück zu schicken« oder »zurückzuschicken«?
Richtig ist »zurückzuschicken«, da auch »zurückschicken« zusammengeschrieben wird.
Wie lautet der Plural von »Hobby«, »Baby« usw.?
Richtig ist »Hobbys«, »Babys« usw. (nicht: »Hobbies ...«).
Woher kommt das Wort »Alcopops«?
Es kommt von »alcohol« und »lollipop«.
Wie spricht man »Gnocchi« und »Enchilada« aus?
Richtig: [njoki] und [entschilada].
Heißt es »der«, »die« oder »das Barrique«?
Richtig ist »die Barrique«.
Wie lautet die Vergangenheit (Perfekt) von »downloaden«?
Das Perfekt lautet »ich habe downgeloadet«.

Schreibt man »Global Player-Unternehmen« oder »Global-Player-Unternehmen«?

Richtig ist »Global-Player-Unternehmen«.

Wie schreibt man »erneuerbare Energie/Erneuerbare Energie«?

Klein, da es sich nicht um Eigennamen handelt.

Heißt es »des Aquajogging« oder »des Aquajoggings«?

Im Genitiv ist »des Aquajoggings« richtig.

Schreibt man »Herzlich willkommen« oder »Herzlich Willkommen«?

»Willkommen« ist ein Adjektiv und wird daher kleingeschrieben.

Schreibt man »Schadstoff vermindert«, »Schadstoff-vermindert« oder »schadstoffvermindert«?

Richtig sind »schadstoffvermindert« und »Schadstoff-vermindert«.

Mit Komma oder ohne? »Beim Transport von Ulm nach Biberach ging die Scheibe zu Bruch«?

Ohne Komma, da man Umstandsangaben nicht mit Komma abtrennt.

Schreibt man »email«, »e-Mail« oder »E-Mail«?

Richtig ist »E-Mail«.

Und heißt es »der«, »die« oder »das E-Mail«?

Richtig ist »die E-Mail«, besonders süddeutsch und österreichisch auch »das E-Mail«.

Heißt es »Ende diesen« oder »dieses Jahres«?

Richtig ist »Ende dieses Jahres«.

Wie lautet der Plural von »Status«?

Er lautet »die Status« (mit langem »u«).

Heißt es »ein SMS« oder »eine SMS verschicken«?

Es heißt »eine SMS verschicken« (die SMS).

»Wir kommen Samstag, den 1. April[,] an.« Muss das zweite Komma stehen?

Das Komma hinter der Datumsangabe ist freigestellt.

Richtig oder falsch: »Alle Speisen auch zum mitnehmen«?

Falsch, »zum Mitnehmen« wird großgeschrieben.

Wie lautet der Plural von »Pizza«?

Sowohl »Pizzas« als auch »Pizzen« ist richtig.

Schreibt man »B2B-Geschäft« oder »B 2 B-Geschäft«?
Richtig ist »B2B-Geschäft«.
Wie lautet die Vergangenheit von »carven«?
Sie lautet »ich bin gecarvt«.

WIE MAN DAS PLUSQUAMPERFEKT BENUTZT

»Kaum war ich in der Arbeit angekommen, stand schon mein Chef in der Tür.«
Das Plusquamperfekt beschreibt die vollendete Vergangenheit.

DER STERBENDE GENITIV

Angesichts des Aussterbens vom Genitiv entgegen des aktuellen Trends zum Dativ hier ein paar Präpositionen und der dazugehörige Fall:
Genitiv nach: Angesichts, außerhalb, dank, infolge, innerhalb, mittels, namens, statt, unweit
Dativ nach: Aufgrund von, entgegen, entsprechend, gemäß, infolge von, nahe. Und nach den Präpositionen »aus«, »bei«, »mit«, »nach«, »seit«, »von« und »zu« (z. B. Er geht aus dem Haus)

WANN STEHT EIN APOSTROPH?

Es gibt nur zwei Fälle, in denen ein Apostroph gesetzt werden muss:
1. Bei Auslassungen im Wortinneren: Ku'damm, D'dorf
2. Bei der Kennzeichnung des Genitivs von Namen, die auf s, ß, z oder x enden: Max' Freundin, Grass' Nazivergangenheit, Ringelnatz' Gedichte.
Sonst lieber weglassen!

WÖRTER, DIE GERNE VERWECHSELT WERDEN

Dasselbe & das Gleiche
Dasselbe bedeutet das Identische.
Das Gleiche bedeutet von derselben Art.

Angeblich & vermeintlich
Wenn ich vermeintlich das Richtige gemacht habe, dann habe ich irrtümlich geglaubt, es wäre das Richtige, es hat sich aber als das Falsche herausgesellt. Wenn ich das angeblich Richtige gemacht habe, lässt sich das noch nicht beurteilen.

Vergeblich & umsonst
Ich kann etwas nur umsonst gemacht haben, wenn ich kein Geld dafür bekommen habe, sonst muss es vergeblich heißen.

Olympiade & Olympische Spiele
Olympiade ist der Zeitraum zwischen zwei Olympischen Spielen.

Sich & einander
Man kann sich nicht die Hände reichen, sondern man gibt einander die Hände.

ES GIBT NUR FÜNF WÖRTER, DIE AUF -NF ENDEN:

fünf, Senf, Genf, Hanf sowie Sernf (ein Schweizer Bach)

SCHÖNE SYNONYME FÜR APFELBUTZEN

Grubsch, Gnatsch, Butze, Bütschgi, Krunsch, Knirbitz, Knösel, Strunk, Krotz, Nürsel, Hunkepeil, Appelnüssel, Bole, Stummel, Schnüssel, Kitsche, Gröbst, Grütz

S ODER SS?

Das »s« bei »das« muss einfach bleiben, wenn man dafür »dieses«, »jenes« oder »welches« schreiben kann. Das Relativpronomen »das« und die Konjunktion »dass« werden oft verwechselt.
Nach einem kurzen Vokal steht grundsätzlich ss, hinter langen Vokalen und Doppellauten ß.

DAS GROSSE ABC

Der Satz »Franz jagt im quasi komplett verwahrlosten Taxi durch Bayern« enthält sämtliche 26 Buchstaben des Alphabets.

WIE MAN RICHTIG BUCHSTABIERT

Buchstabe	Deutsch	Englisch (alt)	NATO
A	Anton	Andrew	Alpha
Ä	Ärger		
B	Berta	Benjamin	Bravo
C	Cäsar	Charlie	Charlie
D	Dora	David	Delta
E	Emil	Edward	Echo
F	Friedrich	Frederick	Foxtrott
G	Gustav	George	Golf
H	Heinrich	Harry	Hotel
I	Ida	Isaac	India

J	Julius	Jack	Juliet
K	Kaufmann	King	Kilo
L	Ludwig	Love	Lima
M	Martha	Mike	Mike
N	Nordpol	Nellie	November
O	Otto	Oliver	Oscar
Ö	Ökonom		
P	Paula	Peter	Papa
Q	Quelle	Queenie	Quebec
R	Richard	Robert	Romeo
S	Samuel	Sugar	Sierra
Sch	Schule		
T	Theodor	Tommy	Tango
U	Ulrich	Uncle	Uniform
Ü	Übermut		
V	Viktor	Victor	Victor
W	Wilhelm	William	Whisky
X	Xanthippe	Xmas	X-ray
Y	Ypsilon	Yellow	Yankee
Z	Zeppelin	Zebra	Zulu

DER MORSE-CODE

Der Amerikaner Samuel Morse ließ sich dieses System Mitte des 19. Jahrhunderts patentieren. Das Gute am Morse-System ist, dass es sich für die Kommunikation sowohl mit elektrischen Signalen als auch mit Licht, Rauch oder Tönen nutzen lässt.

* steht für kurz, - steht für lang

A *-   N -*   1 *----
B -***   O ---   2 **---

```
C -*-*        P *--*        3 ***--
D -**         Q --*-        4 ****-
E *           R *-*         5 *****
F **-*        S ***         6 -****
G --*         T -           7 --***
H ****        U **-         8 ---**
I **          V ***-        9 ----*
J *---        W *--         0 -----
K -*-         X -**-
L *-**        Y -*--
M --          Z --**
```

LATEIN FÜR POSER

Pecunia non olet – Geld stinkt nicht
Errare humanum est – Irren ist menschlich
De nihilo nihil – Von nichts kommt nichts
Suum cuique – Jedem das Seine
Mens sana in corpore sano – Gesunder Geist in einem gesunden Körper
Sine ira et studio – ohne Zorn und Eifer
Panem et circenses – Brot und Spiele
Carpe diem – Nutze den Tag
Docendo discimus – Durch Lehren lernen wir
Cui bono? – Wem nützt es?

EIN PAAR WORTE ÖSTERREICHISCH FÜR ANFÄNGER

10 Deka – 100 Gramm
Blunzn – Blutwurst, blöde Frau
Dasiger – Einheimischer
Eierschwammerl – Pfifferling

Faschiertes – Hackfleisch
Haberer – Freund, Liebhaber
Hausbesorger – Hausmeister
Karfiol – Blumenkohl
Kasten – Schrank
Kieberer – Polizist
Koffer – Idiot
Leiberl – T-Shirt
Marille – Aprikose
Obers – Sahne
Paradeiser – Tomate
Präsenzdiener – Wehrpflichtiger
Ribisel – Johannisbeere
Stiege – Treppe
Topfen – Quark
Verkutzen – verschlucken
Vogerlsalat – Feldsalat

ENGLISCHE WÖRTER, DIE HÄUFIG FALSCH GESCHRIEBEN WERDEN:

Accommodate, achievement, unparalleled, all right, apparent, arguing, beneficial, conscious, definitely, disastrous, embarrass, occasion, occurrence, professor, rhythm, thorough, losing, unnecessary, superintendent, desiccate, pavilion

FALSCHE FREUNDE

Falsche Freunde sind Übersetzungsfallen, weil ein ausländisches Wort mit einer anderen Bedeutung ähnlich klingt wie ein deutsches Wort. Hier die falschesten Freunde:

Falscher Freund	*bedeutet übersetzt*	*Deutsches Wort*	*bedeutet übersetzt*
actual(ly)	tatsächlich, eigentlich	aktuell	up to date, latest
also	auch	also	therefore, hence
backside	Hintern	Rückseite	back, rear
bathroom (AE)	auch Toilette	Badezimmer	–
become	werden	bekommen	get, receive
billion (AE)	Milliarde (10^9)	Billion (10^{12})	trillion (AE) billion (BE)
by	von	bei	at
cell phone (AE)	Mobiltelefon	Telefonzelle	phone booth
Chef	Koch, Küchenchef	Chef	superior, boss, chief (nur Militär)
concrete	auch: Beton	konkret	precise; definite
critical	auch: wesentlich, entscheidend	kritisch	censorious
delicate	zart; empfindlich	delikat	delicious
eventual(ly)	schließlich; irgendwann einmal	eventuell	possible, possibly
first floor (AE)	Erdgeschoss	erster Stock	second floor
genial	herzlich, freundlich	genial	brilliant, ingenious
handy	geschickt, handlich	Handy (Mobiltelefon)	Mobilephone (BE), cell(ular) phone (AE)
intelligence	Aufklärung, Information	Intelligenz	brainpower, savvy
Kindergarten (AE)	Erste Klasse der Grundschule	Kindergarten	preschool

Middle East	Naher Osten	Mittlerer Osten	East India
miserable	elend, unglücklich	miserabel	abysmal, villainous
murder	Mord	Mörder	murderer
paper	Zeitung, Dokument	Papier	a sheet of paper;
parole	Bewährung	Parole	password, slogan
physician	Arzt	Physiker	physicist
(to) realize	begreifen, bemerken	realisieren (verwirklichen)	make real
sea	Meer	der See	lake
sensible	vernünftig; spürbar	sensibel	sensitive
sensitive	sensibel, empfindlich, einfühlsam	sensitiv (=leicht reizbar)	touchy, tetchy, thin-skinned
serious	meist: ernst(haft), erheblich	seriös	respectable, reliable
silicon	Silicium	Silikon	silicone
student (AE)	auch: Schüler	Student	collegian, scholar
tits	auch: Meisen	Titten (ugs.)	tits (coll.)
trillion (AE)	Billion (10^{12} = eine Million Millionen)	Trillion (10^{18})	quintillion
undertaker	Totengräber; Bestatter	Unternehmer	entrepreneur, employer
ventilator	Beatmungsgerät	Ventilator	fan
warehouse	Lagerhalle	Warenhaus	department store
You are welcome	Gern geschehen!	Willkommen!	welcome

NIEDERLÄNDISCHE FALSCHE FREUNDE

Die schönsten falschen Freunde gibt es aber im Niederländischen. Nicht erschrecken, wenn die Nachbarn viel über Drogen, Fikken und Huren sprechen ...

Falscher Freund	bedeutet übersetzt	Deutsches Wort	bedeutet übersetzt
bellen	klingeln, telefonieren	bellen	blaffen
brutaal	frech	brutal	bruut
deftig	vornehm	deftig	stevig
dom	dumm	Dom	koepel
doof	taub	doof	dom
drogen	trocknen	Drogen	drugs, medicamenten
fikken	in Flammen stehen, brennen	ficken	naaien, neuken
huren	mieten	huren	hoeren
meer	(Binnen-)See	Meer	zee
rot	vergammelt, verrottet	rot	rood
verkrachten	vergewaltigen	sich verkrachen, zerstreiten	ruzie krijgen
wie	wer	wie	hoe

DIE WÖRTER DES 20. JAHRHUNDERTS

Aids, Antibiotikum, Apartheid, Atombombe, Autobahn, Automatisierung, Beat, Beton, Bikini, Blockwart, Bolschewismus, Camping, Comics, Computer, Demokratisierung, Demonstration, Demoskopie, Deportation, Design, Doping, Dritte Welt, Drogen, Eiserner Vorhang, Emanzipation, Energiekrise, Entsorgung, Faschismus, Fernsehen, Film, Fließband, Flugzeug, Freizeit, Führer, Friedensbewegung, Fundamentalismus, Gen, Globalisierung, Holocaust, Image, Inflation, Information, Jeans, Jugendstil, Kalter Krieg, Kaugummi, Klimakatastrophe, Kommunikation, Konzentrationslager, Kreditkarte, Kugelschreiber, Luftkrieg, Mafia, Manipulation, Massenmedien, Molotow-Cocktail, Mondlandung, Oktoberrevolution, Panzer, Perestroika, Pille, Planwirtschaft, Pop, Psychoanalyse, Radar, Radio, Reißverschluss, Relativitätstheorie, Rock 'n' Roll, Satellit, Säuberung, Schauprozess, Schreibtischtäter, Schwarzarbeit, Schwarzer Freitag, schwul, Selbstverwirklichung, Sex, Soziale Marktwirtschaft, Single, Sport, Sputnik, Star, Stau, Sterbehilfe, Stress, Terrorismus, U-Boot, Umweltschutz, Urknall, Verdrängung, Vitamin, Völkerbund, Völkermord, Volkswagen, Währungsreform, Weltkrieg, Wende, Werbung, Wiederbereinigung, Wolkenkratzer

DIE HOTELKLASSIFIZIERUNGEN UND IHRE BEDEUTUNG

Für die Hotelklassifizierung gibt es formelle Kriterien des Deutschen Hotel- und Gaststättenverbandes. Die höher klassifizierten Hotels müssen immer auch die Kriterien aller niedrigeren Hotelklassen erfüllen. Hier die wichtigsten Einstufungskriterien:

Ein Stern – Tourist
Einzelzimmer 8 m^2, Doppelzimmer 12 m^2; alle Zimmer mit Dusche/WC oder Bad/WC; alle Zimmer mit Farb-TV samt Fernbedienung; tägliche Zimmerreinigung; Empfangsdienst; Telefax am Empfang; dem Hotelgast zugängliches Telefon; Restaurant; erweitertes Frühstücksangebot; ausgewiesener Nichtraucherbereich im Frühstücksraum; Getränkeangebot im Betrieb; Depotmöglichkeit.

Zwei Sterne – Standard
Einzelzimmer 12 m^2, Doppelzimmer 16 m^2; Sitzgelegenheit pro Bett; Nachttischlampe oder Leselicht am Bett; Badetücher; Wäschefächer; Angebot von Hygieneartikeln (Zahnbürste, Zahncreme, Einmalrasierer etc.); Frühstücksbuffet; Kartenzahlung möglich.

Drei Sterne – Komfort
Einzelzimmer 14 m^2, Doppelzimmer 18 m^2; 10 % Nichtraucherzimmer; Getränkeangebot und Telefon auf dem Zimmer; Heizmöglichkeit im Bad; Haartrockner; Papiergesichtstücher; Ankleidespiegel; Kofferablage; Safe; Nähzeug; Schuhputzutensilien; Zusatzkissen und -decke auf Wunsch; Waschen und Bügeln der Gästewäsche; 14 Stunden besetzte separate Rezeption, 24 Stunden erreichbar; zweisprachige Mitarbeiter; Sitzgruppe am Empfang; Gepäckservice; Internetzugang; systematischer Umgang mit Gästebeschwerden.

Vier Sterne – First Class
Einzelzimmer 16 m^2, Doppelzimmer 22 m^2; Sessel/Couch mit Beistelltisch; Bademantel; Hausschuhe auf Wunsch; Kosmetikartikel

(z. B. Duschhaube, Nagelfeile, Wattestäbchen); Kosmetikspiegel; großzügige Ablagefläche im Bad; 18 Stunden besetzte separate Rezeption, 24 Stunden erreichbar; Lobby mit Sitzgelegenheiten und Getränkeservice; Hotelbar; Frühstücksbuffet mit Roomservice; Minibar oder 24 Stunden Getränke im Roomservice; Internet-PC/Internet-Terminal; À-la-carte-Restaurant.

Fünf Sterne – Luxus
Einzelzimmer 18 m², Doppelzimmer 26 m²; Suiten; personalisierte Begrüßung mit frischen Blumen oder Präsent auf dem Zimmer; Minibar und 24 Stunden Speisen und Getränke im Roomservice; Körperpflegeartikel in Einzelflacons; Internet-PC auf dem Zimmer und qualifizierter IT-Supportservice; Kopfkissenauswahl; zentrale Bedienbarkeit der Zimmerbeleuchtung vom Bett aus; Safe im Zimmer; 24 Stunden besetzte Rezeption mit Concierge; mehrsprachige Mitarbeiter; Doorman- oder Wagenmeisterservice; Empfangshalle mit Sitzgelegenheiten und Getränkeservice; Bügelservice (innerhalb einer Stunde); Schuhputzservice; abendlicher Turndownservice; unangemeldete Kontrollbesuche.

WAS AN DEN TOILETTEN STEHT

	Damen	*Herren*
Brasilien	Senhoras	Homen
Finnland	Naisille	Miehille
Frankreich	Mesdames	Messieurs
Island	Konur	Karlar
Italien	Signore	Signori
Kroatien	Ženski	Muški
Polen	Damski	Meski
Portugal	Senhoras	Senhores
Slowakei	Ženy	Muži
Ungarn	Nök	Férfiak
USA/England	Ladies	Gentlemen

WIE WIR ZU VERSCHIEDENEN UREINWOHNERN SAGEN

Eskimo
Früher galt das Wort als indianisches Wort für »Rohfleischfresser« und wurde als abwertende Bezeichnung für die Inuit kritisiert. Mittlerweile glauben aber viele Linguisten, dass der Begriff die Art und Weise bezeichnet, wie sich viele Inuit die Schneestiefel schnüren.

Indianer
Der Begriff für die Ureinwohner Süd- und Nordamerikas entstammt einem geographischen Irrtum: Christopher Kolumbus dachte, er sei in Indien gelandet. Deshalb nannte er die Einwohner »Indianer«.

Aborigines
Die Weißen, die sehr viel später nach Australien kamen als die Aborigines, nannten sich arroganterweise »Natives«, also Einheimische.

WIE UNS DIE ANDEREN KULTUREN NENNEN

Gringo	So heißen Weiße in Lateinamerika, stammt wohl vom spanischen griego, ein Wort für alles, was fremd und verwirrend ist.
Kabluna	heißt in der Arktis so viel wie »buschige Augenbrauen«
Umlungu	Zulu-Begriff: »Menschen, die zaubern können«
Gwailo	Kantonesische Formulierung für Weiße. Bedeutet: »Geistermann«
Ferenghi	So werden Weiße im islamischen Afrika genannt. Eine Verballhornung von »Franken«, die im Mittelalter arabischen Kaufleuten außergewöhnlich imponierten.

DIE WELTRELIGIONEN

	Judentum	Hinduismus	Buddhismus
Anhänger weltweit	14,4 Millionen	851 Millionen	375 Millionen
Entstehung	Um 1000 vor Christus formte Moses die biblische Religion. Damit folgt auf Abrahams Bund mit Gott auf dem Sinai ein weiteres Heilsversprechen an die 12 Stämme Israels.	Kein Stifter, viele heilige Männer formulierten die Glaubenslehre an den Ufern von Ganges und Narmada. Um 1500 vor Christus entsteht der Verbund aus Göttern und Dämonen. Die Europäer nennen ihn Hinduismus.	Prinz Siddharta wird mit 29 Jahren Asket, nennt sich fortan Buddha und entdeckt im Alter von 36 Jahren den »mittleren Pfad«. Er gründet in Sarnath (Indien) einen Orden, dem auch Frauen angehören.
Lehre	Die Thora (hebräische Bibel) lehrt den Glauben an den Bundesgott Jahwe. Der Schöpfer erschafft den Menschen als Ebenbild und lenkt die Geschichte Israels und der ganzen Welt. Der Messias ist ein Friedensfürst.	Die Veden entstehen bereits 1500 bis 500 v. Chr. Hindus können sich atheistisch, monotheistisch oder polytheistisch bekennen. Die am häufigsten verehrten Götter sind: Vishnu, Shiva und Shakti.	Die »vier Wahrheiten« erkunden, wie Leiden entsteht und wie es der Mensch besiegen kann. Der »achtfache Pfad« weist auf Meditationstechniken, dauerndes Lernen und ethisches Verhalten.

Aufnahmebedingungen		Kinder einer jüdischen Mutter sind Juden; Männer werden beschnitten; Übertritt ist möglich.	Man wird in eine Kaste geboren, Übertritt eigentlich nicht möglich.	Durch das Aussprechen der sogenannten Zufluchtsformel kann jeder Buddhist werden.
Kosten		In Deutschland analog zur christlichen Kirchensteuer	Spenden	Spenden, Mitgliedschaft in Deutschland ab 40 Euro
Kleidung		In der Synagoge muss der Kopf bedeckt sein. Orthodoxe Juden verbieten Hosen für Frauen. Verheiratete Frauen sollen den Kopf bedecken. In der Synagoge sind keine kurzen Hosen und schulterfreien Kleider erwünscht.	Keine aufreizende Kleidung, verheiratete Frauen sollen sich die Haare nicht schneiden.	Freizügige Kleidung ist unerwünscht.
Essen		Fleisch muss von geschächteten Tieren kommen (koschere Speisen, keine Fische mit Schuppen und keine Krustentiere erlaubt).	Fleisch, Fisch, Ei, Alkohol und Tabak gelten als unrein. Kühe sind heilige Tiere.	Mönche und Nonnen dürfen keinen Alkohol trinken. Sonst ist alles erlaubt.

Mann und Frau	In Synagogen gehen Frauen und Männer meist getrennt.	Heirat zwischen den Kasten problematisch, Berührungen in der Öffentlichkeit vermeiden	Frauen dürfen Mönchen nicht in die Augen schauen. Öffentliche Berührungen sind unerwünscht.
Sex	Positive Einstellung zur Sexualität, aber nur in der Ehe. Mittlerweile gibt es homosexuelle Rabbiner, war früher verboten.	Viele erotische Darstellungen in Tempeln, mittlerweile jedoch sehr restriktive Sexualmoral	Mönche leben meist asketisch. Sonst gelassene Sexualmoral
Feiertage	Pessach, Chanukah, Jom Kippur	Unzählige Feste, in Indien ist das Lichterfest (»Diwali«) der heiligste Feiertag.	Vesakh (erster Vollmondtag im Mai) feiert die Geburt und die Erleuchtung Buddhas.
Nach dem Tod	Hoffen auf Auferstehen von den Toten, Schattenwelt, in der Gott von den Menschen getrennt ist.	Ziel ist die Befreiung aus dem Kreislauf der Reinkarnation. Auch Wiedergeburt als Tier oder Gott möglich.	Ewige Wiedergeburt, Ausbruch ins Nirwana möglich

	Katholizismus	Protestantismus	Islam
Anhänger weltweit	1,1 Milliarden	370 Millionen	1,3 Milliarden
Entstehung	Der jüdische Wanderrabbi Jesus verkündet das Kommen des Gottesreichs. Im frühen 1. Jh. führt sein Tod durch Kreuzigung zur Bildung christlicher Gemeinden.	Siehe Katholizismus	Der Kaufmann Mohammed aus Mekka empfängt Offenbarungen Allahs durch einen Engel.
Lehre	Das Evangelium des Jesus von Nazareth knüpft ans Alte Testament an. Die Bergpredigt radikalisiert die Nächstenliebe zur Feindesliebe. Christ ist, wer an Christus als Gottes Sohn und Erlöser glaubt.	Siehe Katholizismus	Im Koran mit seinen 114 Suren sind Mohammeds Verkündigungen versammelt. Er adaptiert biblische Überlieferungen. Abraham, Moses und Jesus sind Vorläufer des Propheten. Fünf Säulen, um ins Paradies zu kommen: 1. Es gibt keinen Gott außer Allah. 2. Tägliches Gebet,

			3. Almosen geben. 4. Fasten im Ramadan. 5. Pilgerreise nach Mekka.
Aufnahmebedingungen	Taufe	Siehe Katholizismus	Durch Aussprechen des islamischen Glaubensbekenntnisses. Neugeborenen wird es ins Ohr geflüstert. Beschneidung der Männer.
Kosten	Acht bis neun Prozent Kirchensteuer	Siehe Katholizismus	Spenden, Zakat: 2,5 Prozent Armenabgabe
Kleidung	Keine Vorschriften. In der Kirche sollte man keine kurzen Hosen und schulterfreie Kleider tragen. Männer müssen Kopfbedeckungen abnehmen.	Siehe Katholizismus	Keine Vorschriften im Koran, dennoch wird bei Frauen die Bedeckung der Haare und der Körperkonturen verlangt. Vor dem Betreten der Moschee müssen Männer die Schuhe ausziehen. Kurze Hosen und ärmellose Kleider sind verboten.

Essen	Eigentlich sollte man am Freitag (Sterbetag Jesu) kein Fleisch essen, lieber Fisch.	Siehe Katholizismus	Schweinefleisch und Alkohol sind verboten. 30 Tage Fasten im Ramadan. Fleisch nur von geschächteten Tieren
Mann und Frau	Pfarrer leben zölibatär. Frauen dürfen nicht Pfarrer werden.	Gebot der Treue in der Ehe. Frauen dürfen Bischöfin werden.	Nicht verheiratete Männer und Frauen dürfen sich nicht allein treffen.
Sex	Ehebruch ist eine Todsünde. Selbstbefriedigung, Homosexualität und Verhütungsmittel sind verboten.	Wenig lustbetont	Ehebruch/Unzucht gilt als Verbrechen wie Mord. Polygamie ist zugelassen.
Feiertage	Ostern, Pfingsten, Weihnachten	Siehe Katholizismus	Opferfest, Zuckerfest (am Ende des Ramadan)
Nach dem Tod	Auferstehung beim Jüngsten Gericht: entweder Himmel oder Fegefeuer / ewige Qualen in der Hölle	Auferstehung von den Toten, geringe Bedeutung der Hölle	Nach dem Jüngsten Gericht entweder Hölle oder Paradies. Fundamentalistische Märtyrer glauben, sie gelangen direkt ins Paradies.

WAS BEDEUTET DIE INSCHRIFT INRI?

Iesus Nazarenus Rex Iudaeorum (Jesus von Nazareth, König der Juden).
Das war der Schuldspruch des Gekreuzigten.

DIE ZWÖLF APOSTEL

Andreas, Bartholomäus, Jakobus der Ältere, Jakobus der Jüngere, Johannes, Judas Thaddäus, Matthäus, Petrus, Philippus, Simon, Thomas, Matthias. Matthias wurde für den Verräter Judas Iskarioth eingesetzt. Paulus schuf die wichtigsten Schriften des Urchristentums, gilt aber nicht als Apostel.

DAS VATERUNSER

Vater unser im Himmel,
Geheiligt werde Dein Name,
Dein Reich komme,
Dein Wille geschehe,
Wie im Himmel
So auf Erden.
Unser tägliches Brot gib uns heute,
Und vergib uns unsere Schuld,
Wie auch wir
Vergeben unseren Schuldigern,
Und führe uns nicht in Versuchung,
Sondern erlöse uns von dem Bösen,
Denn Dein ist das Reich,
Und die Kraft und die Herrlichkeit.
In Ewigkeit
Amen.

SO BETET MAN EINEN ROSENKRANZ

Am Kreuz beginnen
»Im Namen des Vaters und des Sohnes …«

Erste große Perle
»Ich glaube an Gott …« Dann »Ehre sei dem Vater und dem Sohn und dem heiligen Geist, wie im Anfang so auch jetzt und alle Zeit und in Ewigkeit. Amen.« Vaterunser.
An den drei folgenden Perlen: »Gegrüßet seist du, Maria, voll der Gnade, der Herr ist mit dir, du bist gebenedeit unter den Frauen, und gebenedeit ist die Frucht deines Leibes, Jesus …«
1. Perle: »… der in uns den Glauben vermehre …«
2. Perle: »… der in uns die Hoffnung stärke …«
3. Perle: »… der in uns die Liebe entzünde …«
Danach jeweils »Heilige Maria, Mutter Gottes, bitte für uns Sünder jetzt und in der Stunde unseres Todes.«

Zweite große Perle
»Ehre sei dem Vater …« Dann: Vaterunser.

Zehn Perlen jeweils: »Gegrüßet seist du, Maria«. Jeweils die Rosenkranzgeheimnisse anfügen.
An der großen einzelnen Perle wieder »Ehre sei dem Vater …« und ein Vaterunser.

WAS GOTT AN DEN SIEBEN SCHÖPFUNGSTAGEN SCHUF:

1. Licht (»Es wurde Abend, und es wurde Morgen: erster Tag … Gott sah, dass es gut war.«)
2. Himmel (»… ein Gewölbe entstehe mitten im Wasser und scheide Wasser von Wasser … und Gott nannte das Gewölbe Himmel.«)

3. Land, Meer und Pflanzen
4. Sonne, Mond und Sterne (»Gott machte die beiden großen Lichter.«)
5. Seetiere und Vögel
6. Landtiere und die Menschen (»Lasst uns Menschen machen als unser Abbild.«)
7. Ruhe

DIE SIEBEN TODSÜNDEN   DIE SIEBEN TUGENDEN

DIE SIEBEN TODSÜNDEN	DIE SIEBEN TUGENDEN
Stolz	Glaube
Geiz	Hoffnung
Unkeuschheit	Nächstenliebe
Neid	Gerechtigkeit
Unmäßigkeit	Besonnenheit
Zorn	Tapferkeit
Trägheit	Mäßigkeit

HIMMELSCHREIENDE SÜNDEN

1. vorsätzlicher Totschlag
2. widernatürliche Unzucht
3. Unterdrückung der Armen, Witwen und Waisen
4. Vorenthaltung des gerechten Arbeitslohns

DIE ZEHN ÄGYPTISCHEN PLAGEN

1. Das Wasser des Nils wurde in Blut verwandelt
2. Frösche entsteigen dem Nil und dringen in die Häuser ein
3. Stechmücken entsteigen dem Staub
4. Ungeziefer-Plage
5. Eine Seuche rafft das gesamte Vieh der Ägypter hinweg

6. Die Menschen werden von Geschwüren befallen
7. Hagelsturm
8. Heuschrecken
9. Totale Finsternis
10. Tod aller Erstgeborenen in Ägypten während einer einzigen Nacht

DIE ZEHN GEBOTE

1. Ich bin der Herr, dein Gott, du sollst nicht andere Götter haben neben mir.
2. Du sollst den Namen des Herrn, deines Gottes, nicht unnützlich führen; denn der Herr wird den nicht ungestraft lassen, der seinen Namen missbraucht.
3. Du sollst den Feiertag heiligen.
4. Du sollst deinen Vater und deine Mutter ehren, auf dass dir's wohl gehe und du lange lebest auf Erden.
5. Du sollst nicht töten.
6. Du sollst nicht ehebrechen.
7. Du sollst nicht stehlen.
8. Du sollst nicht falsch Zeugnis reden wider deinen Nächsten.
9. Du sollst nicht begehren deines Nächsten Haus.
10. Du sollst nicht begehren deines Nächsten Weib, Knecht, Magd, Vieh oder alles, was sein ist.

(aus Luthers Katechismus)

MÖNCHISCHES LEBEN

Mönche im Mittelalter tranken täglich durchschnittlich 4½ Liter Bier. An 60 Feiertagen des Jahres kam noch ein Liter Wein hinzu. Prosit. Amen.

TEMPELPROSTITUTION

In Babylon (rund 450 vor Christus) musste jede Frau in ihrem Leben zumindest einmal mit einem fremden Mann schlafen. Die Einnahme kam dem Tempel zugute. Auch in Griechenland gehörten Tempelhuren zur Kultur. Allein im Aphroditetempel auf Korinth dienten über 1000 versklavte Tempelnutten.

DIE GRIECHISCHEN UND RÖMISCHEN GÖTTER

Die 12 Olympier
Gottvater Zeus und seine Olympier erkämpften sich gegen die herrschenden Titanen (Vater Kronos und seine Geschwister) die Macht.

Griechischer Name	Römischer Name	Rang, Funktion, Besonderheiten
Aphrodite	Venus	Rang IX, Göttin der Liebe und Schönheit, Tochter des Zeus, (Adoptiv-)Tochter (von Dione), Gemahlin des Hephaistos
Apollon	Apollo	Rang V, Gott der Poesie, des Lichtes, der Mäuse und der Pest
Ares	Mars	Rang VIII, Gott des Krieges und der Schlachten, Liebhaber der Aphrodite, ehelicher Sohn von Zeus und Hera
Artemis	Diana	Rang VI, jungfräuliche Göttin der Jagd und des Mondes (zusammen mit Selene)
Athene	Minerva	Rang VII, Göttin der Weisheit, Schutzherrin der Städte, des Ackerbaus, der Künste und Wissenschaften, des Handwerks. Lieblingstochter des Zeus (Kopfgeburt)

Demeter	Ceres	Rang IV, Erdgöttin, Muttergöttin, Fruchtbarkeitsgöttin, dreifaltige Göttin in verschiedenen Manifestationen: Jungfrau, Mutter oder alte Frau. Geliebte des Zeus.
Hera	Iuno	Rang III, zuständig für Hochzeit und Geburt; äußerst eifersüchtige Gattin des Zeus
Hephaistos	Vulcanus	Rang XI, Gott der Vulkane und des Feuers. Sohn der Hera (allein gezeugt), von seiner Mutter vom Olymp geschleudert. Zur Versöhnung von Zeus mit Aphrodite verheiratet, die ihn mit Ares betrog. Himmelskörper: Planet Vulkan
Hermes	Mercurius	Rang X, Gott der Diebe, des Handels und der Reisenden. Götterbote
Hestia	Vesta	Rang XII, Göttin des Herdfeuers und der Familieneintracht, unverheiratete Jungfrau, trat zurück, nachdem Dionysos in den Kreis aufgenommen wurde
Poseidon	Neptun	Rang II, Gott des Meeres, der Erdbeben und Pferde, älterer Bruder des Zeus. Bei der Teilung der Welt erhielt Zeus den Himmel, Hades die Unterwelt und Poseidon die Erde und den Ozean
Zeus	Jupiter	Rang I, Göttervater, zuständig für Blitz, Donner und Luft; jüngerer Bruder von Poseidon, Hades, Hera und Demeter. Vater von Athene, Apollon, Artemis, Ares, Aphrodite, Hermes, Dionysos, Herakles

DIE ZWÖLF HELDENTATEN DES HERKULES

1. den Nemeiischen Löwen erlegen
2. die neunköpfige Hydra töten
3. die Kerynitische Hirschkuh fangen
4. den Erymanthischen Eber fangen
5. die Stymphalischen Vögel töten
6. die Ställe des Augias reinigen
7. den Kretischen Stier fangen
8. die menschenfressenden Rosse des Diomedes töten
9. den Gürtel der Amazonenkönigin Hippolyte beschaffen
10. die Rinder des Geryoneus fangen
11. die goldenen Äpfel der Hesperiden rauben
12. Zerberos aus der Unterwelt fangen

SCHÖPFUNGSMYTHEN

Wie verschiedene Völker glauben, dass die Menschheit entstanden ist:

Griechen
Am Anfang war die Nacht (Nyx), die vom Wind befruchtet wurde, worauf sie ein silbernes Ei legte. Darin lag das Chaos, aus dem die Urmutter geboren wurde (Gaia). Sie gebar Uranos, mit dem sie die Titanen zeugte, die Ahnen von Zeus und Hera.

Mongolen
Ein Lama kam vom Himmel herab und rührte mit einer Eisenstange das Wasser um und schuf so das Land.

Indianer
Erst gab es nur Wasser, dann fiel eine Frau vom Himmel. Zwei Vögel retteten sie vor dem Ertrinken. Dann schickte eine Schildkröte die Tiere auf den Grund des Meeres, um die Erde herauszuholen.

Kelten
Ein Titan tötete seinen Vater. Aus dessen Schädel entstand das Firmament, aus dessen Blut das Meer.

Altes Testament
»Es war zu der Zeit, da Gott der Herr Erde und Himmel machte. Und alle die Sträucher auf dem Felde waren noch nicht auf Erden … da machte Gott der Herr den Menschen aus Erde vom Acker und blies ihm den Odem des Lebens in seine Nase. Und so ward der Mensch ein lebendiges Wesen.«
(Genesis Kap. 2.4)

Eskimos (Inuit)
Der Rabengott sah einen Mann, der eingerollt in der Schote einer Erbse lag. Er stellte ihm eine Frau zur Seite. Auch Tiere schuf der Rabengott, ehe er seine göttliche Kraft verlor und zu einem gewöhnlichen Raben wurde.

Ägypten
Sonnengott Re öffnete seine Augen. Er trennte Tag und Nacht, und dann weinte er. Aus seinen Tränen entstanden die ersten Menschen.

HYPOCHONDER

Die meisten Männer sind Hypochonder. Aber wir sollten natürlich die schlimmsten Erkrankungen kennen, damit wir schon bei den kleinsten Symptomen unsere Mitmenschen verrückt machen können. In *Der kleine Hypochonder* beschreibt Dennis Di Claudio die grusligsten Erkrankungen, die ein ordentlicher Hypochonder zumindest fast mal bekommen haben sollte.

Akromegalie (auch Gigantismus)
Symptome: Kopfschmerzen, schlechte Haut, Müdigkeit, Vergrößerung von Händen und Füßen
Die Krankheit: Bestimmte Körperteile beginnen plötzlich im Erwachsenenalter zu wachsen. Das kann im besten Fall auch den Penis betreffen. Als Behandlung muss die Hypophyse entfernt werden.

Cornu cutaneum (auch: Hauthorn)
Symptome: Jucken, Berührungsempfindlichkeit, Warzen, ein Horn
Die Krankheit: Ist es wirklich nur ein Pickel auf der Nase, das da kurz vor dem Date auftritt? Es könnte auch ein Hauthorn sein. Also ein wuchernder gutartiger Tumor, den man wegoperieren muss.

Lepra (Hansen-Krankheit)
Symptome: Taubheitsgefühl, Nasenbluten, Verlust von Körperteilen
Die Krankheit: Wenn man vor einer Frau Nasenbluten bekommt, sollte man sofort sagen: Wahrscheinlich ist es Lepra. Heute noch Nasenbluten, morgen fällt der Arm ab. Dann der Hoden. Lepra ist noch nicht ausgelöscht. Nicht ganz.

Nekrotisierende Faszitis (Fleischfressende Killerbakterien)
Symptome: Unwohlsein, Ausschlag, Halsschmerzen, Übelkeit
Die Krankheit: Ist es nur ein Kater und schlechter Geschmack im Mund? Oder ist man schon dabei, innerlich zu verwesen? Bei nekrotisierender Faszitis warten die Streptokokken nicht bis nach dem Tod. Man verfault am lebendigen Leib.

Alien-Hand-Syndrom
Symptome: Verlust der willkürlichen Motorik, Gedächtnisverlust
Die Krankheit: Sie verlieren die Kontrolle über Ihre eigene Hand. Es kann sein, dass Sie Ihre eigene Hand erwürgen will. Oder anfangen zu onanieren, während Sie sich gerade unterhalten. Die ideale Ausrede für Leute, die öfters in schlimmere Fettnäpfchen treten.

Progeria adultorum (Werner-Syndrom)
Symptome: Falten, Muskelschwund, graues Haar
Die Krankheit: Mit Progeria adultorum sieht man plötzlich vierzig Jahre älter aus. Wenn man mit dreißig schon Seniorenrabatt bekommt, könnte es tatsächlich diese Erkrankung sein.

Filarienlymphangitis (auch: Elephantiasis Tropica)
Symptome: Juckreiz, Fieber, vergrößerte Genitalien
Die Krankheit: Ein Moskitostich. Es juckt. Nicht mehr. Was man nicht bemerkt hat: Die Mücke hat noch ein paar hundert Mikrofilarien abgesondert. Sechs Monate später sind sie ausgewachsene Fadenwürmer, die sich in die Lymphknoten einnisten. Nun wächst der Hodensack auf die Größe eines Basketballs an.

KONTAKT MIT DER POLIZEI

Polizisten behaupten oft, man müsse einen Personalausweis mit sich führen. Das ist falsch. Es gibt zwar eine Ausweispflicht, aber keine Mitführpflicht. Es reicht auch ein Reisepass. Einen Führerschein muss man hingegen bei jeder Fahrt dabeihaben.
Bei jeder Polizeivernehmung kann man die Aussage verweigern. Das Einzige, was man preisgeben muss: Name, Vorname, Ort und Tag der Geburt, Wohnanschrift, Staatsangehörigkeit.

WENN MAN FESTGENOMMEN WURDE

- In Deutschland bekommt man seine Rechte nicht vorgelesen. Diese sogenannte Miranda-Warnung gibt es nur in den USA.
- Polizeibeamte brauchen keinen Durchsuchungsbeschluss, wenn Gefahr im Verzug besteht.
- Jeder Bürger kann einen Straftäter, den er auf frischer Tat ertappt – notfalls unter Einsatz von Gewalt –, festnehmen, nicht nur die Polizei (aber nur so lange, bis die Polizei eintrifft).
- Ein Festgenommener hat das Recht, einen Rechtsanwalt anzurufen (andere Telefongespräche stehen ihm gesetzlich nicht zu).
- Versuchen Sie sofort aus dem Gefängnis zu flüchten. Das ist nicht strafbar, wenn man nicht mit mehreren anderen Gefangenen gemeinsam oder gewaltsam ausbricht.
- Es besteht keine Pflicht, nach einer polizeilichen Vorladung zur Vernehmung oder Aussage auf der Polizeiwache zu erscheinen (außer wenn die Angaben zur Abwehr einer Gefahr für Leib, Leben oder Freiheit einer Person erforderlich sind).

DER AKTUELLE BUSSGELD-KATALOG

(die wichtigsten Regelverstöße)

Überschreitung der zulässigen Höchstgeschwindigkeit
innerhalb geschlossener Ortschaften (gilt auch für 30-km-Zone!)

bis 10 km/h	15,– EUR
11–15 km/h	25,– EUR
16–20 km/h	35,– EUR
21–25 km/h	50,– EUR, 1 Punkt
26–30 km/h	60,– EUR, 3 Punkte
31–40 km/h	100,– EUR, 3 Punkte, 1 Monat Fahrverbot
41–50 km/h	125,– EUR, 4 Punkte, 1 Monat Fahrverbot
51–60 km/h	175,– EUR, 4 Punkte, 2 Monate Fahrverbot
61–70 km/h	300,– EUR, 4 Punkte, 3 Monate Fahrverbot
über 70 km/h	425,– EUR, 4 Punkte, 3 Monate Fahrverbot

außerhalb geschlossener Ortschaften (z. B. Landstraße, Autobahn, auch in Baustellen)

bis 10 km/h	10,– EUR
11–15 km/h	20,– EUR
16–20 km/h	30,– EUR
21–25 km/h	40,– EUR, 1 Punkt
26–30 km/h	50,– EUR, 3 Punkte
31–40 km/h	75,– EUR, 3 Punkte
41–50 km/h	100,– EUR, 3 Punkte, 1 Monat Fahrverbot
51–60 km/h	150,– EUR, 4 Punkte, 1 Monat Fahrverbot
61–70 km/h	275,– EUR, 4 Punkte, 2 Monate Fahrverbot
über 70 km/h	375,– EUR, 4 Punkte, 3 Monate Fahrverbot

Parkdelikte:

Verlassen des Fahrzeugs oder Halten für mehr als 3 Minuten	10,– EUR, bei Behinderung 15,– EUR
Parken	15,– EUR, bei Behinderung 25,– EUR

… länger als eine Stunde	25,– EUR, bei Behinderung 35,– EUR
Unberechtigt auf Schwerbehinderten-Parkplatz geparkt	35,– EUR
Parken in »zweiter Reihe«	20,– EUR, bei Behinderung 25,– EUR
… länger als 15 Minuten	30,– EUR, bei Behinderung 35,– EUR

Alkoholgehalt im Blut (Mindeststrafen)
Ab 0,3 bis unter 0,5 Promille:
nicht strafbar, wenn keine Anzeichen für Fahrunsicherheit vorliegen und es nicht zu einem Unfall kommt; strafbar bei Anzeichen von Fahrunsicherheit oder bei Beteiligung an einem Unfall mit 7 Punkten und Geld- oder Freiheitsstrafe und Führerscheinentzug.

Ab 0,5 Promille:
250,– EUR, 4 Punkte, 1 Monat Fahrverbot,
bei Eintragung von bereits einer Entscheidung 500,– EUR, 4 Punkte, 3 Monate Fahrverbot,
bei Eintragung von bereits mehreren Entscheidungen 750,– EUR, 4 Punkte, 3 Monate Fahrverbot.

Ab 1,1 Promille:
Geldstrafe oder Freiheitsentzug, 7 Punkte, 6 Monate bis 5 Jahre Entzug der Fahrerlaubnis.
Bei Ersttätern sind bei einem Entzug der Fahrerlaubnis ein bis zwei Netto-Monatslöhne und eine Sperrfrist von 6 bis 12 Monaten üblich.

Für Fahrer, die jünger als 21 Jahre und/oder noch in der Probezeit sind, gilt jetzt die Null-Promille-Grenze. Verstöße dagegen werden mit 125 Euro, 2 Punkten und während der Probezeit mit Aufbauseminar und Probezeitverlängerung bestraft.

Auf dem Fahrrad wird ab 1,6 Promille eine MPU fällig. Beim Nichtbestehen ist der Auto-Führerschein weg. Mit Unfallbeteiligung oder Ausfallerscheinungen wird es ab 0,3 Promille teuer, den Führerschein verliert man im Normalfall als Ersttäter erst ab 1,6 Promille nach nicht bestandener MPU.

Berauschende Mittel (dazu gehören: Cannabis, Heroin, Kokain, Morphin, Amphetamine, Ecstasy):
250,- EUR, 4 Punkte, 1 Monat Fahrverbot,
bei Eintragung von bereits einer Entscheidung 500,- EUR, 4 Punkte, 3 Monate Fahrverbot,
bei Eintragung von bereits mehreren Entscheidungen 750,- EUR, 4 Punkte, 3 Monate Fahrverbot.
Achtung: Der Genuss von harten Drogen (auch außerhalb des Straßenverkehrs) führt im Normalfall zum Entzug der Fahrerlaubnis. Ein hoher Wert beim Cannabis-Abbauprodukt (THC-COOH) kann zum Führerscheinentzug führen, weil dies einen regelmäßen Konsum anzeigt.

25 WERTVOLLE RECHTSTIPPS

1. Der Tatbestand des Mundraubs wurde bereits 1976 abgeschafft. Wer Lebensmittel klaut, auch wenn er Hunger hat, macht sich des Diebstahls strafbar.
2. Wer zu viel Wechselgeld bekommt und es behält, macht sich in den meisten Fällen nicht strafbar.
3. Strafbar ist Schwarzfahren erst dann, wenn man sich die Beförderung erschleicht. Wer ein T-Shirt trägt, auf dem steht: »Achtung, ich fahre ohne Fahrschein«, kann vermutlich nicht belangt werden.
4. Mitarbeiter der Gebühreneinzugszentrale der öffentlich-rechtlichen Rundfunkanstalten, kurz GEZ, haben kein Recht, eine fremde Wohnung gegen den Willen des Bewohners zu betreten und nach Fernsehapparaten oder Radiogeräten zu

suchen. Es ist derzeit kein Fall bekannt, in dem ein GEZ-Mitarbeiter einen Durchsuchungsbeschluss erwirken konnte.
5. Der Konsum von Betäubungsmitteln steht nicht unter Strafe, sondern nur der Besitz. Wer an einem Joint zieht, macht sich womöglich nicht strafbar.
6. Der Ehemann muss seiner Frau nach einer Scheidung nichts von dem Vermögen abgeben, das ihm bereits vor der Ehe gehört hat. Geteilt wird nur der Zugewinn während der Ehezeit.
7. Jeder haftet für seine Schulden. Die gemeinsame Wohnung kann nicht zwangsversteigert werden, wenn einer der beiden Ehegatten Schulden angehäuft hat.
8. Die Freundin kann ihre Geschenke unter bestimmten Umständen widerrufen, wenn man ihr untreu wird. Geschenke können zurückgefordert werden, wenn grober Undank vorliegt. Auch wenn der Schenker verarmt, darf er sein Geschenk zehn Jahre zurückfordern.
9. Die Kassiererin hat keinen juristischen Anspruch darauf, die Tasche zu kontrollieren. Sollte sie den Kunden dazu zwingen, würde sie sich sogar der Nötigung strafbar machen.
10. Man darf seine Getränke auch ins Fitnessstudio mitbringen, auch wenn überall Schilder hängen, dass mitgebrachte Getränke verboten sind. Diese Klausel ist nämlich ungültig.
11. Der Letzte muss die Zeche im Restaurant nicht bezahlen, wenn noch manche Speisen oder Getränke offenstehen und schon ein paar Leute gegangen sind.
12. Den Straftatbestand »Zechprellen« gibt es nicht: Es ist grundsätzlich möglich, ein Lokal zu verlassen und nicht zu bezahlen. Etwa wenn man mit der Qualität des Essens nicht einverstanden war und sich mit dem Wirt nicht über eine Zahlung einig geworden ist. Wenn man als Gast seine persönlichen Daten hinterlässt, dürfte auch die eventuell gerufene Polizei nicht auf der Seite des Wirts eingreifen.
13. Gastwirte haften auch dann für die Garderobe, wenn die Garderobe an einem Ort angebracht ist, den man nicht einsehen

kann. Selbst dann, wenn das Schild »Für Garderobe keine Haftung« angebracht ist.
14. Wer sich ein Computerprogramm kauft, stößt beim Installieren der Software häufig auf ein Fenster mit den Lizenzbedingungen, die er mit »Ich stimme zu« bestätigen soll. Wenn dies der einzige Weg ist, um das Programm zu starten, resultiert daraus keine Zustimmung zu den Inhalten des Vertrags.
15. Aushilfen mit festem Entgelt, die weisungsgebunden sind, haben auch einen Urlaubsanspruch und das Recht auf Fortzahlung des Lohns im Krankheitsfall. Im Falle einer Kündigung besitzen sie denselben Kündigungsschutz wie ein fester Arbeitnehmer.
16. Es kann auch wegen Krankheit gekündigt werden, wenn eine »erhebliche Beeinträchtigung der betrieblichen Interessen« vorliegt.
17. Die Klauseln im Arbeitsvertrag, nach denen Nebenjobs verboten sind oder erst einer Genehmigung bedürfen, sind meist ungültig. Ein Nebenjob ist erlaubt, wenn er dem Betrieb keine Konkurrenz macht und die Arbeit nicht erheblich beeinträchtigt.
18. Wenn man ein mangelhaftes Produkt zum Verkäufer zurückbringt, wird man häufig damit belästigt, dass die Ware zum Hersteller eingeschickt wird und nun oft wochenlang nicht zur Verfügung steht. Es haftet jedoch der Verkäufer, er muss also auch ein Ersatzgerät zur Verfügung stellen.
19. Wenn zwei Reparaturversuche misslingen, kann man sich als Käufer entscheiden: Entweder man verlangt das Geld komplett zurück, oder man behält die Ware und mindert den Kaufpreis entsprechend.
20. Kein Geschäft muss mehr als 50 Münzen annehmen.
21. Beim Reißverschlussverfahren müssen die Autofahrer so nah wie möglich ans Hindernis heranfahren und erst dann die Spur wechseln. Wer ein anderes Fahrzeug nicht einfädeln lässt, begeht eine Nötigung.
22. Hupe und Lichthupe sind außerhalb geschlossener Ort-

schaften ein legales Mittel, um eine Überholabsicht anzukündigen.
23. Kurz nach dem Ortsanfang sind Geschwindigkeitskontrollen durch verschiedene Gerichte als nicht verwertbar eingestuft worden. Für den Ortsausgang gilt das nicht.
24. Radfahrer dürfen nicht freihändig fahren.
25. Rennräder dürfen auch ohne montiertes Batterielicht fahren, solange es er Fahrer mitführt.

DIE TEUERSTEN HÄUSER DER WELT

Updown Court Windlesham, England
139 Millionen Dollar, 103 Zimmer, fünf Schwimmbäder, Kino mit 50 Sitzen, Bibliotheksboden 24 Karat vergoldet, Marmorauffahrt.

Starwood Estate, Aspen Colorado
135-Millionen-Dollar-Bau von Prinz Bandar bin Sultan bin Abdul Aziz, dem ehemaligen Botschafter von Saudi-Arabien in den Vereinigten Staaten. 56.000 Quadratfuß (umrechnen) mit 15 Schlafzimmern und 16 Bädern, mehreren kleinen Anwesen und einem Pool.

Maison de L'amitie, Palm Beach, Florida
2004 kaufte Donald J. Trump in einer Insolvenzversteigerung für lumpige 41,25 Millionen Dollar dieses Anwesen. Frisch renoviert mit 33-Meter-Pool, über 150 Meter Toplage am Strand, will er das Anwesen jetzt für 125 Millionen Dollar versilbern.

DIE FÜNF BESTBEZAHLTEN MANAGER

1. Steven P. Jobs, Apple — 646,60 Mio. Dollar
2. Ray R. Irani, Occidental Petroleum — 321,64 Mio. Dollar
3. Barry Diller, IAC/InterActiveCorp — 295,14 Mio. Dollar
4. William P. Foley II, Fidelity National — 179,56 Mio. Dollar
5. Terry S. Semel, Yahoo — 174,20 Mio. Dollar

DIE FÜNF REICHSTEN MÄNNER DER WELT

1. William Gates III (51), USA — 56 Milliarden Dollar
2. Warren Buffett (76), USA — 52 Milliarden Dollar
3. Carlos Slim Helu (67), Mexiko — 49 Milliarden Dollar
4. Ingvar Kamprad (80), Schweden/Schweiz — 33 Milliarden Dollar
5. Lakshmi Mittal (56), Indien — 32 Milliarden Dollar

LAUTSTÄRKEN IN DEZIBEL

Der Schallpegel wird in Dezibel gemessen. Bei den leisesten Geräuschen, die wir wahrnehmen können, bewegt sich unser Trommelfell nur um ein hundertmillionstel Millimeter.

40 dB	Flüstern
50 dB	elektrische Zahnbürste
60 dB	Unterhaltung
70 dB	reger Straßenverkehr
80 dB	Staubsauger
90 dB	Fabriklärm
100 dB	maximale Lautstärke im Kopfhörer
110 dB	erste Reihe beim Rockkonzert
120 dB	Düsenjet beim Start
130 dB	Gewehrschuss
bei 140 dB	*Schmerzgrenze*
160 dB	Trommelfell reißt / Glas zerbricht
190 dB	singender Blauwal
230 dB	Bombenexplosion
250 dB	Atombombe
320 dB	Vulkanausbruch

WAS DIE TELEFONNUMMERN BEDEUTEN

010	Call-by-Call-Dienste wie Auskunft
011	Mehrwertdienste
013	Televoting, TV-Gewinnspiele
015–017	Mobilfunk
0180	Geteilte Kosten
032	Internet-Telefonie
0800	R-Gespräche
0900	Teure, kostenpflichtige Nummern, ehemals 0190

EMOTICONS

Emoticons und typische Internetabkürzungen sind schrecklich. Man sollte sie nicht benutzen, aber doch wenigstens wissen, was sie bedeuten. Hier die wichtigsten Emoticons:

☺	Freude
☹	Traurigkeit
:'(	Weinen
{}	Umarmung
*	Kuss
AFKB	Away from Keyborad – Ich bin kurz weg von der Tastatur (auch BRB)
F2f	Face to face – von Angesicht zu Angesicht
FAQ	Frequent asked questions – häufig gestellte Fragen
LOL	Laugh out loud – laut lachen

BERÜHMTE MARKENNAMEN UND IHR URSPRUNG

Adidas	Firmengründer Adolf **Adi Das**sler
Aldi	Firmengründer Karl und Theo **Al**brecht und der Begriff **Di**scount
Alete	lateinisch alete »wachset, gedeihet«
Aral	Bestandteile des Superbenzins: **Ar**omaten und **Al**iphaten
Eduscho	Firmengründer **Edu**ard **Sch**öpf
Fiat	**F**abrica **I**taliana **A**utomobili di **T**orino
Haribo	Firmengründer **Ha**ns **Ri**egel, **Bo**nn
IKEA	Firmengründer **I**ngvar **K**amprad, sein Geburtsort **E**lmtaryd und der Ort **A**gunnaryd, von dem aus er seine Möbel verschickte
Lego	dänisch leg godt, »spiel gut«

LTU	**Lufttr**ansport-**U**nternehmen
Melitta	nach der Erfinderin des Papierfilters Melitta Benz
Nike	nach der griechischen Göttin des Sieges Nike
Onko	ohne Koffein
Osram	nach Osram und Wolfram, Bestandteilen des Glühfadens
Persil	nach den Bestandteilen **Per**borat und **Sil**ikat
o. b.	Abkürzung für ohne Binde
Tchibo	Firmengründer Carl **Tchi**linghiryan und Kaffee**bo**hne
Volvo	lateinisch für »ich rolle«

WIE IKEA SEINE PRODUKTE BENENNT

Betten und Schränke werden nach norwegischen Ortsnamen benannt,
Tische und Stühle nach finnischen Ortsnamen,
Teppiche nach dänischen Ortsnamen,
Badezimmerartikel nach skandinavischen Seen oder Flüssen,
Gartenmöbel nach Inseln,
Kindermöbel nach Tieren,
Stoffe nach Frauennamen,
Bürostühle und Schreibtische nach Männernamen.

DAS GEHEIMNIS DER HARIBO-GOLDBÄREN

- Es gibt keine blauen Gummibärchen (weil sich der Farbstoff nicht natürlich herstellen lässt).
- Grüne Goldbären haben die Geschmacksrichtung Erdbeere, weiße schmecken nach Ananas und rote nach Himbeere.
- In jeder Packung sind doppelt so viele rote Gummibären wie gelbe, grüne, orange und weiße.

WAS PASSIERTE VOM 4. BIS 15. OKTOBER 1582?

Nichts. Denn diese Tage haben niemals stattgefunden. Am 4. Oktober 1582 wurde die Zeitrechnung vom julianischen auf den gregorianischen Kalender umgestellt. Auf den 4. Oktober folgte unmittelbar der 15. Oktober. Das julianische Jahr war 0,0078 Tage länger als das tropische Jahr (das ist die Zeit, bis die Sonne den mittleren Frühlingspunkt zweimal überschritten hat). Deshalb war der Unterschied zum Frühlingsanfang im Jahr 1582 auf 10 Tage angewachsen.

WARUM DER TAG 24 STUNDEN HAT UND DAS JAHR 365 TAGE

Die Franzosen haben mal die Dezimalzeit (alles ist durch zehn teilbar) eingeführt, die eigentlich viel logischer wäre, aber 1900 abgeschafft wurde. Unsere Zeitrechnung mit Minuten, Stunden und Tagen stammt noch von den alten Babyloniern. Womöglich nahmen sie den Herzschlag (rund 60 in einer Minute) als Grundlage oder die 12 Tierkreiszeichen, die im 360°-Winkel am Himmel stehen. Die Babylonier rechneten mit einem Sexagesimalsystem, die sieben Wochentage richteten sie ein, weil sie sieben bewegte Himmelskörper unterschieden und als Tagesgötter verehrten: Sonne, Mond, Mars, Merkur, Jupiter, Venus und Saturn.

WARUM IST EIGENTLICH IMMER AN EINEM ANDEREN TAG OSTERN?

Ostersonntag fällt auf den ersten Vollmond nach dem Frühlingsanfang, er kann also zwischen dem 22. März und dem 25. April liegen. Seidelmann und Oudin haben einen sehr komplizierten Algorithmus entworfen, mit dem sich der Termin für Ostersonntag errechnen lässt. Der Algorithmus wiederholt sich alle 5,7 Millionen Jahre, Ostern im Jahr 5.702.007 nach Christus liegt also wieder auf dem 8. April.

WARUM HABEN JULI UND AUGUST 31 TAGE?

Der Monat Sextilis wurde zu Ehren des römischen Kaisers Gaius Octavianus, Ehrenname Augustus, in August umbenannt. Da Sextilis nur 30 Tage hatte, nahm Augustus dem Februar einen Tag weg, damit sein Monat genauso viele Tage hat wie der seines Großonkels Julius Cäsar.

WARUM DIE TAGE IMMER LÄNGER WERDEN

Durch das Abschmelzen der Polkappen verlagert sich die Masse der Erde immer stärker zum Äquator. Dies bewirkt eine Abnahme der Erdrotation. Die Folge: Der Abstand zwischen Mond und Erde vergrößert sich alle 100 Jahre um vier Meter. Die Länge eines Tages nimmt um 0,0016 Sekunden zu.

WARUM IST GERADE AM ZWEITEN SONNTAG IM MAI MUTTERTAG?

Weil 1907 der zweite Todestag der Mutter von Ann Jarvis auf einen Sonntag fiel. Die Predigerstochter Ann Jarvis propagierte diesen Tag als Ehrentag für alle Mütter. 1914 erklärte ihn der amerikanische Kongress zum Staatsfeiertag (»Mother's day bill«). In Deutschland wird der Muttertag seit 1923 gefeiert. Die Initiative dazu ging übrigens vom Verband der deutschen Blumenhändler aus.

WOHER KOMMEN DIE EUROSCHEINE?

Anhand der Buchstaben, mit denen die langen Nummern auf den Euroscheinen beginnen, lässt sich das Land bestimmen, in dem die Euroscheine in den Verkehr gebracht worden sind:

X	= Deutschland	L	=	Finnland
N	= Österreich	Y	=	Griechenland
S	= Italien	P	=	Niederlande
U	= Frankreich	Z	=	Belgien
T	= Irland			

WARUM HEISSEN ADLIGE BLAUBLÜTER?

Die Mitglieder der spanischen königlichen Familie durften keinerlei körperlichen Betätigungen nachgehen. Das führte zu Sauerstoffmangel im Blut und ließ die Venen blau durch die Haut schimmern.

WARUM KAKERLAKEN IMMER ÜBERLEBEN

Kakerlaken leben überall auf der Welt (abgesehen vom Nord- und Südpol). Sie können bis zu 15 Zentimeter groß werden und die Schrittgeschwindigkeit von Menschen erreichen. Warum nur sind Kakerlaken so schwer zu töten?
1. Sie atmen nicht nur durch den Mund, sondern auch durch Löcher in ihrem Körper.
2. Sie können eine Woche ohne Wasser und noch länger ohne Nahrung überleben.
3. Sie sind Allesfresser: Pflanzen, Tiere, andere Kakerlaken, Seife, Klebstoff, Plastik etc.
4. Sie können eine hohen Anteil ihres weißen Bluts verlieren, ohne zu verbluten.
5. Sie können zumindest für einige Zeit sogar auf ihren Kopf verzichten, weil Hirn und Nervensystem im ganzen Körper verteilt sind.
6. Eine einzige Schabe kann zu Lebzeiten einschließlich Kindeskindern rund eine Milliarde Nachfahren produzieren.
7. Sie sind unglaublich schnell: Sie können mit bis zu 130 Zentimeter pro Sekunde flüchten.

8. Auch atomare Strahlung macht ihnen nichts aus. Sie waren die einzigen Lebewesen, die nach den Atomversuchen auf dem Bikini-Atoll überlebt haben.
9. In Mülldeponien leben durchschnittlich 10.000 Kakerlaken pro Quadratmeter.

WARUM FLIEGEN FALTER IMMER INS LICHT?

Weil sie sich am Licht von Mond und Sternen orientieren. Sie fliegen im rechten Winkel zu den Lichtstrahlen, bei künstlichem Licht richten sie sich jedoch danach aus. Da Lampen ihr Licht nicht parallel zur Erde, sondern kreisförmig abgeben, umschwirren die Insekten rastlos die Lichter.

WOHER KOMMT DIE BEZEICHNUNG 08/15?

Der Begriff 08/15 als Synonym für Massenware kommt aus der Militärgeschichte. Im Ersten Weltkrieg bekam das Heer ein Maschinengewehr der Modellreihe 08, geliefert ab 1915. Deshalb bekam es den Namen MG 08/15

KLEINE FARBENLEHRE

Weiß: Friedensfahne in den kommunistischen Ländern
Rot: Das Rot der Sozialdemokraten entstammt der roten Freiheitsfahne der Jakobiner.
    Aufständische Weber machten sie 1834 zur Fahne der Arbeiterbewegung.
Grün: Die Fahne Mohammeds
    Hoffnung, Unreife (Grünschnabel)
Braun: Deutsche Faschisten
Schwarz: Farbe des Klerus (von CDU/CSU übernommen)

	Anarchistenfahne
	Italienische Faschisten
	In Deutschland: schwarze Trauerkleidung (die Urchristen trugen weiß)
Blau:	Friedensfahne in den westlichen Ländern

WIESO HEISST ES »BLAUMACHEN«?

Früher gaben die Färber Blätter in Bottiche, um durch Gärung die Farbe Indigo zu gewinnen. Dazu war außerdem Alkohol nötig, den die Färber nicht nur beimischten, sondern auch tranken. Sie betranken sich zwei Wochen lang, denn so lange benötigte die Gärung des Farbstoffs.

WARUM KLEBT DER KLEBER NICHT IN DER TUBE?

Weil der Kleber Feuchtigkeit braucht, um auszuhärten. Deshalb klebt er etwa auch so gut an den Fingern, weil die immer etwas feucht sind.

UNGLAUBLICHE FAKTEN, MIT DENEN SIE JEDE PARTY UNTERHALTEN KÖNNEN

- Der größte Muskel des Menschen ist der Gesäßmuskel.
- Im Mund befinden sich mehr Bakterien als im After.
- Vom Mond aus kann kein einziges vom Menschen errichtetes Bauwerk gesehen werden. Auch die Chinesische Mauer kann kein Astronaut sehen, sie ist zu schmal.
- Heißes Wasser gefriert schneller als kaltes. Die Moleküle mit der höchsten Energie verdunsten. Diesen Effekt nutzen wir Menschen, wenn wir schwitzen.

- Benzin leitet sich nicht vom Erfinder des Verbrennungsmotors Carl Friedrich Benz ab, sondern von Benzoeharz, aus dem früher Benzin gewonnen wurde.
- Tempelprostitution war in mehreren alten Kulturen beliebt. Im Aphroditetempel auf Korinth gab es 1000 Prostituierte.
- Amerika hat seinen Namen vom italienischen Seefahrer Amerigo Vespucci, der zwischen 1497 und 1504 mehrfach die amerikanischen Küstengebiete befuhr und als Erster erkannte, dass es sich um einen neuen Kontinent handelt.
- Wichtige Änderung bei den Fußballregeln: Erst seit 1903 darf der Torhüter den Ball nur noch im eigenen Strafraum mit der Hand spielen.
- Der Segensspruch »C+M+B« von den Sternsingern heißt nicht etwa Caspar + Melchior + Balthasar, wie viele Leute glauben, sondern »Christus mansionem benedicat« (»Gott segne dieses Haus«).
- Teflon ist kein Produkt der Raumfahrtforschung, sondern von der Chemiefirma Dupont erfunden worden. Der Franzose Marc Gregoire kam 1954 auf die Idee, Pfannen mit dem abweisenden Kunststoff zu beschichten. Lange vor den Raumfahrtprogrammen.
- Ein Moment ist eine alte englische Zeiteinheit und bedeutet eineinhalb Minuten.
- Reis hat mehr Gene als der Mensch.
- Die Niederschlagsmenge in deutschen Romanen ist doppelt so hoch als in Wirklichkeit.
- Damit US-Soldaten nicht zu viel Wasser mitführen müssen, können die Fertiggerichte notfalls mit Urin zubereitet werden.
- Menschen zwischen 56 und 65 Jahren sind in Deutschland sexuell aktiver als unter 25-Jährige.
- SOS heißt weder »save our souls« noch »save our ship«, sondern ist eine willkürlich gewählte Buchstabenkombination, weil es im Morsealphabet drei kurze und drei lange Signale bedeutet.
- Im arabischen Raum heißt Homer Simpson »Omar Shamshoon«.
- E 120 steht für gemahlene Schildläuse (als Farbstoff).

- Sämtliche Schwäne in England sind Eigentum der Königin.
- Eine Kalbsleberwurst muss nach deutschem Lebensmittelrecht keine Kalbsleber enthalten.
- Die Auster kann ihr Geschlecht während ihres Lebens mehrmals ändern.
- Die erste Bombe der Alliierten, die im Zweiten Weltkrieg über Berlin abgeworfen wurde, tötete den einzigen Elefanten im Berliner Zoo.
- Beim Niesen setzen alle Körperfunktionen aus, sogar das Herz.
- Die Schnecke paart sich nur einmal in ihrem ganzen Leben.
- Im alten China wurden Ärzte nur bezahlt, wenn der Patient gesund wurde.
- Die Punkte auf den Marienkäfern haben nichts mit deren Alter zu tun, sondern mit der Art. Es gibt 2-Punkt-, 7-Punkt-, aber auch 13-,14-, und 15-Punkt-Käfer.
- Die Wiener Bäcker entwarfen zur Feier der Zurückschlagung der Türken 1683 ein mondförmiges Gebäck: das Croissant. Bei der Gelegenheit erfanden die Wiener auch noch den Cappuccino, aus osmanischen Mokkabohnen und Milch. Der Kapuzinermönch Marco d'Aviano hatte für die Befreiung Wiens gebetet.
- Erdbeeraroma besteht meist aus vergorenen Sägespänen (und darf dennoch als natürliches Aroma bezeichnet werden).
- Eau de Cologne wurde ursprünglich als Mittel gegen die Pest erfunden.
- Weltweit 23 Prozent aller Schäden an Fotokopierern werden von Leuten erzeugt, die sich draufsetzen, um ihren Hintern zu kopieren.
- Bier wurde im Jahr 800 von 500 Klöstern gebraut. Beim Klosterreform-Konzil von 817 in Aachen wurde Bier zum christlichen Heiltrank erhoben und an Fastentagen erlaubt, da ein Getränk das Fasten nicht bricht. Am 23. April 1516 verfügte Herzog Wilhelm das Reinheitsgebot (Gerste, Hopfen, Wasser und Hefe), das heute noch Gültigkeit hat.
- Für ein Lächeln muss ein Mensch 17 Muskeln bewegen.
- Elvis war blond.

GUTES BENEHMEN

VOM UMGANG MIT DEM ADEL

Der Adelsstand wurde 1919 abgeschafft. Adelstitel sind seither Bestandteil des Nachnamens, es heißt also nicht mehr »Graf Otto Lambsdorff«, sondern »Otto Graf Lambsdorff«. Dennoch wird eine Anrede nach altem Standard häufig erwartet.

Deshalb hier die richtigen Anreden:

Ihre Majestät Königliche Hoheit	Monarchen, die regieren oder regiert haben, Mitglieder der fünf ehemaligen Königshäuser (z. B. den Welfen, Preußen, Wittelsbacher), Großherzöge, Reichs- und Landgrafen
Hoheit	Herzöge (z. B. Anhalt, Sachsen-Coburg etc.), einige wenige herausragende Fürstenhäuser (Hohenzollern)
Durchlaucht	Fürstenhäuser (Schaumburg-Lippe, Thurn&Taxis)
Erlaucht	Grafen

Bezeichnung auf der Visitenkarte	*Traditionelle Anrede*
Freiherr von Kuhn	Herr von Kuhn
Baronin von Kuhningen	Baronin Kuhningen
Graf von Kunibert	Graf Kunibert

DIE BEDEUTUNG DES ADELSTITELS

Der höchste Titel ist der *Kaiser* (geht auf Julius Cäsar zurück, den die Römer und die Griechen »Kaisar« nannten.) Erst um 800 stellte Karl der Große wieder Anspruch auf ein Weltreich und ließ sich vom Papst zum Kaiser krönen. Danach wurde König Otto I. im Jahr 962 Kaiser. Im Mittelalter ließen sich sämtliche deutsche Könige krönen. In Deutschland gab es bis 1918 einen »Deutschen Kaiser«. An nächster Stelle steht der *König* als Träger der höchsten monarchischen Würde. Der König kann sich selbst adeln und wurde angeredet mit »Eure Majestät«.

Unter ihm folgt der *Herzog*, sie sind Mittler zwischen dem König und den Grafen und dürfen selber adeln.

Dann kommt der *Fürst* (furisto = der Vorderste), zu denen auch die geistlichen Fürsten (Erzbischöfe und Bischöfe) zählten.

Ihnen untergeordnet sind die *Grafen*, die als königliche Beamte die richterliche und militärische Vollzugsgewalt in ihren Grafschaften ausüben.

Dann folgt der *Freiherr*, meist ein Großgrundbesitzer mit eigenständigen Herrschaftsrechten. Der Freiherr ist der letzte titulierte Adlige.

WICHTIGE DEUTSCHE KÖNIGSHÄUSER

Staufer/Hohenstaufen
(schwäbisches Adelsgeschlecht seit dem 11. Jahrhundert)
Ihren Höhepunkt erlangten die Staufer unter Friedrich I. Barbarossa, Heinrich VI. und Friedrich II. Das Geschlecht starb aus, als Konradin in Neapel 1268 geköpft wurde.

Habsburger
(schwäbisches Adelsgeschlecht seit Mitte des 10. Jahrhunderts, später Herzogtümer Österreich und Steiermark)
Sie behielten von 1440 (Friedrich III.) bis 1806 (außer 1742–1745) die Königskrone des Heiligen Römischen Reichs. Dank ihrer geschickten Heiratspolitik konnten die Habsburger den Einfluss Österreichs ständig erweitern.

Wittelsbacher
(bayerisches Adelsgeschlecht, nach der Burg Wittelsbach bei Aichach)
1180 erhielten sie das Herzogtum Bayern. 1806 wurde Maximilian I. bayerischer König. Die Wittelsbacher besetzten bis 1918 den Königsthron.

Welfen
(fränkisches Geschlecht, seit dem 8. Jahrhundert)
Die Welfen stellten nie den König, die lüneburgische Teillinie Calenberg erlangte nach dem Aufstieg zum Kurfürstentum Hannover den britischen Thron (1714).

Hohenzollern
(erstmals 1061 in Schwaben erwähnt)
Sie wurden 1701 unter Friedrich III. König von Preußen. Friedrich II. der Große machte Preußen zur europäischen Großmacht. 1871 bis 1918 waren die Hohenzollern mit Wilhelm I. und II. Kaiser des deutschen Reichs.

ANREDE VON AKADEMIKERN

- Magister, Bachelor, Diplom wird nicht genannt, außer in Österreich (Frau Magistra, Herr Magister)
- Doktor wird in der Anrede genannt, auch h. c.
- Beim Professor wird der Doktor nicht mehr genannt: Herr / Frau Professor xy
- Ein Richter wird in Deutschland nicht mit »Euer Ehren« angesprochen, sondern mit »Frau / Herr Vorsitzende/r«. Nur in Amerika und England werden Richter so angesprochen (»Your Honour«). Durch Filme hat sich diese Unsitte auch in Deutschland verbreitet.

DUZEN / SIEZEN

Ab Ende zwanzig siezen sich Gleichaltrige, Ältere und Vorgesetzte bieten das Du an.
Sonderformen
Hamburger Siezen: Sie + Vornamen
Bayerisches Duzen: Du + Plural

WER STELLT WEN VOR?

Männer die Frau, Jüngere werden den Älteren vorgestellt und Rangniedere den Ranghöheren.

DAS BUNDESVERDIENSTKREUZ

Wird seit 1951 vergeben, damals von Theodor Heuss gestiftet.

Stufe	So wird es getragen
Verdienstmedaille	an der linken Brust am Bande
Verdienstmedaille am Bande	wie Verdienstmedaille
Verdienstkreuz I. Klasse	an der linken Brust, wird gesteckt
Großes Verdienstkreuz	am Halsband
Großes Verdienstkreuz mit Stern	am Halsband und gesteckt an der linken Brust
Großes Verdienstkreuz mit Stern und Schulterband	an der Schärpe und gesteckt an der linken Brust
Großkreuz	an der Schärpe, Adler, gesteckt an der linken Brust
Großkreuz in besonderer Ausführung	wie Großkreuz, nur rot gefüttert
Sonderstufe des Großkreuzes	wie Großkreuz, nur handgestickter Adler

HINWEISE AUF EINLADUNGEN

U.A.w.g. (R.s.v.p.)	Um Antwort wird gebeten (Repondez s'il vous plaît)
s.t.	pünktlich (sine tempore)
c.t.	akademische Viertelstunde erlaubt (cum tempore)
Déjeuner	kleines Mittagessen

AUF DER STRASSE

Der Gentleman läuft auf der Straße so neben der Dame, dass er sich zwischen ihr und möglichen Gefahren wie dem Straßenverkehr befindet. In fremdem Terrain geht der Mann (und Beschützer) vor. Der Gastgeber geht in jedem Fall als Erster.

IM THEATER

Wer in der Mitte sitzt, nimmt den Platz schon nach dem ersten Gong ein. Wer sich durchdrängeln muss, flüstert jedem eine Entschuldigung zu.

APPLAUS IN OPER UND KONZERT

Klatschen ist nicht erlaubt
- während einer Szene in der Oper
- zwischen den einzelnen Sätzen einer Sinfonie im Konzert

Klatschen ist gestattet
- wenn der Dirigent ans Pult geht
- wenn der Vorhang fällt
- bei einem Bildwechsel in der Oper
- am Ende von Oper/Konzert (Standing Ovations), aber spätestens zu Beginn der Zugabe wieder hinsetzen.

TISCHGESPRÄCH

Im britischen Standardwerk »Das Wochenendbuch«, das erstmals 1924 erschien, wird die Kunst der Konversation gelehrt. Die Erkenntnisse gelten bis heute:

»Das perfekte Tischgespräch sollte aufrichtig und ohne Fanatismus geführt und unterschiedliche Meinungen ohne Missstimmungen zugelassen werden, manchmal sehr ernst, immer gefällig, hin und wieder tiefgründig sein, sich in zeitgemäßen Themen ergehen, jeden zu Wort kommen lassen und jedem Gehör schenken … Konversation als Umgangsform erreicht dann Perfektion, wenn die fröhliche Ausgelassenheit einer Gesellschaft belebt wird durch die Höhenflüge des Geistes. Nichtsdestoweniger weist der Mann, der nicht laut oder gelegentlich sogar lautstark werden kann, Defizite auf, wenn es um das heitere Beisammensein mit Kameraden geht. Chesterfield mit all seinem Verstand und seinem angenehmen Wesen war lediglich ein eitler Geck, als er triumphierend fragte, ob ihn ›jemand jemals hätte lachen sehen‹. Genauso kläglich ist der eifersüchtige Liebhaber in dem Theaterstück, der sagt: ›Bin ich etwa nicht die Seele der Aufführung gewesen? Habe ich etwa nicht dafür gesorgt, dass ihr vor Spaß fast umgekommen seid?‹ Und ohne Zweifel gab es Gelegenheiten, da hätte man Chesterfield die gleiche Antwort geben müssen, die der Liebhaber erhielt: ›Nein. Und um die Wahrheit zu sagen, Sie waren unglaublich geistlos.«

AUSREDEN FÜR EIN MISSLUNGENES ESSEN

Im selben Werk werden von Margharita Laski bereits zu Beginn des 20. Jahrhunderts einige charmante Entschuldigungen für den Fall vorgebracht, dass die Gastfreundschaft nicht perfekt zelebriert werden kann.

»Ich fürchte, es ist nur ein bescheidenes Mahl, aber
- meine Haushaltshilfe hat fristlos gekündigt;
- ich war nicht sicher, ob wir wirklich den heutigen Tag vereinbart hatten;
- wenn Sie daran denken, wie wir vor dem Krieg …;
- wir essen normalerweise mittags die Hauptmahlzeit;
- ich hasse Kochen einfach;

- umso weniger muss abgewaschen werden;
- die Rüben stammen aus dem eigenen Garten;
- ich sage immer, was zählt, ist nicht das Essen, sondern die Gesellschaft.«

IM RESTAURANT

- Ausnahmsweise hat der Mann im Restaurant den Vortritt. Er bahnt der Frau den Weg.
- In guten Restaurants (und in England/Amerika) führt einen der Ober zum Tisch.
- »Darf ich Ihnen den Mantel abnehmen?« – Dann entscheidet die Frau durch ihre Gestik, ob sie möchte, dass man ihr auch aus dem Mantel hilft oder ihn nur abnimmt.
- Der Mann setzt sich so, dass die Dame den besten Blick aufs Restaurant hat.
- Während er wartet, bestellt der Mann allenfalls ein Wasser.
- Der erste Schluck wird gemeinsam getrunken. Die Weingläser werden am Stiel genommen, damit sie klingen.
- Nicht »Guten Appetit« sagen. Besser: Der Gastgeber blickt huldvoll in die Runde, und damit gilt das Essen als eröffnet.
- Beobachten Sie den Gastgeber, und verhalten Sie sich so wie er. Er eröffnet das Essen. Die Serviette wird erst dann auf dem Schoß ausgebreitet, wenn sie der Gastgeber ausgebreitet hat (nicht in den Ausschnitt stecken).
- Beim Einschenken darf die Flasche nicht den Glasrand berühren.
- Weder Ellenbogen noch Handgelenke dürfen den Tisch berühren.
- Wenn es nicht schmeckt, machen Sie es wie Karl Lagerfeld: Er zerschneidet das Essen und schiebt es so lange hin und her, bis der Teller gebraucht aussieht.
- Wie kommt die Gräte wieder aus dem Mund? Es gilt die Regel: »Raus wie rein«. Gräten zurück auf die Gabel und zurück an den Tellerrand und Olivenkerne beim Aperitif in die Hand und in eine Serviette.

- Das Essen ist beendet, wenn die Queen den Tisch verlässt (falls Sie mal bei der Queen zu Gast sind).

GEDECK & BESTECK

- Gibt es nur einen Gang, liegt das Besteck rechts neben dem Teller.
- Bei mehreren Tellern liegen die Gabeln links und die Messer und der Suppenlöffel rechts.
- Das Besteck wird von außen nach innen verwendet.
- Mit dem kleinen Brotmesser wird nur Butter aufgetragen, nicht das Brot geschnitten (es wird gebrochen).
- Suppenlöffel mit der Spitze zum Mund führen (in Großbritannien übrigens mit der Breitseite).
- Benutztes Besteck darf den Tisch nicht berühren.
- Das Besteck nähert sich dem Mund und nicht umgekehrt.

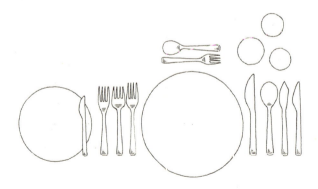

BEI TISCH

DIE GLÄSER

- Man trinkt sich von rechts nach links.
- Die Gläser werden nach dem Orgelpfeifenprinzip angeordnet, also rechts das kleinste und links das größte Glas.
- Das größte Glas ist das Rotweinglas (damit der Wein atmen kann).
- Je dunkler der Wein, desto größer das Glas.
- Es sollte so eingeschenkt werden, dass eine Weinflasche sechs Gläser füllt.
- Das Glas vor der Spitze des Hauptgang-Messers ist für den Wein gedacht (falls der Tisch von geschultem Personal gedeckt wurde).

Rotwein

Weißwein

ESSEN & TRINKEN

COCKTAILS, DIE MAN MIXEN KÖNNEN MUSS

Long Island Eistee
2 cl Cointreau
2 cl Gin
2 cl Rum
2 cl Tequila
2 cl Wodka
2 cl Zitronensaft
Mit Eiswürfeln in den Shaker. Mit Coca-Cola auffüllen.

Bloody Mary
2 cl Wodka
4 cl Tomatensaft
1 Spritzer Zitronensaft
2 Prisen Salz
2 Prisen schwarzer Pfeffer
2 Prisen Cayennepfeffer
3 Spritzer Worcestersoße
Alle Zutaten mixen außer den Wodka. Große Eiswürfel in ein Glas. Wodka drüber. Bloody Mary draufschütten.

Mojito
2 Büschel frische Minze
4 cl frischer Limonensaft
3 cl weißer Rum
1 Teelöffel extrafeiner Zucker
gecrushtes Eis
8 cl Club Soda
Die Minzeblätter mit Limonensaft im Glas zerstampfen. Rum, Zucker, Eis und Soda drauf.
Abdecken und schütteln. Mit einem Limonenschnitz servieren.

Martini Dry
»Glück bedeutet einen anständigen Martini, ein anständiges Essen, eine anständige Zigarre und eine anständige Frau ... oder eine unanständige Frau – je nachdem, wie viel Glück man verkraften kann.« (Robert Burns)
5 cl Bombay Sapphire
1 cl Noilly Prat
1–2 Oliven
Rührglas mit kalten, trockenen Eiswürfeln füllen. Gekühlten Noilly Prat und Bombay Sapphire dazugeben und mit einem Barlöffel von unten nach oben kräftig rühren. In ein gut vorgekühltes Cocktailglas abseihen und 1–2 Oliven ins Glas geben.

Margarita
4 cl Tequila
2 cl Cointreau
2 cl Zitronensaft
Garnitur: Salzrand
4 Eiswürfel, Tequila, Cointreau und Zitronensaft in den Shaker geben und kurz und kräftig shaken. In ein Cocktailglas mit Salzrand abseihen.

Whisk(e)y Sour
5 cl Crown Royal
3 cl Zitronensaft
2 cl Zuckersirup
Mit 5–6 Eiswürfeln shaken und in ein Sour-Glas (ohne Eis) oder einen kleinen Tumbler mit 2 Eiswürfeln abseihen. Mit einer Cocktailkirsche mit Stiel dekorieren.

WORAUF MAN BEIM WHISKYTRINKEN ACHTEN SOLLTE

- Nicht auf Eis servieren, das volle Whisky-Aroma entsteht nur bei Zimmertemperatur.
- Es gilt die Jahre-wie-Sekunden-Regel: Ein 12 Jahre alter Whisky etwa braucht 12 Sekunden, um die volle Komplexität im Mund zu entwickeln.
- Whisky nicht mit einer Zigarre kombinieren. Das tötet den Geschmack. Besser: Flache Scheiben aus schwarzer Schokolade.

SCHNÄPSE UND AUS WAS SIE GEBRANNT WERDEN

Brandy, Cognac, Grappa, Metaxa	Weintrauben, Maische
Arrak	Kokosnuss
Calvados	Äpfel
Sliwowitz	Pflaumen
Tequila	Agaven
Aquavit, Gin	Getreidekorn (tlw. Kartoffeln)
Wodka	Alles, was Stärke oder Zucker enthält
Rum	Zuckermelasse (dunkler Rum enthält mehr Karamell und wurde länger im Fass gelagert)

Ein Single Malt Whisky (in Amerika heißt es übrigens Whiskey) muss in einer Destillerie gebrannt worden sein und darf nur aus Malz hergestellt werden. Scotch muss aus Schottland stammen.

WIE MAN DEN KATER VERTREIBT

Die Leber baut den Alkohol ab, und dabei entstehen einige Metaboliten, die am nächsten Tag für eine unschöne Mischung aus Übelkeit und Kopfschmerz sorgen, die man unter der Bezeichnung »Kater«

kennt. Erfahrene Säufer empfehlen, möglichst nicht mehrere unterschiedliche Getränke zu mixen. Als gut verträglich gelten Wodka und Gin, als schlimmer Katerproduzent hingegen gilt Brandy. Meist kommen zum Kater noch ein trockener Mund und ein Schwächegefühl, die Resultat der Dehydrierung sind. Der Körper versucht die Gifte mit dem Urin auszuscheiden und benötigt dafür mehr Flüssigkeit, als ihm zugeführt wird. Der erste wichtige Tipp gegen den Kater lautet deshalb: Vor dem Schlafengehen noch einen Liter Wasser trinken und gleich eine Aspirin schlucken. Am nächsten Morgen hilft ein starkes Frühstück, viel Zucker, um den Blutzuckerspiegel zu heben, und Koffein, um die Blutgefäße im Hirn zu verengen.

WIE MAN IN EINEM EDLEN RESTAURANT WEIN BESTELLT

Der Sommelier empfiehlt gerne eine zum Essen passende Flasche Wein. Die Bedienung bringt die Weinflasche und zeigt das Etikett. Kurz nicken, dann wird die Flasche geöffnet. Der Ober füllt einen Schluck ins Glas. Sie probieren und nicken, wenn der Wein nicht korkt. Wenn Sie den Eindruck haben, dass der Wein korkt, dann wird auch der Sommelier probieren. Ist der Wein nicht in Ordnung, erhalten Sie eine neue Flasche.

ALLES ÜBER WEIN UND REBSORTEN

Rotweine
Cabernet Sauvignon
Berühmteste Weintraube, obwohl erst Ende des 18. Jahrhunderts kultiviert. Grundlage vieler Bordeaux-Weine. Hohe Konzentration an Phenolen. Reift spät und benötigt beste Lagen.
Farbe: ziegel- bis schwarzrot
Aromen: grüner Paprika, Kaffee, Tabak. Die komplexen Aromen entwickeln sich häufig erst nach langer Lagerung.

Geschmack: feinrassige bis kräftige Säure, sehr gehaltvoll
Essen: Braten von Rind und Wild, dunkles Fleisch, Hartkäse

Merlot
Verbreitung hauptsächlich in Frankreich (vor allem Bordeaux), darüber hinaus in Italien (Veneto, Friaul), Südamerika, Südafrika und Australien. Auch in Deutschland mittlerweile zugelassen. Häufig mit Cabernet Sauvignon verschnitten.
Farbe: dunkelrot
Geschmack: füllige, üppige Frucht, dezente Tannine, geringe Säure, alkoholreich

Nebbiolo
Edle, alte Rebsorte in Italien, ergibt tiefrote Weine wie Barolo und Barbaresco.

Pinot Noir
Traditionelle Burgunderrebe, in Deutschland als Spätburgunder bekannt. Stammt vermutlich von einer burgundischen Wildrebe ab. Die Sorte braucht im gemäßigten Klima Zeit zur Reife, bringt jedoch in guten Jahren herausragende Weine mit Kraft und Fülle hervor. Besitzt eine große Lagerfähigkeit.
Farbe: ziegel- bis tiefrot
Aromen: Beeren, Rauch, Leder
Geschmack: samtig, mit feiner Säure und gehaltvollem Körper
Essen: Braten von Wild und Rind, würziger Käse

Syrah (wird in Australien und Südafrika Shiraz genannt)
Stammt aus dem Rhonetal.

Tempranillo
Bedeutendste Weinsorte in Spanien. Basis für Rioja.

Zweigelt
In Österreich eine der populärsten Rebsorten, in Deutschland in

geringen Mengen in Württemberg und an der Saale angebaut. Kreuzung von Fritz Zweigelt (1922). Reift früher als Blaufränkisch und bringt teilweise hohe Erträge.
Farbe: hellrot
Geschmack: kräftige Säure mit gehaltvollem Körper

Weißweine
Chardonnay
Wesentlicher Bestandteil von Chablis, Champagner und Burgunder,
Farbe: blass- bis goldgelb.
Aromen: breite, gefällige Art, eignet sich gut zum Ausbau im Barrique
Essen: Terrinen, Fisch, Kalb, Hausgeflügel

Gewürztraminer
Besonders im Elsass schöne Weine.
Farbe: goldgelb
Aromen: Rosenblüte, Akazienhonig, Vanille
Geschmack: hoher Alkohol und geringe Säure, gehaltvoll
Essen: Terrinen, helles Fleisch, würziger Käse. Edelsüß als Aperitif

Müller-Thurgau
Der Name geht auf ihren Züchter Hermann Müller aus Thurgau zurück, der sie 1882 entwickelt hat.
Farbe: blass- bis hellgelb
Aromen: milde Säure und leichter bis mittelkräftiger Körper
Essen: Süßwasserfisch, Schwein

Muskateller
Intensiv duftende Traube aus Vorderasien. Gilt als eine der ältesten kultivierten Rebsorten. Obwohl der Muskateller in Deutschland bereits seit dem 12. Jahrhundert nachweisbar ist, nimmt er heute mit knapp 1% Anbaufläche eher eine Exotenrolle ein. Trocken ausgebauter Muskateller ist schlank und säurebetont, oft aber wird er edelsüß hergestellt. Auch der italienische Asti Spumante ist ein Muskateller.

Pinot blanc (Weißburgunder)
Vor allem im Elsass verbreitete Rebsorte. Der deutsche Weißburgunder hat aber in der Regel größere Beeren. In Deutschland vor allem in Baden und in der Pfalz angebaut. Für Barrique besonders geeignet.
Farbe: blass- bis hellgelb
Aromen: Banane, Aprikose, Zitrone
Geschmack: feinrassige Säure mit mittlerem bis kräftigem Körper
Essen: kräftige Seefische, Meeresfrüchte, Braten

Riesling
Die wohl komplexeste Weißweinsorte bringt vor allem in gemäßigten Klimazonen überzeugende Ergebnisse. Erst nach langer Reifezeit am Rebstock kann er sein spezifisches Aroma entwickeln. Hoch geschätzt wird die Kombination von hoher Säure und Extrakt. In Deutschland die neben Müller-Thurgau am weitesten verbreitete Rebsorte. Die Rebsorte stammt wahrscheinlich von einer Wildrebe am Oberrhein ab.
Farbe: blass mit Grünstich bis goldgelb
Aromen: Riesling liefert eine ganze Palette einheimischer und exotischer Früchte, Kräuter, Säure, leichter bis kräftiger Körper
Essen: asiatische Küche, zarter Seefisch, Süßwasserfisch, Geflügel, Frischkäse, schwere Spätlese auch zu Entenbraten, süß als Aperitif oder zum Dessert

KLEINES WEINLEXIKON

Abgang	Der Nachgeschmack, der im Mund nach einem Schluck erhalten bleibt. Gemessen wird der Abgang in »Caudalies« (Abgang in Sekunden).
Atmen	Durch Dekantieren und offenes Stehenlassen wird ein Wein eine gewisse Zeit der Berührung mit Luft ausgesetzt.
Barrique	Standardfass, Inhalt 225 l. Wein, der in Eichen-

	holzfässern gereift ist, weist ein Holzaroma auf. Bei Weißweinen drückt sich das Aroma durch eine Vanille/Pfirsich-Nase, bei Rotweinen durch eine Kirsch-Nase aus.
Blanc de Blancs	Der Weiße von Weißen; Bezeichnung für Weine oder Schaumweine, die nur aus weißen Trauben gekeltert werden.
Blumig	Reich an Duftstoffen
Brauchig	Unerwünscht scharfer Alkoholgeschmack
Brut	Bezeichnung für trockene Schaumweine
Bukett	Der charakteristische Duft eines ausgereiften Weins
Champagne	Champagner darf nur aus der Appellation Contrôlée »Champagne« stammen. Das Flaschengärverfahren ist Vorschrift.
DOC(G)	Denominatione di Origine Controlata (e Garantita) = Kontrollierter Anbau und Herkunftsbezeichnung (mit Garantie)
Eckig	Ohne Harmonie und Rundung
Eiswein	Gefrorene Trauben, die auch so gepresst werden. Ergeben einen konzentrierten Zuckergehalt. Gehört zu den teuersten Weinen, da der Winzer ein erhebliches Risiko eingeht.
Finesse	Abgestimmte Geruchs- und Geschmackskomponenten
Firn	Hat den Entwicklungshöhepunkt bereits überschritten.
Fruchtig	Geschmack wie frisches Obst (oft bei jungen Weinen)
Grand Cru	Bezeichnung, die nur ganz bestimmten Lagen vorbehalten ist. In der Bourgogne die höchste Bezeichnung, im Bordeaux die unterste der Crus.
Halbtrocken	Deutsche Weine mit einer Restsüße von maximal 18g/l

Kork	Durch einen schlechten Korken hervorgerufener unangenehmer Beigeschmack (franz.: Bouchon)
Körper	Der Eindruck von Substanz und Schwere im Mund
Kurz	Ohne nachhaltigen Abgang
Nase	Weinjargon für Duft (Aroma oder Bukett)
Nervig	Mit angemessener, kräftiger Säure
Öchsle	Mostgewicht; Skala für den Zuckergehalt der Trauben (franz. Baumé)
Oxidiert	Schaler, flacher Geschmack infolge übermäßiger Berührung mit Luft
Premier Grand Cru Classé	Erste der fünf Kategorien, in die die Châteaux im Médoc durch die Klassifizierung von 1855 eingestuft wurden. Unter die Kategorie fallen: Lafite-Rothschild, Latour, Margaux, Mouton-Rothschild und Haut-Brion
Beaujolais Primeur	Junger, frischer Rotwein, der kurz nach der Gärung abgefüllt und wenige Monate später getrunken wird. Erstverkaufstag ist jedes Jahr der dritte Donnerstag im November. Empfohlene Trinktemperatur: 10–12 Grad
QmP	Qualitätswein mit Prädikat; oberste Kategorie des deutschen Weins
Rosé	Hellroter Wein von dunklen Trauben, bereitet durch rasches Abpressen, so dass nur wenig Farbstoff aus der Beerenhaut in den Wein gelangt
Rund	Ausgeglichen, ohne Fehler, aber auch ohne Finesse
Sec	Trocken, bei Champagner: brut
Stahlig	Mit mineralisch geprägter Säure
Tannin	Gerbstoff, eine Substanz aus den Schalen und Kernen der Trauben; gelangt aber auch aus Eichenfässern in den Wein. Tannin wirkt konservierend und ist deshalb ein wesentlicher Bestandteil von lagerfähigen Weinen.

Tinto	Spanischer Ausdruck für Rotwein
Trocken	Laut Weingesetz: Wein mit einem unvergorenen Restzuckergehalt von maximal 9g/l
Trockenbeerenauslese	Sehr edler Wein mit einem Honigduft. Dies wird erreicht, wenn die Trauben mit der Edelfäulnis behaftet sind und daher zusammenschrumpfen.
VdP	Verband deutscher Prädikats- und Qualitätsweingüter
vieilles vignes	Alte Reben, besonders gut, aber nicht mehr so ertragreich. Die Kraft des Rebstocks geht in die Trauben.
Vin de table	Tischwein, Tafelwein, Qualität unterschiedlich, Vin de pays ist empfehlenswerter.
Weißherbst	Deutscher Ausdruck für Roséweine

DIE RICHTIGE TRINKTEMPERATUR

Warum wird der Weißwein gekühlt und der Rotwein nicht?
Rotweine enthalten natürliche Säuren und Gerbstoffe (Tannin), die nur in der Weinbeerenhaut vorkommen. Bei gekühltem Rotwein würden diese Säuren die Geschmackselemente der Traube überdecken. Bei Raumtemperatur ergänzen sich Säuren und Geschmacksbouquet harmonisch.

20 Grad	Sherry Cream
18 Grad	schwere, alte Rotweine
16 Grad	Vintage Port, körperreiche Rotweine
14 Grad	leichte, junge Rotweine
11 Grad	gehaltvolle Weißweine, trockene Sherrys, Wermut
9 Grad	junge, frische Weiß- und Roséweine
7 Grad	Champagner
5 Grad	Sekt

TYPISCHE FLASCHENGRÖSSEN

Liter	*Champagner*	*Bordeaux*
1,5	Magnum	Magnum
3	Jéroboam	Doppel Magnum
4,5	Réhoboam	Jeroboam
6	Methuselah	Imperial
9	Salmanazar	
12	Balthazar	
15	Nebukadnezar	
18	Melchior (Salomon)	
27	Primat	
30	Melchisedec	

WIE ISST MAN HUMMER?

Mit der Hummerzange die Scheren knacken. Dann das Fleisch herausziehen, notfalls auch mit den Händen. Das Hummerskelett wird dabei am Schwanz gehalten.
Bei Krebsen: Den Krebsschwanz aus dem Panzer drehen, dann die Schalen und die Scheren aufknacken. Ausnahmsweise darf man sich beim Krebsessen die Serviette um den Hals binden.

ANDERE HEIKLE NAHRUNGSMITTEL

Austern	Den Bart (die Stelle, an der die Auster angewachsen ist) mit der scharfen Seite der Austerngabel lösen. Dann dezent schlürfen.
Erbsen	Auf der Gabel balancieren.
Garnelen	Dürfen mit der Hand gegessen werden. Schwanz abbrechen und Fleisch herauspulen.
Kaviar	Direkt aus der Dose löffeln.

Kirschkerne	In die Hand spucken und dezent auf dem Teller ablegen.
Miesmuscheln	Eine leere Muschel wie eine Zange benutzen und so das Muschelfleisch heraustrennen.
Spaghetti	Nur mit der Gabel auf dem Teller aufdrehen. Nicht gegen den Löffel. Nur zwei bis vier Spaghetti auf einmal.
Spargel	Wenn Ihnen eine Wasserschale gereicht wurde, dann dürfen Sie ihn auch mit den Fingern halten und zum Mund führen.
Weißwürste	Werden mittlerweile nicht mehr gezuzelt, sondern an der Pelle aufgeschnitten und entpellt.

Fisch
So filetiert man einen Fisch:

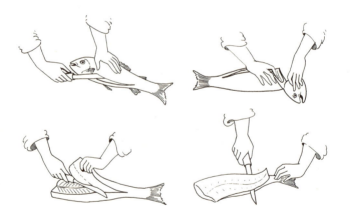

1. Waschen, Bauchflossen entfernen
2. Aufschneiden vom Schwanz bis zum Kopf
3. Kopf und Schwanz abschneiden
4. Rückenflossen entfernen, verbundene Gräten lösen
5. Den Scheitel an der Oberseite entlangschneiden
6. Die Filets von der Mittelgräte entfernen (vom Kopf zum Schwanz, also mit den Gräten)

REIS KOCHEN

Pro Tasse losen Reis eineinhalb Tassen Wasser mit dem Reis in den Topf. Wenn das Wasser kocht, Herd runterschalten, so lange köcheln lassen, bis das Wasser vom Reis aufgesaugt ist. Steak und sieben Steaksoßen dazu. Fertig ist das Traumgericht für Männer.

WIE MAN NUDELN KOCHT

Viele Männer sind nicht die ganz großen Köche. Aber diesen Klassiker sollten wir schon zubereiten können: Spaghetti mit Tomatensoße.
1. Salz ins Wasser
2. Warten, bis das Wasser kocht
3. Wenn es kocht, den Herd auf eine niedrigere Stufe stellen, etwas Öl dazugeben und Nudeln rein
4. Nach der auf der Verpackung angegebenen Zeit eine Nudel rausnehmen
5. Wenn sie »al dente« ist, Nudeln in Sieb abschütteln, einmal aufschütteln, fertig

Eine wunderbare (supereinfache) Tomatensoße dazu
Eine Dose geschälte Pizza-Tomaten in die Pfanne, zermanschen und mit Salz, Pfeffer und Zucker würzen. Halbe Packung Sahne drüber und fünf Minuten kochen lassen. Fertig.

DIE WICHTIGSTEN NUDELN

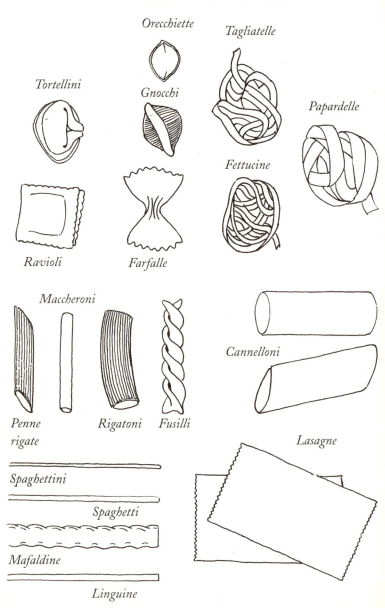

VERWENDETE PFLANZENTEILE VERSCHIEDENER GEWÜRZE

Blüten

Kapern   Nelken   Safran

Blätter

Beifuß   Estragon   Lorbeer

Rinde

Zimt

Zwiebel

Zwiebel   Knoblauch

Früchte

| Paprika | Pfeffer | Vanille |

Samen

| Sternanis | Kardamom | Muskat |

Wurzel

| Ingwer | Meerrettich |

WIE MAN RICHTIG GRILLT

- Fleisch erst auf den Grill, wenn eine weiße Ascheschicht über der Kohle ist. Eine gute Glut darf nicht brennen.
- Grillfleisch mit Küchenpapier abtupfen, bevor es auf den Grill kommt.
- Steaks nicht mit der Gabel anstechen, sonst läuft der Saft aus. Besser eine Grillzange verwenden. Würste hingegen anstechen, dann platzen sie nicht auf dem Grill.
- Beim Fleischkauf beachten: Schweinefleisch sollte gleichmäßig rosa bis dunkelrosa sein, Rindfleisch dunkelrot. Wichtig ist auch eine leichte Marmorierung, also etwas Fett, das schmeckt besser als ganz mageres Fleisch, besonders für den Grill.

MODE & STIL

MODEDESIGNER & LABELS, DIE MAN KENNEN SOLLTE

Giorgio Armani
Er ist berühmt für seine klassischen Anzüge. Sie sind lockerer geschnitten als die Business-Anzüge von Boss. Gerne mal leicht zerknittert und in gebrochenen Farben. Seine Anzüge signalisieren die Macht der Lässigkeit.

Hugo Boss
Deutsches Traditionsunternehmen aus dem schwäbischen Metzingen. Es gibt drei Markenlinien: Hugo Boss für den klassisch-eleganten Business-Mann, »Hugo« als junge, individualistische Linie und die Luxuslinie »Baldessarini«.

Burberry
Der englische Herrenausstatter Thomas Burberry entwickelte um 1870 einen wind- und wetterfesten Stoff. Im Ersten Weltkrieg trugen Offiziere den regenfesten Burberry-Trenchcoat (den sogenannten Schützengrabenmantel), 1924 führte Burberry das unverwechselbare kamel-schwarz-rot-weiße Karo des Futters ein. Humphrey Bogart trug in *Casablanca* einen Burberry-Trenchcoat.

Dolce & Gabbana
Domenico Dolce und Stefano Gabbana trafen sich durch Zufall, als sie 1982 mit ihren Schnittzeichnungen hausieren gingen. Sie sollten für einen Modehersteller einige Entwürfe anfertigen, die jedoch nie in Produktion gingen. Die beiden dachten sich: Dann machen wir es eben allein. Zehn Jahre später sind sie in 350 Läden vertreten und machen seit 1990 Männermode. »Sie schenkten uns Dandys und Schurken, sizilianische Ziegenhüter und neapolitanische Messerstecher,« sagte James Truman über Dolce & Gabbana. Ihr Logo »D&G« wird gern auch als Abkürzung für »dumm & geil« diskreditiert.

Salvatore Ferragamo
Schon im Alter von 13 Jahren eröffnete Ferragamo in der Nähe von Neapel eine Schuhmacherei, mit 16 wanderte er nach Los Angeles aus. Hier wurde er zum Haus-Schuster für Hollywoods Filmgrößen. Greta Garbo bestellte gleich 70 Paar von einem Modell in unterschiedlichen Farben. Das Heimweh brachte ihn 1927 zurück nach Florenz. Er fertigte unter anderem Schuhe für Benito Mussolini, Eva Braun und Eva Peron. 1955 erfand Ferragamo die Stiletto-Absätze.

John Galliano
Extravaganter Londoner Modemacher, der Chefdesigner von Givenchy und Dior wurde.

Jean-Paul Gaultier
Der Franzose kombiniert Klassisches mit Exzentrischem, Erlesenes mit Vulgärem und Frauen- mit Männerkleidung. Er verknüpfte Shorts mit Strapsen, designte Jacken ohne Rückenteil und T-Shirts mit Nonnenschleier. Er selbst trägt am liebsten ein Matrosen-T-Shirt mit Schottenrock und dazu klobige Doc-Martens-Schuhe.

Gucci
Chefdesigner Tom Ford führte das moribunde Unternehmen zum Insider-Label: Er wurde eingestellt, kurz bevor Maurizio Gucci, der Enkel des Gründers, erschossen wurde. Gucci gilt als Vorreiter der erfolgreichen »Mod Mode«, eines Rückgriffs auf die dandyhaft gekleidete untere Mittelschicht Englands der fünfziger Jahre. Sie kombiniert die Leichtigkeit der Beat-Ära und die Lässigkeit der neunziger Jahre.

Wolfgang Joop
Joop hat Werbepsychologie studiert, deshalb versteht er sich gut zu vermarkten. Seit 1994 zeigt er seine Kollektion in New York. Er selbst lebt in Potsdam.

Calvin Klein

Er schaffte mit Herrenunterwäsche den Durchbruch: Seine Feinrippunterhose mit dem Schriftzug auf dem Gummibund wurde zur Design-Ikone. Brooke Shields warb im Alter von 15 in knallengen Jeans und mit dem Text: »Zwischen mich und meine Calvins lasse ich nichts kommen.«

Karl Lagerfeld

Wunderkind: Spricht vier Sprachen, raucht nicht, trinkt nicht, gibt wunderbare Interviews, kreiert bis zu 20 Kollektionen pro Jahr und arbeitet nebenbei als Fotograf. Sein Vater brachte vor hundert Jahren die Dosenmilch nach Europa. Er arbeitete als Chefdesigner für Chloé und Fendi. 1983 übernahm er die künstlerische Leitung von Chanel.

Ralph Lauren

In den achtziger Jahren wurde Lauren mit seinem Polospieler als Logo zur In-Marke für alle »Preppies« (reiche Studenten einer »preparation school«) und Yuppies (»young urban professionals«). Besonders seine Polohemden wurden zum Erkennungszeichen einer Erfolgsgeneration.

Miuccia Prada

Miuccia ist die Nichte von Mario Prada, der 1913 das edle Ledergeschäft in Mailand gründete. Miuccia entwickelte einen Rucksack aus Nylon, der bald zum In-Bag wurde und das angeschlagene Traditionsunternehmen wieder auf Kurs brachte. »Ich mache hässliche Kleider aus hässlichen Stoffen. ›Bad taste‹ eben. Am Ende sieht es trotzdem gut aus«, sagte Prada in einem Interview.

Yves Saint Laurent

Assistent und Nachfolger von Christian Dior. 1960 wagte er den Beat-Look (Rollkragen und Lederblousons) und wurde prompt von Dior gefeuert. 1961 machte er sich mit einer eigenen Kollektion selbständig. Er warf alle herkömmlichen Regeln über Bord und kombinierte Orange mit Pink, Lila mit Gelb und Schwarz mit Braun. 2002 trat er von der Haute Couture zurück.

Gianni Versace
Versace entwirft unter diesem Label seit 1978 neobarocke, schwülstige Exzesse am Rande des Erträglichen. Er verwendet extrem aufwendige Verarbeitungstechniken etwa aus Metall, Strass oder Neopren.

WORAN MAN EIN GUTES HEMD ERKENNT

- Wenn es einen Umlagekragen besitzt, dann hat es herausnehmbare Kragenstäbchen.
- Die Knöpfe sind aus Perlmutt.
- Das Hemd hat eine geteilte Rückenpasse (stammt noch aus der traditionellen Hemdenschneiderei).
- Im Winkel zwischen Vor- und Rückenteil ist ein Stück zur Stärkung eingenäht.
- Der Übergang von Ärmel zur Manschette ist mehrfach gefältelt.
- Die Naht weist viele Stiche auf. Bei einem guten Hemd kommen etwa acht Stiche auf einen Zentimeter. Doppelnähte werden nacheinander mit einer einzigen Nadel genäht.

WANN EIN HEMD PASST

- Die Manschette bedeckt das Handgelenk und stößt an die Daumenwurzel.
- Das Hemd schaut am Ärmel einen Zentimeter unter dem Jackett heraus.
- Der äußere Rand des Kragens ist gerade vom Revers des Jacketts bedeckt.
- Der Hemdkragen wird im Nacken nicht vom Jackett überdeckt.

HEMDKRAGEN

Haifischkragen / Spreizkragen
Modisch, viel Platz für den Krawattenknoten wie den doppelten Windsor oder einen Kreuzknoten

Turndown / Kentkragen
Elegant, streckt das Gesicht. Der Namensgeber war übrigens der Herzog von Kent.

Tabkragen
Nur mit Krawatte, Steg unter der Krawatte zuknöpfen

Button-Down-Kragen
Sportiv, immer zuknöpfen. Nicht zum Anzug und ohne Krawatte tragen

WORAN MAN EINEN GUTEN ANZUG ERKENNT

- Das Muster läuft über die Nähte meist sauber weiter.
- Die Knöpfe sind aus natürlichem Material (etwa Büffelhorn).
- Am Übergang zwischen Ärmel und Schulter treten keine Wellen auf.
- Das Knopfloch wurde von Hand umsäumt, das Futter von Hand in die Jacke genäht.

DER PERFEKTE ANZUG

Darauf sollte man beim Anzugkauf als Mann von Welt achten:
- Das Jackett wirft keine Falten und bedeckt das Gesäß.
- Der Ärmel gibt den Blick auf einen Zentimeter des Hemds frei.

- Die Hose lässt auch im Sitzen Platz für die Oberschenkelmuskulatur. Sie steht mit einem leichten Knick auf der Schuhkappe auf.
- Der Kragen steht hinten aus dem Jackett heraus und lässt genug Hals sichtbar.

ANZUG- & MANTELGRÖSSEN

EU-Größe	US-Größe
44	34
46	36
48	38
50	40
52	42
54	44
56	46

KRAWATTENKNOTEN / SCHLEIFE / PLASTRON

Krawatte

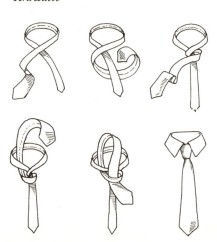

Schleife

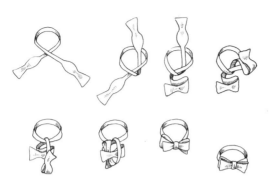

Plastron

1. Die Krawatte sollte so gebunden sein, dass sie mit der Spitze die Gürtelschnalle berührt.
2. Der einfache Krawattenknoten (auch altdeutscher Knoten genannt) passt eigentlich bei allen Krawattenformen.
3. Windsor-Knoten (breit und dreieckig, für weit geschnittene Kragen)
4. Four-in-Hand (lang und schmal, für den Standardkragen)
5. Die klassische Schleife (zum Smoking oder zum Frack)
6. Der Plastron (trägt man eigentlich nur zum Cut, etwa bei festlichen Hochzeiten)

WICHTIGE STILFRAGEN

Was bedeutet Smart Casual?
Anzug ohne Krawatte oder lockerer Blazer mit Krawatte. Geschlossene Schuhe

Was meint Business Casual?
Keine Jeans. Keine kurzen Hosen. Hemd und Jackett

Jackettknöpfe auf oder zu?
Im Stehen bleibt der unterste Knopf immer geöffnet. Im Sitzen sollten Sie das Jackett öffnen.

FÜR GANZ EDLE ANLÄSSE

Cut
Der Cutaway besteht aus einer grau-weiß gestreiften, weiten Hose, einer grauen Weste und einer Krawatte mit Perle, einem weißen Kragenhemd und einer einreihigen Schoßjacke mit schwer fallenden Schwalbenschwänzen. Der Cut wird nur bei extrem feinen Anlässen getragen wie Ordensverleihungen oder dem Pferderennen Ascot.

Frack
Steht auf der Einladung »White tie«, ist Frack Pflicht. Man trägt ein weißes Hemd mit Perlmuttknöpfen, taillierte Frackjacke in Mitternachtsblau oder Schwarz mit knielangen Schwalbenschwänzen, dazu eine weiße Schleife. Die Jacke bitte nie schließen.

Smoking (Tuxedo)
Die dunkle Smokingjacke hat einen Seidenrevers oder Schalkragen, die Hose eine schmale Seitenborte. Unter einreihigen Smokingjacken trägt man eine Weste, unter zweireihigen nicht. Unter den Smokingkragen gehört eine schwarze Schleife, deshalb steht oft »Black Tie« auf der Einladung.

KLASSISCHE FORMEN FÜR MÄNNERSCHUHE

Der Oxford	Der förmlichste Herrenschuh
Der Derby	Etwas weniger formell als der Oxford
Der Legate	Stilistisch zwischen dem Oxford und dem Brogue
Der Semi-Brogue	Der Brogue oder auch Budapester und sein Lochmuster gehen auf das traditionelle Schuhwerk der Schotten zurück. Der Brogue ist ein Schuh mit Flügelkappe.
Der Full-Brogue	Typisches Merkmal sind geschwungene Linien.
Der Barcroft	Durch das Lochmuster an der Zehenkappe eine Spur weniger feierlich

SCHUHGRÖSSEN IM VERGLEICH

EU-Größe	Englische Größe	Amerikanische Größe
39	5 ½	6
40	6 – 6 ½	6 ½ – 7
41	7 – 7 ½	7 ½ – 8
42	7 ½ – 8	8 – 8 ½
43	8 ½	9
44	9 – 9 ½	9 ½ – 10
45	10 – 10 ½	10 – 10 ½
46	11	11 ½

KLEINES GLOSSAR DER EDLEN HERRENMODE

Button-Down-Hemd	Hemd, bei dem die Kragenspitzen an die Brust geknöpft sind. Im Original entworfen von Brooks Brothers in New York
Cashmere	Gewebe aus dem feinen Unterhaar der Cashmere-Ziege
Chesterfield	Stadtmantel mit verdeckter Knopfleiste
Cordovan	Pferdeleder. Edles Rohmaterial für Schuhe. Die besten Pferdelederschuhe macht der US-Hersteller Alden.
Deerstalker	Sportmütze mit Ohrenklappen (auch Sherlock-Holmes-Mütze)
Denim	Blauer Baumwollstoff für Jeans
Escarpin	Flache Pumps für Männer mit Schleife zum Frack
Fischgrat	Diagonale Fadenstruktur
Flanell	Gewalkte, verfilzte Wolle
Frackhemd	Hemd mit Kläppchenkragen, steifer Brust und einfacher Manschette
Gabardine	Wasserabweisendes Material, aus dem die Regenmäntel von Burberry gefertigt sind
Harris Tweed	Hochwertiger Tweed-Stoff. Nur Tweed, der auf den Äußeren Hybriden gewebt wird, darf diese Bezeichnung tragen.
Jermyn Street	Londoner Adresse berühmter Hemdenmacher wie Turnbull & Asser, Harvie & Hudson, Hilditch & Key und Thomas Pink
Loden	Gewalktes und aufgerauhtes Wollgewebe
Macintosh	Englischer Gattungsbegriff für Regenmäntel
Merinowolle	Stoff aus dem gekräuselten Haar des Merinoschafs
Mohair	Stoff aus der Wolle der Angoraziege
Monkstrap	Schuh mit Schnalle
Pennyloafer	Schuhtyp, der seit den dreißiger Jahren nahezu

	unverändert blieb. Studenten pflegten in den fünfziger Jahren einen Penny als Glücksbringer unter den Steg ihrer Loafer zu stecken.
Popeline	Baumwollgewebe aus feinen Kett- und dicken Schussfäden
Savile Row	Straße im Londoner Stadtteil Mayfair, in der viele berühmte Herrenschneider ihre Geschäfte haben, wie Henry Poole, H. Huntsman und Gieves & Hawkes.
Sea Island Cotton	Teuerster Baumwollstoff für Hemden. Ähnlich wie Popeline
Trenchcoat	Zweireihiger Gabardine-Mantel, der erstmals im Burenkrieg (1895–1902) bei der britischen Armee zum Einsatz kam
Vikunja	Extrem luxuriöser Stoff. Dafür werden die Haare des höckerlosen südamerikanischen Kamels, die im Gebüsch hängen geblieben sind, per Hand eingesammelt.

DIE BESTEN UHREN DER WELT

Breguet
Abraham-Louis Breguet erfand 1795 das Tourbillon, um die Ganggenauigkeit zu erhöhen. Kunden wie Marie Antoinette, Napoleon Bonaparte und Winston Churchill. Typisch sind die Rundlochzeiger.

Breitling
Uhren, die ursprünglich für die Luftfahrt entwickelt worden sind. 1952 kam die Navitimer auf den Markt, die auch Steigungswinkel und Durchschnittsgeschwindigkeit des Flugzeugs anzeigen kann.

International Watch Co. (IWC)
1868 in Schaffhausen gegründet. Berühmteste Uhr ist die »Il Destriero Scafusiae« von 1993 mit 750 Rädchen und 21 Funktionen.

Jaeger-LeCoultre
Berühmt durch die Wendeuhr Reverso, bei der sich die Grundplatte um 180 Grad drehen lässt, um das Zifferblatt vor Stößen zu schützen.

A. Lange & Söhne
Adolph Lange, Schwiegersohn des Hofuhrmachers in Dresden, gründete 1844 im sächsischen Glashütte eine edle Uhrenmanufaktur.

Longines
Berühmte Marke für Fliegerchronographen. Charles Lindbergh trug 1927 bei seinem Transatlantikflug eine Longines und entwarf später den Stundenwinkelchronographen.

Omega
Neil Armstrong trug, als er den Mond am 20. Juli 1969 betrat, eine Speedmaster Professional von Omega.

Patek Philippe
Genfer Traditionsmarke mit Klassikern wie Calatrava, Gondolo und Nautilus.

Rolex
Zeitlos schöne Uhren. 1926 kam die erste wasserdichte Uhr auf den Markt: die Oyster.

KLEINES GLOSSAR DER EDLEN UHREN

Automat	Selbstaufziehende Uhr. Durch die Armbewegungen dreht sich ein Rotor, der die Zugfeder des Uhrwerks aufzieht.
Chronograph	Uhr mit Stoppmechanismus
Chronometer	Geprüfte Präzisionsuhr, für die ein offizielles Zeugnis ausgestellt wurde

Jewel	Synthetischer Edelstein im Uhrwerk, der vor Abnutzung und Reibung schützt. Die Zahl der Jewels ist ein Qualitätsmerkmal
Komplikation	Zusatzmechanismus wie Kalender oder Zeitzonenanzeige
Minutenrepetition	System, bei dem sich das Läutwerk lösen lässt
Rattrapante	Zweiter Sekunden- oder Schleppzeiger, der unabhängig vom ersten eine Zeitmessung ermöglicht

ZIGARREN

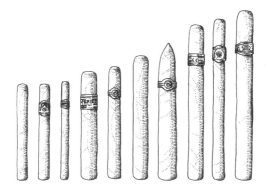

In der Regel sind beige-olivenfarbene Zigarren Havannas, beigefarbene sind Sumatras und dunkle sind Brasil-Zigarren.

Kleine Corona	99 mm
Panetela	114 mm
Robusto	127 mm
Corona	140 mm
Corona Grande	152 mm
Torpedo	156 mm
Churchill	178 mm
Cohiba Esplendido	178 mm
Especial	191 mm
Doppel-Corona	200 mm

FRAUEN

WICHTIGE UNTERSCHIEDE
ZWISCHEN MANN UND FRAU

Männer und Frauen sind geprägt von Hormonen und der Physiologie ihrer Hirne. »Wir sind letztlich das Ergebnis unserer chemischen Zusammensetzung«, haben die Kommunikationstrainer Alan und Barbara Pease in ihrem Buch *Warum Männer nicht zuhören und Frauen schlecht einparken* beschrieben:

- Ein männliches Gehirn, das sich im Ruhezustand befindet, fährt die Hirnströme um siebzig Prozent herunter, das weibliche Gehirn bleibt bei 90 Prozent Aktivität. Der Grund: Frauen analysieren ständig Informationen aus ihrer Umwelt. Dieser Unterschied in der Hirnphysiologie entstammt noch aus der Urzeit. Die Männer mussten als Jäger in der Lage sein, die Beute zu verfolgen und aus der Ferne anzuvisieren. Die Frauen mussten mit einem weiten Blickfeld Raubtiere um ihr Nest herum beobachten.
- Frauen haben ein weites Blickfeld, Männer ein tunnelartiges. Deshalb sind Männer oft nicht in der Lage, etwas in Schränken oder Kühlschränken zu finden. Im Straßenverkehr verunglücken fast doppelt so viele Jungs wie Mädchen. Männer können besser in der Nacht sehen als Frauen und haben stärker ausgebildete räumlich-visuelle Fähigkeiten. Dafür ist die Frau besser im Nahbereich und kann etwa besser einen Faden in eine Nadel einfädeln.
- Das weibliche Gehirn hat einen deutlich höheren Austausch der

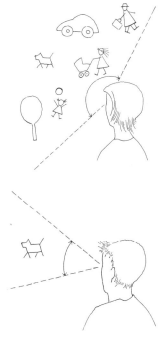

Informationen zwischen den beiden Hirnhälften, deshalb können Frauen nonverbale Signale bei der Kommunikation besser und schneller entschlüsseln. Sie sind sensibler, wenn es darum geht, Lügen zu detektieren, und besser darin, mehrere Aufgaben gleichzeitig zu erledigen, während Männer immer eins nach dem anderen erledigen.

- Frauen hören besser als Männer. Weibliche Babys können die Stimme ihrer Mutter bereits von anderen Stimmen unterscheiden, männliche Babys können das nicht. Dafür können Männer Geräusche besser orten. Der Unterschied zwischen visuellen und auditiven Wahrnehmungen lässt sich mit diesem Test veranschaulichen. Zählen Sie bitte, wie oft der Buchstabe F in diesem Satz vorkommt:

Finished files are the result of years of scientific research

Männer entdecken beim Lesen häufiger die fünf F, wird der Satz hingegen vorgelesen, sind die Frauen erfolgreicher.
- Frauen haben ein deutlich schlechteres räumliches Vorstellungsvermögen. Deshalb sind sie bekanntermaßen denkbar ungeeignet, eine Karte oder einen Stadtplan zu lesen. Deshalb haben sie auch Schwierigkeiten, rückwärts einzuparken. Männer wissen meist, wo Norden ist, auch wenn sie keine Ahnung haben, wo sie sich befinden.
- Frauen sind berührungsempfindlicher. Wenn sich Frauen unterhalten, dann berühren sie sich deutlich häufiger, als wenn Männer das tun.
- Frauen nehmen Pheromone wahr und wählen Männer aus, die ein komplementäres Immunsystem besitzen, weil dadurch die Überlebenschancen der Nachkommen steigen.
- Frauen schneiden bei Intelligenztests durchschnittlich drei Prozent besser ab als Männer.
- Konfliktpotenzial bietet das unterschiedliche Kommunikationsvolumen. Eine Frau gibt durchschnittlich 6000–8000 Wörter am Tag von sich, ein Mann kommt mit 2000–4000 Wörtern

aus. Der Unterschied wird häufig beim Abendessen offenkundig, wenn sie versucht, auf ihr Pensum zu kommen und ohne Unterlass schwätzt und er stumm in den Teller blickt und sich denkt: »Warum hält sie nicht mal für fünf Minuten den Mund?«
- Er denkt analytisch, und sie möchte sich mit ihm emotional austauschen. Folge: Frauen wollen nicht mit Lösungsvorschlägen für ihre Probleme unterbrochen werden. Sie wollen keine Analyse, sondern Anteilnahme.
- Frauen kommunizieren indirekt. Da kommt es oft zu Missverständnissen. Männer verstehen nur direkte Ansprache. Sie sagen: »Bring mal den Müll runter.« Frauen, wenn sie genau dasselbe wollen, würden sagen: »Der Mülleimer ist voll.«
- Männer wollen nicht kritisiert werden. Sie lösen ihre Probleme, indem sie sich allein und schweigend hinsetzen. Mit der rechten Gehirnhälfte sucht er nach Lösungen, die linke Gehirnhälfte, die fürs Kommunizieren verantwortlich wäre, stellt er vorübergehend ein. Wenn die Frau von ihm Einfühlungsvermögen verlangt, glaubt er oft, sie suche einen guten Rat.
- Frauen mögen knackige Hintern bei Männern, weil das schon bei den Primaten ein Hinweis darauf ist, dass der Mann die nötige Stoßkraft besitzt, um eine Frau erfolgreich zu befruchten.
- Die meisten Beziehungen scheitern nicht daran, dass sie mit ihm nicht zufrieden ist, sondern sie sich emotional nicht ausgefüllt fühlt.
- Das Schweigen des Mannes bedeutet nicht, dass er sie nicht liebt. Es bedeutet, dass er seine Ruhe haben möchte.

WARUM HABEN MÄNNER BRUSTWARZEN?

In der frühen Phase der Embryonalentwicklung gibt es einen Zeitraum, in dem die Entwicklung von Jungen und Mädchen identisch ist. Bis zur siebten Woche werden für beide Geschlechter dieselben Anlagen gebildet. Durch das männliche Y-Chromosom werden Hormone wie Testosteron ausgeschüttet, die für die Rückbildung der weiblichen Anlagen sorgen. Bei Bodybuildern, die sich mit Anabolika dopen, zeigt sich, dass eine Männerbrust durchaus auch wieder wachsen und eine weibliche Form annehmen kann. Es gibt bezeugte Fälle, dass Männerbrüste in extremen Notlagen (etwa in Konzentrationslagern) Milch zum Stillen des Babys produziert haben.

WELCHE KÖRPERLICHEN MERKMALE FRAUEN AN MÄNNERN ATTRAKTIV FINDEN:

1. Athletischer Körperbau (V-förmiger Körper)
2. Breite Schultern, Brust und muskulöse Arme (ein gesunder Mann macht Frauen an, eine Bodybuilder-Figur nicht)
3. Knackiger Hintern (Der muskulöse Hintern ist ein Signal, dass der Mann in der Lage ist, starke stoßende Bewegungen beim Sex auszuführen. Deshalb ist er bei Frauen so beliebt.)
4. Volles Haar (Glatzköpfe gelten zwar als sehr männlich und testosteronreich, dennoch ziehen viele Frauen volles Haar vor.)
5. Sinnlicher Mund und freundliche Augen (Frauen suchen nach Gefühlen hinter den Gesichtszügen. Sie beschreiben Augen etwa häufig als fürsorglich oder liebevoll. Helle Augen wirken kindlicher als dunkle Augen.)
6. Ausgeprägte Nase und markantes Kinn (Zeugt von einem besonders hohen Testosteronspiegel in der Jugend.)
7. Schmale Hüften und muskulöse Beine (Frauen finden männliche Hüften bei einem Verhältnis von 90 Prozent von Hüfte zu Taille am attraktivsten.)
8. Flacher Bauch (In der modernen Gesellschaft gilt ein dicker Bauch als Zeichen der Maß- und Disziplinlosigkeit.)
9. Großer Penis (Es sind weniger die körperlichen Vorzüge als die optischen.)
10. Dreitagebart (Je höher der Testosteronspiegel, desto schneller wächst der Bart.)

WIE MAN LÜGT, OHNE ERWISCHT ZU WERDEN

Wissenschaftler haben herausgefunden, dass es tatsächlich so etwas wie den Pinocchio-Effekt gibt. Beim Lügen werden vom Körper chemische Stoffe ausgeschüttet, die Katecholamine. Sie führen dazu, dass das Gewebe in der Nase anschwellt. Das können die Frauen glücklicherweise mit bloßen Augen nicht erkennen. Deshalb hier noch ein paar Tipps, woran eine Frau eine Lüge erkennen könnte:
- Sie blicken ihr nicht in die Augen.
- Sie lächeln gezwungen.
- Sie verschließen Arme und Beine.
- Sie haben kleine Pupillen.
- Sie nuscheln undeutlich, oder Sie sprechen schnell und hoch.
- Sie drehen sich weg vom Gesprächspartner.
- Sie verstecken Ihre Hände.

DIE INNERE HALTUNG GEGENÜBER FRAUEN

Wir haben alle Angst davor, eine fremde Frau anzusprechen. Das kennt jeder. Das ist eine biologische Hemmung. Wir sind geprägt von den Eltern, die uns von klein auf sagen, dass wir nichts machen dürfen, das peinlich sein könnte. Hier ein paar Glaubenssätze, die uns helfen, zum perfekten Verführer zu werden:
- Es gibt keine Frau, so schön sie auch sein mag, die ich nicht verführen kann.
- Ich genieße mein Leben.
- Ich brauche keine Frau, um glücklich zu werden. Aber sie braucht mich.
- Jede Interaktion mit einer Frau verbessert mein Know-how im Umgang mit Frauen.
- Jeder Korb hilft mir, beim nächsten Mal besser zu werden.
- Ich gehe aus, um Spaß zu haben, und nicht, um eine Frau kennenzulernen.

KÖRPERSPRACHE, DIE FRAUEN BEWUNDERN

Frauen bewerten den sozialen Status des Mannes. Am verführerischsten finden sie den Führer der Gruppe, den Leithammel, das Alphamännchen. Hier ein paar Merkmale, wie ich mich wie ein Alphamännchen verhalte:

- Ich stehe nicht an der Wand.
- Ich halte meinen Drink nicht auf Brusthöhe.
- Ich lehne mich im Gespräch zurück.
- Ich lächle und halte Schultern und Rücken angespannt.
- Ich bewege mich langsam.

DIE VERFÜHRUNGSSTRATEGIE

Hier die kurze Zusammenfassung einer erfolgreichen Verführungsstrategie. Frauen sind wie ein Adventskalender. Es gibt 24 Türchen. Der Mann kommt allerdings nur zur Bescherung, wenn er jede der Türen in der richtigen Reihenfolge öffnet:

1. Ich habe einen positiven ersten Eindruck gemacht.
2. Ich nehme im Gespräch eine natürliche Position ein.
3. Sie hat das Gefühl, dass ich mich für sie interessiere.
4. Sie fühlt sich wohl in meiner Anwesenheit.
5. Sie merkt, dass ich einen hohen sozialen Status besitze.
6. Sie merkt, dass ich hohe Ansprüche habe.
7. Ich überrasche sie.
8. Sie findet mich lustig.
9. Sie findet mich einzigartig.
10. Sie findet mich attraktiv.
11. Ich zeige ihr, dass ich sie attraktiv finde.
12. Unsere Bewegungen geraten in Gleichklang.
13. Wir berühren uns zufällig.
14. Ihre Gruppe hat mich sozial akzeptiert.

15. Ich löse sie aus der Gruppe heraus.
16. Ich antizipiere ihre Wünsche und Träume.
17. Ich führe sie in Versuchung.
18. Wir berühren uns absichtlich.
19. Wir küssen uns.
20. Sie genießt meine Nähe.
21. Ich errege ihr sexuelles Interesse.
22. Sie vertraut mir als potenziellem Partner.
23. Sie schläft mit mir.
24. Sie will immer wieder mit mir schlafen.

WIE MAN EINE FRAU ANSPRICHT

Wenn man Frauen fragt, wie sie glauben, ihrem Traumpartner zu begegnen, beschreiben sie in der Regel eine Situation, die ich als das »Traumprinz-Szenario« bezeichne. Der Mann tritt in dieser Vorstellung immer zufällig und völlig überraschend in das Leben der Frau, und die Situation ist gleichermaßen romantisch wie selbstverständlich. Keine Frau hat mir je beschrieben, dass ihr Traummann sie mit einem Anmachspruch im Club anbaggert und anschließend gleich in der ersten Nacht vernascht. Angemacht zu werden rangiert auf der Romantikrangliste der Frauen auf den hinteren Plätzen.
Verführungskünstler baggern Frauen nicht an. Oh nein. Sie treten durch einen wundersamen Zufall mit ihnen in Kontakt. Vom Schicksal ausgewählt. Mir könnte zum Beispiel etwas runterfallen. Genau vor ihre Füße. Sie würde es aufheben, weil sie ein gutberzogenes Mädchen ist. Ich würde mich bei ihr bedanken. Dabei würde mir etwas auffallen. Ein Schmuckstück. Etwas an ihrer Kleidung oder ihrer Haltung. Wir würden ins Gespräch kommen. Wie in einer Szene, in der Meg Ryan oder Julia Roberts mitspielen.
Morgens, wenn sie in meinem Bett aufwacht, würde ich ein klein wenig in mich hineinlachen und sagen: »Ich glaube, es ist kein Zufall, dass wir uns getroffen haben. Es ist dein Verhängnis.« Und dann würde sie mich küssen.

Beim Flirten ist es nicht wie beim Turmspringen oder beim Dressurreiten. Es geht nicht darum, möglichst große Schwierigkeiten zu meistern, sondern im Gegenteil darum, es sich möglichst einfach zu machen. Das heißt, man muss lediglich versuchen, eine Situation herbeizuführen, in der es möglichst leicht ist, eine Frau anzusprechen. Man braucht nur das Verhalten der Frauen zu antizipieren, damit man sein Set-up danach ausrichten kann. Das ist das ganze Geheimnis.

Hier drei Strategien, die im Zug oder im Bus sehr gut funktionieren:

- *Kreuzworträtsel:* Ein Kreuzworträtsel ist ein wunderbares Instrument, um mit einer Frau ins Gespräch zu kommen: »Kennst du einen afrikanischen Fluss mit drei Buchstaben?«
- *Das Bücher-Interesse:* Kann man mit jedem Buch machen, das man gerade liest. »Kennst du dieses Buch? Ich versuche das jetzt schon seit zwei Monaten zu lesen. Wenn ich abends nach Hause komme, lese ich eine Seite und schlafe dann sofort ein. Und wenn ich tags darauf weiterlese, kann ich mich nicht mehr erinnern, was drinstand. Geht dir das auch manchmal so?« Mit Sicherheit antwortet sie: »Ja, das kenne ich, das geht mir genauso.«
- *Der Handy-Trick:* Wenn man ein paar Sätze mit ihr gesprochen hat, gibt man ihr sein eigenes Handy und sagt beim Hinausgehen: »Ich ruf dich an.« Viele Frauen können es kaum glauben, dass man ihnen so vertraut. Es ist empfehlenswert, ein Pre-paid-Handy zu verwenden.

INTERESSE UND KOMPLIMENTE

Es sind die ersten Sekunden, in denen die Frau spürt, ob Sie sich wirklich für sie interessieren, für sie als Mensch, als Persönlichkeit. Die beste Anmache entsteht aus einer einmaligen Situation und passt nur genau zu diesem einen Moment und dieser einen Frau. Sie gibt ihr das Gefühl, dass dieser Spruch noch nie zuvor gemacht wurde.

Ist es ihr Lächeln oder die Art, wie sie sich bewegt? Wenn ich eine

Frau kennenlernen will, dann hat sie etwas Einzigartiges, das man im Zweifel auch benennen kann. Das erste Kompliment kann bereits das Signal für ein hohes Maß an Sensibilität sein. Die Antwort der Frau sollte sein: »Das hat noch nie ein Mann zu mir gesagt …« Versuchen Sie sich in die Frau hineinzuversetzen. Was strahlt sie aus? Ist ihr langweilig, oder unterhält sie sich gerade angeregt mit ihrer Freundin? Trägt sie einen Ehering? In welchem Verhältnis steht sie zu den anderen Personen in der Gruppe? Wie fühlt sie sich gerade? Wem schenkt sie Aufmerksamkeit? Was sagt ihr Schmuck über sie aus? Was ihre Kleidung? Forschen Sie nach ihren guten Seiten. Wenn Sie fündig werden, übersetzen Sie es unmittelbar in ein Kompliment. Wenn Sie nichts finden, gehen Sie wieder. Der Wert eines Komplimentes liegt in seiner Wahrhaftigkeit. Es gibt viel zu viele Typen auf der Welt, die Frauen Allerweltskomplimente machen (»Du hast schöne Augen«). Sie missachten die Kraft des Komplimentes.

Aus der Beobachtung der Frau lassen sich wunderbare Komplimente generieren. Am besten sollte die Wertschätzung einer Handlung entspringen oder sich auf etwas beziehen, das sie gesagt hat: Sie sollte sich das Kompliment also verdient haben.

Aber natürlich können Sie auch aus Äußerlichkeiten eine einzigartige, sehr individuelle Ansprache generieren, um mit der Frau in Kontakt zu treten, etwa:

- »Du hast eine gute Körperspannung, machst du Yoga?«
- »Die Farbe deiner Fingernägel passt zu deinen Lippen. Das gefällt mir.«
- »Ich mag die kleinen braunen Punkte in deiner Iris.«
- »Du hast ein hinreißendes Lächeln.«
- »Du duftest so gut.«
- »Du hast eine schöne Stimme.«
- »Du bewegst dich sehr weiblich.«

DIE FRAU SPIEGELN

Wissen Sie, wie man eine Lerche fängt? Der Jäger stellt mitten auf dem Feld einen Spiegel auf und wartet, bis die Lerche hinfliegt. Sie blickt selbstverliebt in den Spiegel und lässt sich ohne Gegenwehr einfangen.

Letztlich interessiert sich jeder Mensch und erst recht jede Frau nur für eines: sich selbst. Sie will sich selbst in ein gutes Licht rücken. Sie will ihre besten Geschichten erzählen. Sie will lachen. Sie will Bestätigung.

Eine erste Übung besteht darin, das, was sie sagt, umzuformulieren und an sie zurückzugeben. Sie sagt beispielsweise: »Ich mag es, wenn ich ganz allein auf dem Sofa sitze, und es regnet draußen.« Daraufhin könnten Sie antworten: »Ja, genau. Wenn der Regen ans Fenster prasselt und ich mich ganz tief in die Decken kuschle und das Gefühl habe, es gäbe keinen schöneren Platz auf der Welt als das eigene Sofa.«

Nehmen Sie die Worte der Frau und paraphrasieren sie. Das ist die einfachste Form der emotionalen Verbindung: einer Meinung sein. Zustimmen. Loben. Das ist eine wunderbare Form der Gemeinsamkeit.

ZUHÖREN KÖNNEN

»Was ist die Liebe anderes als eine Art Neugier«, sagte Giacomo Casanova, der wohl größte Verführer aller Zeiten. Das Ziel der Interaktion ist nicht, dass man die Frau dazu bringt, ihr Interesse zu signalisieren. Viel interessanter ist es, etwas über die Frau zu erfahren, damit man ihr sein Interesse zeigen kann. Es kommt nicht darauf an, möglichst interessant zu sein, sondern möglichst interessiert zu sein.

Wie bringt man aber eine Frau dazu, sich zu öffnen? Die Antwort ist faszinierend einfach: durch Zuhören. Es ist eine fast verlorene Kunst, die ohnehin wenigen Männern in die Wiege gelegt ist. Dem Mann muss es gelingen, ein Vakuum zu erzeugen, das die Frau mit ihren Geschichten füllen kann. Bauen Sie eine Spannung auf, die sie nur dadurch abbauen kann, dass sie sich Ihnen öffnet. Frauen lieben Männer, die ähnlich ticken wie sie selbst.

Der Grund ist denkbar einfach. Wenn man ihr ähnlich ist, dann teilt man ihre Ansichten über die Welt. Das bestätigt die Frau in ihrer Sicht der Dinge. Sie hält einen für klug, intelligent, gewitzt, weil sie sich selber für klug, intelligent, gewitzt hält.

DIE SCHÖNSTEN LIEBESGEDICHTE

Hier eine kleine Auswahl von Liebesgedichten, die man als Mann unterm Sternenhimmel rezitieren können sollte. Poesie ist die Abkürzung ins Herz einer Frau:

Nähe des Geliebten
von Johann Wolfgang von Goethe

Ich denke dein, wenn mir der Sonne Schimmer
Vom Meer erstrahlt;
Ich denke dein, wenn sich des Mondes Flimmer
In Quellen malt.
Ich sehe dich, wenn auf dem fernen Wege
Der Staub sich hebt;
In tiefer Nacht, wenn auf dem schmalen Stege
Der Wandrer bebt.
Ich höre dich, wenn dort mit dumpfem Rauschen
Die Welle steigt;
Im stillen Haine geh ich oft zu lauschen,
Wenn alles schweigt.
Ich bin bei dir, du seist auch noch so ferne,
Du bist mir nah!
Die Sonne sinkt, bald leuchten mir die Sterne.
O wärst du da!

Sonett 116
von William Shakespeare

Dem festen Bund getreuer Herzen soll
Kein Hindernis erstehn: Lieb' ist nicht Liebe,
Die, in der Zeiten wechselvoll,
Unwandelbar nicht stets im Wandel bliebe.
Ein Zeichen ist sie, fest und unverrückt,
Das unbewegt auf Sturm und Wellen schaut,
Der Stern, zu dem der irre Schiffer blickt,
Des Wert sich keinem Höhenmaß vertraut.
Kein Narr der Zeit ist Liebe! Ob gebrochen
Der Jugend Blüte fällt im Sensenschlag,
Die Liebe wankt mit Stunden nicht und Wochen,
Nein, dauert aus bis zum Jüngsten Tag!
Kann dies als Irrtum mir gedeutet werden,
So schrieb ich nie, ward nie geliebt auf Erden.

Das Hohelied Salomons
(Altes Testament)

Denn die Liebe ist stark wie der Tod.
Unüberwindlich – so ist auch die Liebe;
Und ihre Leidenschaft brennt wie ein Feuer.
Kein Wasser kann die Glut der Liebe löschen,
und keine Sturzflut schwemmt sie hinweg.

DAS SCHNELLE MENÜ, MIT DEM MAN JEDE FRAU VERZAUBERT

Risotto »Amadeo Berti«
Ein eindrucksvoller Risotto nach einem Rezept eines Restaurants in Venedig.

Zutaten für vier Personen:
400 g große, rohe Scampi
1 Esslöffel Olivenöl
1 gehackte Zwiebel
300 g Vialone-Reis
2½ dl herber Weißwein
5 dl Hühnerbrühe
2 Gewürznelken
1 Knoblauchzehe
Salz, Pfeffer, Majoran, Thymian, Lorbeerblatt
4 Esslöffel Rahm
1 Esslöffel Brandy
gehackte Petersilie
1 Esslöffel Butter
geriebener Parmesan

Die Scampi aufschlitzen, vorsichtig von der Schale lösen und halbieren. 2 Scampi in der Schale als Garnitur lassen. Den Darm herausziehen. Öl 3 Minuten mit Zwiebel erhitzen. Reis zugeben und unter Rühren 2 Minuten dünsten. Mit Weißwein ablöschen. Auf kleine Flamme stellen. Nach 5 Minuten Hühnerbrühe, Lorbeerblatt, Gewürznelken und Knoblauch dazugeben und weitere 5 Minuten unter Rühren köcheln lassen. Scampi, Salz, Pfeffer, Majoran, Thymian, Brandy beifügen. 10 Minuten köcheln. Wenn der Reis trocken wird, Brühe zugeben. Rahm beifügen, aufkochen und Topf vom Herd nehmen. Mit Petersilie, Butter und Parmesan verfeinern und mit Scampi dekorieren.

Weiße Pfirsiche in Himbeer-Cabernet
Weiße Pfirsiche sind eine wunderbare Frucht. Sie machen nur ein Drittel der französischen Pfirsichernte aus, weil sie sich wegen der dünnen Schale nicht lange lagern lassen. Ein wunderbares Dessert, grenzenlos einfach:

Zutaten für vier Personen:
1½ Tassen Cabernet Sauvignon
1½ Tassen Mineralwasser
½ Tasse Zucker
unbehandelte Zitronen- und Orangenschale
4 schwarze Pfefferkörner
1 Prise Zimt
200 g frische Himbeeren
8 weiße Pfirsiche
Zitronensaft

Wein, Wasser, Zucker, Zitronen- und Orangenschale, Pfefferkörner und Zimt im Topf 15 Minuten lang kochen. Den Weinsirup durch ein Sieb passieren und im Kühlschrank abkühlen. Die Himbeeren pürieren und durch ein Sieb streichen und unter den kalten Sirup rühren. Pfirsiche häuten und in gleichmäßige Scheiben schneiden und in große Weingläser verteilen. Den Weinsirup mit Zucker und Zitronensaft abschmecken und über die Pfirsiche geben.

EINE ROMANTISCHE GESCHICHTE, DIE MAN IHR AUF EINER BLUMENWIESE ERZÄHLT

Es gibt einen wunderschönen Schmetterling, den Schwarzfleckigen Bläuling. Die Raupe ernährt sich ausschließlich von Feldthymian. Im Herbst wird sie von Ameisen in deren Bau getragen. Doch sie wird nicht gefressen. Ganz im Gegenteil: Die Raupe wird gefüttert, damit sie ein klebriges, süßes Sekret abgibt. Die Ameisen füttern sie deshalb sogar mit Ameiseneiern, also ihren eigenen Nachfahren. Im

Frühling verpuppt sich die Raupe und schlüpft schließlich als Schwarzfleckiger Bläuling. Ohne die Symbiose mit den Ameisen könnte er nicht überleben. Die Natur ist wundervoll, oder? Es ist nie Zufall, wenn sich zwei Lebewesen treffen. (An dieser Stelle sollten Sie die Dame küssen.)

DIE STERNBILDER

Ein Mann muss einer Frau in romantischer Nacht die schönsten Sternbilder zeigen können. Nirgendwo erscheinen das Universum so groß und die Erde so winzig und verloren wie unter der Sternenkuppel. Deshalb fühlt man sich auch nirgendwo so nahe und verbunden wie unter den Sternen. Bei glasklarer Nacht kann man mit bloßem Auge bis zu 3000 Sterne sehen, mit einem Teleskop wächst die Zahl auf mehrere Milliarden. Die Indianer haben früher als Test für die Sehkraft den Stern Alkor im Bild des Großen Bären verwendet. Wer den Stern entdecken konnte, hatte gute Augen.
Wir liegen in einem riesigen Sternenhaufen. Die Astrologen der Antike haben die Sterne mit imaginären Verbindungen versetzt und so versucht, den scheinbar zufälligen Sternbildern einen Sinn zu geben. Dabei entdeckten sie so phantasievolle Bilder wie »Großer Bär«, Orion (der Himmelsjäger) oder Andromeda (nach der Heldin eines griechischen Mythos). Die moderne Astronomie hat viele Sternbilder beibehalten, obwohl sie keinerlei physikalische Relevanz besitzen.

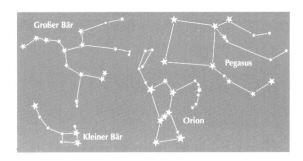

Im Frühling steht das Sternzeichen des Großen Bären mit seinen sieben strahlenden Sternen senkrecht über uns am Himmel. Die Indianer nannten das Sternbild übrigens nicht »Großer Bär«, sondern »die sieben Menschen« und den mittleren Stern »die alte Squaw mit dem Wickelkind auf dem Rücken«. Südöstlich liegt der Bärenhüter mit seinem Hauptstern Arktur (der siebthellste am Firmament). Im Sommer ist die Wega der Leitstern am Sommerhimmel. Die Milchstraße erstreckt sich jetzt prachtvoll von Norden nach Süden. Arktur, nahe dem Zenit, strahlt am hellsten.
Im Herbst liegt das Sternbild Pegasus fast senkrecht über uns. Tief am südlichen Horizont steht zum ersten Mal im Jahr das Sternbild Orion, mit Sirius, dem hellsten Stern, am Firmament.

ZAUBEREI

Das Interessante am Zaubern sind nicht die Tricks. Die sind meistens ziemlich einfach und öde. Der wirklich magische Effekt entsteht im Kopf. Es geht um die präzise Steuerung der Aufmerksamkeit des Zuschauers. Wenn Sie beispielsweise wollen, dass jemand auf Ihre rechte Hand blickt, dann brauchen Sie dafür eigentlich nichts anderes zu tun, als auf Ihre rechte Hand zu starren.
Jeder Mann sollte ein paar Zaubertricks kennen. Hier ein faszinierender Trick, den man schnell lernen kann:

Der Mentalzaubertrick
Der Trick »erzwungene Wahl« ist eines von vielen wunderbaren Zauberkunststücken auf der DVD *Pick-up Magic von Steven Shadow* (www.dieperfektemasche.de).
Vorbereitung: Legen Sie unauffällig einen Ring in die geschlossene Faust. Dann sagen Sie: »Komm, wir machen ein kleines Spiel. Ich habe ein Schmuckstück in der Hand, und ich kann voraussagen, dass du dich genau für dieses Schmuckstück entscheiden wirst. Meine Chancen stehen eins zu drei. Also, wir gehen

jetzt gemeinsam im Geist in ein Schmuckgeschäft. Im Schaufenster liegen eine Uhr, ein Ring und eine Kette. Welches davon nimmst du?«

Wenn sie den Ring nimmt, sagen Sie: »Mal sehen, ob ich mit meiner Prognose recht hatte.« Dann öffnen Sie die Hand und zeigen ihr den Ring.

Wenn sie die Uhr nimmt, dann sagen Sie: »Also, du hast die Uhr in der linken Hand. Was nimmst du in die rechte Hand?«

Jetzt kann sie sich für Ring oder Kette entscheiden.

Wenn sie die Kette nimmt, sagen Sie: »Also, du hast die Uhr und die Kette weggenommen. Übrig gelassen hast du den Ring. Dann wollen wir mal sehen, ob ich recht habe.«

Wenn sie den Ring wählt, sagen Sie: »Du hast also die Uhr in der linken Hand und den Ring in der rechten. Was davon gibst du ab?«

Wenn sie die Uhr abgibt, sagen Sie: »Du hast also von den drei Dingen den Ring behalten. Da wollen wir doch mal sehen ...«

Wenn sie Ihnen den Ring gibt, sagen Sie: »Du gibst mir von den drei Dingen also den Ring. Dann wollen wir mal sehen ...«

Der Trick ist ganz leicht. Nur durch die Art der Formulierung erwecken Sie den Eindruck, als hätte sie sich selbst für den Ring entschieden.

Der Trick ist auch deshalb so spannend, weil man erkennt, wie leicht man Menschen manipulieren kann. Die Person glaubt, sie würde wählen, aber sie kann gar nicht wirklich auswählen. Die vermeintliche Entscheidung ist lediglich simuliert.

WIE MAN MIT EINER HAND EINEN BH MIT RÜCKENVERSCHLUSS ÖFFNET

1. Umarmen Sie die Frau sanft, damit Sie gut an den Verschluss greifen können.
2. Die meisten BH-Verschlüsse bestehen aus einem Haken und einer Öse. Meist befindet sich der Haken auf der linken Seite

(also Ihrer rechten) und die Öse auf der rechten (also Ihrer linken) Seite.
3. Drücken Sie mit dem Daumen gegen die Öse und schieben Sie mit dem Zeigefinger dagegen.
4. Schieben Sie mit dem Zeigefinger nach vorne, also weg von ihrem Rücken.

Das sollten Sie am besten an einer Schaufensterpuppe üben. Aber wer hat schon eine Schaufensterpuppe? Wenn es nach ein paar Versuchen nicht klappt, kann man immer noch flüstern: »Schatz, möchtest du vielleicht deinen BH öffnen ...«

WIE MAN SEX AUF DER FLUGZEUGTOILETTE HAT

Der beste Moment für ein Stelldichein auf der Flugzeugtoilette ist dann, wenn möglichst wenige Personen warten. Das ist meist unmittelbar bevor die Flugbegleiter mit ihrem Wagen durch die Maschine gehen und den Gang blockieren. Ideal ist eine Toilette, die möglichst vom Gang nicht einsehbar ist. Der erste Partner sollte in die Toilette gehen, aber nicht abschließen, der zweite Partner sollte spätestens eine Minute später nachkommen. Entweder der Mann setzt sich auf den geschlossenen Toilettensitz und die Frau setzt sich auf ihn, oder die Frau hält sich am Griff neben der Toilette fest, und der Mann kommt von hinten. Beim Rausgehen sollte sie so tun, als wäre ihr schlecht geworden, und er hat ihr nur geholfen. Verlangen Sie einen Magenbitter von den Stewardessen.

WIE MAN FREMDGEHT, OHNE ERWISCHT ZU WERDEN

- Die Zeitschrift *Cosmopolitan* rät untreuen Frauen zur Mitgliedschaft in der nichtexistenten »Gesellschaft für globale Erwärmung«, deren Mitglieder sich jeden Montag treffen. Wichtig ist ein plausibles Alibi. Die Klassiker für Männer sind »Ich musste länger arbeiten« oder depressive Freunde, die unbedingt bei einem Bier aufgeheitert werden müssen.
- Die Affäre sollte nicht zu ungewöhnlichen Stimmungsschwankungen führen: Also seien Sie nicht zu glücklich.
- Nicht mit Kreditkarte bezahlen oder andere Spuren hinterlassen.
- Die meisten Affären werden wegen elektronischer Spuren aufgedeckt. Also keine verdächtigen SMS auf dem Handy lassen und keine Liebesmails schreiben, die die Frau entdecken könnte.
- Wählen Sie eine Geliebte, die auch gebunden ist. Die macht weniger Stress.
- Besser auf dem Hotelzimmer essen als in vollen Restaurants.
- Nicht zusammen im Auto fahren, sondern getrennt kommen.
- Nach dem Sex mit reinem Wasser duschen oder das gleiche Duschgel von zu Hause mitnehmen, damit man nicht abends anders riecht, als man morgens aus dem Haus gegangen ist.
- Nicht gegenüber Freunden oder Kollegen über die Affäre prahlen.
- Hängt irgendwo ein verräterisches Haar, oder sind Lippenstiftspuren am Hemdkragen?

FUSSREFLEXZONENMASSAGE

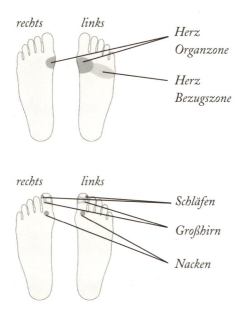

Frauen empfinden es als sehr angenehm, wenn ihre Füße massiert werden. In den Fußsohlen liegen eine ganze Reihe Akupressurpunkte, deshalb kann eine Fußmassage nicht nur erotischen, sondern auch therapeutischen Charakter besitzen.
- Wärmen Sie den Fuß an, und reiben Sie ihn mit ein wenig Lotion ein.
- Beginnen Sie am großen Zeh, und arbeiten Sie sich langsam nach unten.
- Benutzen Sie Ihren Daumen und Ihre Knöchel, um jeden Punkt zart zu stimulieren. Wenn Sie den Reflexpunkt leicht drücken und halten, wird der korrespondierende Körperteil beruhigt; wenn Sie pulsierend und pumpend hineindrücken, wird der korrespondierende Körperteil stimuliert.

DREI GRUNDLEGENDE TIPPS ZUM THEMA SEX

1. Langsam anfangen. Vielleicht mit einer Nackenmassage. Oder einer Massage der Fußballen.
2. Ganz langsam bleiben. Sex ist kein Rennen.
3. Jede Frau hat andere Vorlieben. Ihr Stöhnen und ihr Atmen ist das Navigationssystem, das uns Männern zeigt, welche Stimulation sie sich wünscht.

DIE BELIEBTESTEN SEXSTELLUNGEN AUS DEM KAMASUTRA

1. Der Rückenakt
Mit dem Rücken zum Partner drückt die Frau ihre Knie gegen einen gepolsterten Stuhl und stützt sich mit ihren Unterarmen an der Rückenlehne ab. Der Mann drückt von hinten gegen sie und fährt mit der Hand zwischen ihre leicht gespreizten Beine, um ihre Klitoris zu streicheln. Dann erst dringt er mit seinem Glied in sie ein. Diese Position stimuliert die Scheideninnenwände und den G-Punkt. Diese Stellung kann auch anal genutzt werden.

2. Im rechten Winkel
Die Frau liegt auf dem Rücken, ihr Po an der Bettkante. Der Mann kniet auf dem Boden und dringt in sie ein, während er gleichzeitig ihre Klitoris und ihre Brüste streichelt (auch im Stehen an einem Tisch möglich). Anstelle der Vor- und Zurückbewegungen des Mannes kann sich die

Frau eng an den Partner anschmiegen und ihn mit ihren Beinen umklammern. So spürt sie das Pulsieren seines Penis und er die Muskelbewegungen ihrer Vagina.

3. Der Klammergriff

Der Mann liegt auf der Seite. Die Frau schmiegt sich neben ihn, den Kopf nach unten, und umklammert sein Becken mit ihren angezogenen Oberschenkeln. Während sie seine Beine mit ihren Armen umschlossen hält, reibt sie ihre Brüste gegen Körper und Oberschenkel des Partners. Er kann ihren Po streicheln.

4. Der Schmetterling

Der Mann kniet auf dem Bettrand. Seine Partnerin liegt mit weitgeöffneten Beinen vor ihm. Er hält sie an den Knöcheln. Nun kann er sie mit tiefen Stößen zum Höhepunkt bringen. Diese Position ist für beide Partner äußerst erregend. Für ihn, weil keine Regung seiner Partnerin seinem Blick entgeht. Für sie, weil sie sich vollkommen entspannen kann und die Kraft ihres Partners fühlt.

5. Die Sphinx

Die Frau ruht auf ihren Unterarmen, dabei hat sie ein Bein angezogen. Der Mann beugt sich über sie und stützt sich mit seinen Armen ab. Er dringt mit sanften Stoßbewegungen in sie ein.

6. Die Rossantilope

Beide stehen. Sie umklammert seine Hüften fest mit ihren Schenkeln. Er hält sie an Po und Rücken. Variante: Sie lehnt mit dem Rücken an der Wand. Das erlaubt dem Partner ein tieferes Eindringen. Einzige Schwierigkeit: Ihr Partner muss sehr kräftig sein.

7. Waffenstillstand
Die geeignete Stellung für die Ruhepause vor dem nächsten Akt. Diese Position erlaubt zwar das Eindringen des Partners in seine Partnerin, reduziert jedoch Streicheleinheiten auf das Mindeste. Aber in dieser Position kann es zu einem leidenschaftlichen Blickaustausch mit dem Partner kommen.

8. Die Anbetung

Sie ist auf allen vieren und stützt sich auf ihre Unterarme. Er dringt kniend von hinten in sie ein. Das tiefe Eindringen des Gliedes bei dieser Stellung stimuliert den inneren Bereich der Vagina und den G-Punkt der Frau. Der Mann kann zusätzlich Brüste und Klitoris der Frau streicheln. Diese Position bietet dem Mann einen sehr erregenden Anblick.

9. Die stolze Königin

Er liegt auf dem Rücken. Sie hockt rittlings auf seinen Hüften und kehrt ihm den Rücken zu. Er fasst nun mit beiden Händen ihre Oberschenkel und dringt in sie ein. In dieser Stellung kann er seine Stoßbewegungen regulieren, Rhythmus und Tiefe variieren. Die Frau kann seine Hoden streicheln.

10. Der Clip
Der Mann legt sich flach mit geschlossenen Beinen hin. Die Frau setzt sich auf ihn, indem sie sich auf ihre Arme stützt und den Oberkörper nach hinten biegt. Während des Aktes, den die Frau mit rhythmischen Bewegungen bestimmt, kann der Mann den Venushügel streicheln und ihre Klitoris stimulieren.

BERUF

WIE MAN SICH BEWIRBT

In der Regel sollte man in der ersten Woche nach Erscheinen der Stellenanzeige antworten. Wenn eine Telefonnummer angegeben ist, sollte man anrufen und versuchen, von den Personalverantwortlichen zusätzliche Informationen über die Stelle zu bekommen. Worauf legt die Firma Wert? Wie ist die Unternehmensphilosophie? Wer ist der richtige Ansprechpartner?

Das Bewerbungsschreiben
- Eine Bewerbung besteht aus einem Anschreiben, einem tabellarischen Lebenslauf (mit Foto) und einer Mappe mit Zeugnissen.
- Gehaltswünsche nur dann angeben, wenn in der Annonce explizit gefordert.
- Das Foto sollte etwas größer sein als ein gewöhnliches Passfoto. Besser nicht aus dem Automaten, sondern von einem professionellen Fotografen.
- Nur das Zeugnis der höchsten Ausbildung / Universität beilegen (dann brauchen Sie kein Schulzeugnis mehr).
- Bei den Zeugnissen nur Kopien mitschicken, sie werden häufig nicht zurückgesandt.

Das Anschreiben
Betreff: (»Ihre Anzeige vom ... in der Süddeutschen Zeitung«)

1. Begründen Sie Ihr Interesse an dem Unternehmen.
2. Warum wollen Sie unbedingt diesen Job?
3. Warum sind Sie genau der Richtige für diesen Job? (Markieren Sie in der Stellenanzeige die wichtigsten Anforderungen, und gehen Sie einzeln darauf ein. Verwenden Sie nicht die Formulierungen aus der Stellenanzeige.)
4. Wann können Sie anfangen?

DER TABELLARISCHE LEBENSLAUF

Der Lebenslauf verläuft chronologisch von der Geburt bis in die Gegenwart (in Amerika ist es genau andersherum): Name, Adresse, Telefon, Geburtsdatum und -ort, Familienstand, Kinder, Schule, Schulabschluss, Wehr- oder Zivildienst, Praktika, Ausbildung (mit Abschluss), Berufserfahrung. Zum Schluss kommen besondere Kenntnisse wie Computer- und Sprachkenntnisse, Hobbys. Der Lebenslauf soll möglichst lückenlos erscheinen. Mitgliedschaft in einer Partei, Gewerkschaft oder Kirche besser nicht angeben. Der Beruf der Eltern muss nicht mehr angegeben werden.

DAS ERFOLGREICHE VORSTELLUNGSGESPRÄCH

- Überpünktlich sein.
- Gut riechen, gut aussehen, gut und ordentlich gekleidet sein.
- Einen kleinen Schreibblock und einen Stift griffbereit halten.
- Viele Chefs achten auf die Details wie saubere Schuhe, makellose Fingernägel, gepflegte Zähne. Dezenter Anzug, neutrales Hemd und dezente Krawatte. Schwarze Schuhe. Handy ausschalten.
- Den Namen des Gesprächspartners merken und immer wieder ins Gespräch einbringen.
- Nicht rauchen und keinen Alkohol trinken, auch wenn es angeboten wird.
- Lassen Sie einfließen, was Sie über das Unternehmen wissen.
- Erklären Sie, warum Sie unbedingt hier arbeiten wollen.
- Bedanken Sie sich für das Bewerbungsgespräch.
- Wenn Sie nach einer Schwäche gefragt werden, dann sollten Sie eine Schwäche benennen, die Sie mittlerweile überwunden haben. Eine schöne Schwäche ist das Bedürfnis, immer alles perfekt zu organisieren oder manche Probleme zu kreativ anzugehen.
- Sie sollten nicht Ihr aktuelles Gehalt nennen, sondern allenfalls Ihre Gehaltsvorstellungen.

WIE MAN EIN GUTER CHEF IST

- Sie übernehmen Verantwortung, auch gegenüber Ihrem Vorgesetzten, für die Fehler Ihrer Untergebenen.
- Sie stehen im Nachhinein zu Ihren Entscheidungen.
- Sie respektieren die Arbeitszeiten Ihrer Untergebenen.
- Lob ist das wirksamste Instrument der Motivation.
- Kritik sollte nie verletzend sein, sondern immer einen konstruktiven Ansatz beinhalten: »Was halten Sie davon, wenn wir es in Zukunft so machen …«
- Sie kritisieren unter vier Augen.
- Sie haben vorbildlich gute Manieren.

WAS DIE FORMULIERUNGEN IM ZEUGNIS BEDEUTEN

Zeugnisse müssen grundsätzlich wohlwollend formuliert sein. Doch auch hinter einer vermeintlich positiven Formulierung kann sich eine schlechte Note verbergen.

Note 1: Er hat die ihm übertragenen Aufgaben stets zu unserer vollsten Zufriedenheit erledigt.

Note 2: Er hat die ihm übertragenen Aufgaben stets zu unserer vollen Zufriedenheit erledigt.

Note 3: Er hat die ihm übertragenen Aufgaben stets zu unserer Zufriedenheit erledigt.

Note 4: Er hat die ihm übertragenen Aufgaben zu unserer Zufriedenheit erledigt.

Note 5: Er hat die ihm übertragenen Aufgaben im Großen und Ganzen zu unserer Zufriedenheit erledigt.

Note 6: Er bemühte sich, die ihm übertragenen Aufgaben zufriedenstellend zu erledigen.

WIE MAN SICH NAMEN MERKT

- Wiederholen Sie den Namen gleich, wenn Sie vorgestellt werden: »Es freut mich, Sie kennenzulernen, Herr Kuhn.«
- Lassen Sie sich Zeit beim Betrachten der Visitenkarte. Versuchen Sie sich alle Details der Visitenkarte einzuprägen.
- Arbeiten Sie mit Bildern und Eselsbrücken. Herr Kuhn könnte beispielsweise eine Kuh sein, die neben einem n steht.
- Machen Sie gleich einen Reim (»Herr Kuhn, der hat nicht viel zu tun«).

WIE MAN CHARISMATISCH WIRKT

Früher verstand man unter Charisma die Fähigkeit, Gottes Gaben zu verwirklichen. Moses war der erste große Charismatiker. Charisma entsteht aus einem sehr großen Selbstvertrauen, einer spürbaren sexuellen Energie und einer tiefen Zuversicht und Zielgerichtetheit. Doch was genau macht einen Mann charismatisch?

- Innere Ruhe: Der Charismatiker kennt die Antwort auf die Frage, die sich viele Männer noch gar nicht gestellt haben: Wer bin ich?
- Instinktive Zielstrebigkeit: Er tut nichts, nur um anderen zu gefallen.
- Widersprüchlichkeit: Er ist sowohl gütig als auch grausam, sowohl gut als auch böse. Seine charismatische Energie geht auf seine mystische Unberechenbarkeit zurück.
- Eloquenz: Er kann durch Worte Emotionen erzeugen.
- Offenheit: Er trägt keine Maske. Er versteckt seine Persönlichkeit nicht. Er unterdrückt die dunkle Seite seiner Seele nicht. Die anderen haben nicht den Eindruck, er würde sich verstellen.
- Kompromisslosigkeit: Er lebt seine Ideale und schert sich nicht um die Konsequenzen. Das ist eine seltene Haltung in unserer Zeit: Er ist bereit, für seine Ideale zu kämpfen.

- Abenteuerlust: Er ist mutig und stark. Er ist bereit, jedes Abenteuer und jede Prüfung zu bestehen.
- Unnahbarkeit: Wer will diejenige sein, die die Festung einnimmt?

WIE MAN EINE GUTE REDE HÄLT

- Nervosität ist ansteckend. Verwenden Sie Ihre Energie darauf, die Körpersprache des Dalai-Lama zu simulieren. Lächeln Sie, blicken Sie den Leuten in die Augen, atmen Sie ruhig.
- Bereiten Sie die Rede nur in Stichworten vor, sonst beginnen Sie unweigerlich die Rede vorzulesen.
- Wenn Ihr Mund trocken wird, beißen Sie sich leicht auf die Zunge, dann fließt der Speichel wieder.
- Wenn Sie mit einem Mikrofon sprechen und Sie keinen Mikroständer haben, dann halten Sie es mit einer Hand, die ruhig auf dem Bauch aufliegt.
- Bei Fragerunden beginnen Sie mit Personen, die im hinteren Drittel rechts sitzen. Studien haben ergeben, dass da eher Ihre Fans sitzen, während sich die Kritiker eher in der ersten Reihe und links plazieren.

GLIEDERUNG FÜR REDEN ODER AUFSÄTZE NACH DER ANTIKEN RHETORIK

Gib zuerst das Thema an,
die Erklärung folge dann,
weiter muss man gut begründen
und den Gegensatz erfinden.
Ein Vergleich erfolgt im Nu,
und das Beispiel kommt dazu.
Mit dem Zeugnis wird belegt,
dass zum Schluss sich Beifall regt.

WIE MAN EINEN HANDSCHLAG ANALYSIEREN KANN

In der westlichen Welt begrüßen sich die meisten Menschen per Handschlag. Die Begrüßung liefert uns einige wichtige Informationen über unser Gegenüber. Beim gewöhnlichen Handschlag werden beide Hände in vertikaler Position mit den Daumen nach oben ineinandergelegt. Dies signalisiert, dass sich beide als gleichwertige Personen gegenübertreten. Sollte die Handfläche Ihres Gegenübers beim Handschlag nach unten zeigen, wäre er der dominierende Part. Wenn man auf diese Variante stößt, muss man sich überlegen, ob man die Hierarchie akzeptiert oder die Handfläche nach oben bringt. Am elegantesten gelingt das, indem man einen Schritt nach vorne geht und sich leicht nach vorne beugt, damit es so wirkt, als wäre die Veränderung der Handpositionen ein Resultat der veränderten Körperhaltung. Eine Sonderform ist die als Politikerhandschlag bekannte Variante, die als besonders verbindlich gilt: Dabei umgreift auch noch die zweite Hand die Hand des Gegenübers.

SCHNELL-LESEN

Ein durchschnittlicher Leser schafft etwa 200 Wörter pro Minute, mit speziellen Techniken soll sich die Geschwindigkeit auf bis zu tausend Wörter erhöhen lassen.

Mit folgenden Tipps kann man seine Lesekapazität erhöhen:
- Vokalisieren verringern (stummes Sich-selbst-Vorlesen), da der Augen-Gehirn-Komplex wesentlich schneller arbeitet, als die Wörter im Gehirn geformt werden.
- Kein Hin-und-her-Springen, das senkt die Konzentration.
- Versuchen Sie, möglichst große Bereiche mit einem peripherischen Blick zu erfassen.
- Gelesenes in Bildern verarbeiten (Sprache des Unterbewusstseins sind Bilder)

- Gerade sitzen, kein Beugen des Oberkörpers, da sonst rasche Ermüdung droht.
- Versuchen, den Hauptgedanken zu verstehen, nicht aber den Sinn einzelner Wörter (genau wie beim Zuhören). Man muss nicht jeden Buchstaben lesen, um einen Text zu verstehen. Das menschliche Hirn ist in der Lage, Wörter und Sätze aufgrund des Kontexts zu verstehen.
- Den Text möglichst auf Augenhöhe und in ca. 50 Zentimetern Abstand vom Auge halten
- Möglichst im 90°-Winkel auf das Blatt schauen
- Das ist die Grundlage für das sogenannte Speed-Reading. Dabei kann die Lesegeschwindigkeit dramatisch erhöht werden.
- Im ersten Schritt sollten Sie mit dem Finger Zeile für Zeile beim Lesen mitfahren. Erhöhen Sie nun schrittweise die Geschwindigkeit Ihres Fingers. Sie werden erstaunt sein, bei welch hohen Geschwindigkeiten Sie den Inhalt noch verstehen.
- Für gute Beleuchtung sorgen
- Viel lesen: Ein Vielleser wird in den allermeisten Fällen auch zum Schnellleser.

WIE DAS GEHIRN WÖRTER REZIPIERT

Gmäeß eneir Sutide eneir elgnihcesn Uvinisterät ist es nchit withcgg, in wlecehr Rneflogheie die Bstachuebn in eneim Wort snid, das Ezniige, was wcthiig ist, ist, dsas der estre und der leztte Bstabchue an der ritihcegn Pstoiion sehten. Der Rset knan ttoaelr Bsinöldn sein, tdozterm knan man ihn onhe Pemoblre lseen. Das legit daarn, dsas wir nhcit jeedn Bsttachuebn enzelin leesn, snderon das Wort als Gnaezs.

ABENTEUER

WICHTIGE VERHALTENSREGELN
FÜR FREMDE KULTUREN UND VÖLKER

Zu Besuch bei Muslimen in Deutschland
Ziehen Sie die Schuhe aus, wenn Sie eine Privatwohnung betreten.

Österreicher
Es wäre eine Beleidigung, den Titel (Magister, Doktor, Ingenieur) nicht zu nennen.

Niederlande
Holland ist eine Provinz der Niederlande, deshalb besser nicht als Synonym verwenden.

England
In England bringt man bei Krankenbesuchen in der Klinik keine Blumen mit. Das erinnert Briten an die Beerdigung.
Im Pub zahlt man immer eine Runde. Jeder macht unaufgefordert und reihum mit.
Engländer tragen Badehosen in der Sauna.
Bei Geschäftsgesprächen den Vorredner loben und Kritik diplomatisch verpacken.

Arabien
Ein erhobener Daumen gilt als beleidigende Geste.
In Saudi-Arabien wird die erste Einladung oft aus Höflichkeit abgelehnt. Mehrfach fragen!

Spanien
Spanier essen erst nach 14 Uhr zu Mittag und ab 22 Uhr zu Abend.
Im Geschäftsleben duzt man sich, die Schriftsprache hingegen ist förmlich.

Lateinamerika
Es gilt als aggressiv, die Hände in die Hüfte zu stemmen.

Brasilien
Zustimmung wird signalisiert, indem man mit Daumen und Zeigefinger sein Ohrläppchen drückt.
Unglückszahl: 17

Russland
In Russland teilt man sein Essen mit dem ganzen Zugabteil.
Geöffnete Flaschen (besonders Wodka) müssen komplett ausgetrunken werden.
Es ist unhöflich, die Füße auf die Sitze zu legen oder mit der Sohle auf Menschen zu zeigen.
Sehr klassisches Geschlechterbild: Männer tragen das Gepäck, halten die Tür auf und zahlen im Restaurant.

Japan
Man nimmt Visitenkarten mit beiden Händen entgegen. Die Karte unbedingt ansehen und nicht einfach wegstecken. Niemals die Karte beschreiben oder knicken. Geschenke auch mit zwei Händen überreichen.
Japaner verbeugen sich zur Begrüßung. Je niedriger man hierarchisch steht (beruflich, Alter), umso tiefer verbeugt man sich.
Deutschland ist das Land mit der direktesten Kommunikation, Japan das Land mit der indirektesten. Japanische Kommunikation ist von einem großen Bedürfnis nach Konsens und Harmonie getrieben. Eine typische Formel für »nein« lautet: »Ich überlege es mir.«
Beine übereinanderschlagen gilt als Zeichen von Arroganz.
Beim Betreten von Wohnungen und Restaurants muss man häufig die Schuhe ausziehen.
Für japanische Besucher im Hotel ein Zimmer mit Badewanne buchen.
Weiße Autos und Tätowierungen gelten als Zeichen der Yakuza (japanische Mafiosi).

Kein weißes Geschenkpapier verwenden – Weiß gilt als Farbe des Todes.
Unglückszahl: 4

Südostasien allgemein
Der Kopf gilt als heilig: Man sollte niemanden am Kopf berühren.
Mit der linken Hand wischt man sich den Hintern – es ist unhöflich, sie zum Handschlag zu reichen.
Die Füße gelten als unrein – niemals mit den Füßen auf eine Person zeigen.

Indien
Ein Inder lehnt aus Höflichkeit oft etwas erst dreimal ab, bevor er es annimmt. Also immer öfter anbieten.
Ein wackliges Kopfschütteln bedeutet »ja«.

Südkorea
Sehr respektvolles Ritual beim Einschenken: Man schenkt sich selber nicht ein, sondern nur den anderen und greift sich dabei mit der rechten Hand ans Herz und verbeugt sich leicht.
Keine roten Stifte benutzen. Mit dieser Farbe wurden früher die Todesurteile geschrieben.

China
Chinesen versuchen immer höflich zu bleiben und nicken. Ein klares Nein gibt es nicht. Nicken bedeutet aber eben auch nicht unbedingt Einverständnis.
Die Stäbchen beim Essen nicht in den Reis stecken – das ist ein Ritual des Totenkults.
Die chinesischen Tischsitten sind ziemlich rustikal – Kleckern, Spucken und Rülpsen ist üblich und sollte gelassen hingenommen werden.
Unglückszahl: 4, Glückszahl: 8

Amerika
Auch bei drögen Geschäftspräsentationen gilt es einen möglichst hohen Unterhaltungswert zu generieren.
Kritik wird in Lob verpackt.
In Mexiko kann man auch beim Geschäftsgespräch mit persönlichen Familienfotos punkten.
In Südamerika tragen Männer keine Shorts.

WIE MAN IM FLUGZEUG EIN UPGRADE BEKOMMT

Wer transkontinental nicht wie eine Sardine hinten in der Economy sitzen möchte, sondern vorne in der Business-Klasse, hat dann eine gute Chance, upgegraded zu werden, wenn er Folgendes beherzigt:
- Ziehen Sie sich gepflegt an.
- Als Vielflieger mit Status bekommen Sie bevorzugt ein Upgrade.
- Buchen Sie einen heillos überbuchten Flug. Kommen Sie genau zur vorgeschriebenen Mindestzeit zum Check-in. Wenn die gebuchte Klasse bereits voll gebucht ist, kann es sein, dass Sie ein kostenloses Upgrade in die nächsthöhere Klasse bekommen. Diese Strategie birgt jedoch das Risiko, dass Sie gar nicht mehr auf die Maschine kommen. Dann werden Sie von der Airline meist großzügig entschädigt und fliegen einen Tag später.
- Gehen Sie am Gate zur Flightmanagerin, und erklären Sie ihr, dass Sie in die Flitterwochen fliegen, Geburtstag, Knieprobleme, Flugangst haben, oder schenken Sie der Flightmanagerin einfach eine Kleinigkeit aus dem Duty-free-Shop, und hoffen Sie, dass sie sich auf die richtige Art revanchiert.
- Tragen Sie eine Pilotenuniform.

DIE AGENTENWENDE

- Sie sollten nicht schneller als 80 km/h fahren, weil sich das Fahrzeug sonst überschlagen könnte.
- Nehmen Sie den Gang raus, den Fuß vom Gas, und reißen Sie das Lenkrad eine Vierteldrehung nach links, während Sie kräftig die Handbremse ziehen.
- Nun bricht das Heck aus, und der Wagen schleudert herum. Steuern Sie nun mit dem Lenkrad in die Richtung, aus der Sie gekommen sind.
- Die Agentenwende ist einfacher, wenn Sie im Rückwärtsgang fahren, weil die schwere Frontpartie leichter herumschleudert.

WIE MAN EIN AUTORAD WECHSELT

- Handbremse anziehen, ersten Gang einlegen, Automatik in P-Stellung
- Werkzeug und Ersatzrad bereitlegen
- Radkappe mit dem spitzen Ende des Radmutterschlüssels abhebeln
- Radmuttern eine halbe Umdrehung lösen
- Wagenheber ansetzen (nicht ans Blech, sondern an die vorgesehenen Stellen an der Karosserie)
- Fahrzeug anheben
- Muttern ganz abschrauben
- Reserverad aufsetzen
- Radmuttern anschrauben
- Fahrzeug ablassen
- Muttern nachziehen

STARTHILFE

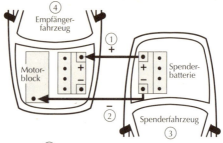

① Pluspole verbinden
② Minuspol der Spenderbatterie mit Fahrzeugmasse am Empfängerfahrzeug verbinden
③ Motor des Spenderfahrzeuges starten
④ Motor des Empfängerfahrzeuges starten

Wenn Sie den Zündschlüssel umdrehen und es kommt nur ein müdes Jaulen oder gar nur ein »Klack«, dann liefert die Batterie nicht mehr genügend Strom. Finden Sie ein Spenderfahrzeug, und gehen Sie wie in der Abbildung beschrieben vor. Achtung: Erst das Minuskabel abnehmen, dann das rote Pluskabel. Nun möglichst längere Zeit fahren, um die Batterie wieder aufzuladen.

DIE PERFEKTE FAHRRADPOSITION

Sattelposition
Waagerecht. Beim Bergauffahren kann die Sattelspitze zum besseren Abstützen etwas nach unten zeigen.

Sattelhöhe
Stellen Sie das Pedal nach unten, und stellen Sie sich mit der Ferse darauf. Der Sattel sollte in der Höhe sein, dass die Ferse gerade das Pedal erreicht. Bei hoher Trittfrequenz und eisigem Boden kann der Sattel etwas tiefer sein.

Abstand Sattel–Lenker
Wenn der Ellenbogen an der Sattelspitze anliegt, dann sollten die Fingerspitzen den Lenker gerade berühren. Bei einer sehr aerodynamischen Haltung ist der Sattel weiter hinten bzw. der Lenkervorbau länger.

Höhe des Lenkers
Der Lenker sollte auf der Höhe des Sattels sein. Für eine bequeme und aufrechte Sitzposition ist der Lenker höher als der Sattel, für eine sportliche Sitzhaltung niedriger.

WIE MAN DAS HINTERRAD EIN- UND AUSBAUT

Bei einer Nabenschaltung
Legen Sie den ersten Gang ein, und lösen Sie das Bremskabel von der Bremseinheit. Häufig muss dafür die Einstellschraube für die Spannung auf dem Bremskabel gelockert werden. Um das Bremskabel zu lösen, muss das Verbindungsstück zurückgedrückt werden, dann lässt sich die Einheit aus dem Führungsschlitz herausschieben.

Bei einer Kettenschaltung
Um das Hinterrad auszubauen, sollte die Kette hinten und vorne auf dem kleinsten Ritzel eingestellt sein. Öffnen Sie die Bremse, indem Sie das Bremsseil herausheben.

- Lockern Sie die Achsbefestigung
- Klappen Sie den Spannhebel auf.
- Drehen Sie die Stellmutter gegen den Uhrzeigersinn locker (drehen Sie die Stellmutter nicht komplett raus).
- Nun können Sie das Laufrad nach unten herausdrücken.
- Stellen Sie das Laufrad so schräg, dass Sie mit der Stellmutter des Schnellspanners am unteren Kettenverlauf innen vorbeikommen, ohne die Kette zu berühren. (Auf demselben Weg müssen Sie das Laufrad später auch wieder einsetzen.)

SCHLAUCH AUSBAUEN

Sie brauchen dafür zwei Reifenheber. Wenn Sie keine Reifenheber dabeihaben, können Sie die Spannhebel der Schnellspanner als Ersatz verwenden.

- Lassen Sie die Luft aus dem Schlauch, und achten Sie darauf, dass der Mantel nirgends am Felgenblatt klebt.
- Schieben Sie den Reifenheber möglichst gegenüber vom Ventil zwischen Felgenrand und Mantel. Stecken Sie einen zweiten Heber daneben, und rutschen Sie den Heber drei Handbreit zur Seite, bis Sie den Mantel aus der Felge heben können. Umfahren Sie den ganzen Reifen, bis der Mantel komplett gelöst ist.
- Entnehmen Sie den Schlauch und drücken zuletzt das Ventil heraus.
- Um das Leck zu entdecken, halten Sie den aufgepumpten Schlauch ans Ohr oder ins Wasser, um den Luftaustritt zu spüren.
- Markieren Sie die Stelle, säubern Sie sie, rauhen Sie sie auf und tragen Sie die Vulkanisierlösung auf.
- Die Flüssigkeit sollte rund drei bis fünf Minuten eintrocknen, bis der Geruch schwächer wird.
- Drücken Sie den Flicken mit der Klebeseite fest auf den Schlauch, und ziehen Sie die Folie ab.
- In Notfällen, wenn Sie ohne Flickzeug unterwegs sind, können Sie den Schlauch mit einem dünnen, reißfesten Faden kräftig und mehrfach abbinden. Der Schlauch ist so dehnbar, dass er sich auch dann noch aufziehen lässt, wenn er um ein Stück verkürzt ist.
- Um den Schlauch wieder einzubauen, beginnen Sie mit dem Einbau des Ventils, und drücken Sie den Schlauch in den Felgenrand. Beim letzten Viertel sollten Sie wieder die Reifenheber oder Spannhebel verwenden. Drücken Sie den Mantel nun entlang des ganzen Laufrads zusammen, damit der Schlauch nicht eingeklemmt liegt.
- Pumpen Sie nun den Reifen auf, und bauen Sie das Rad ein.

WAS TUN, WENN MAN ZU EINEM UNFALL KOMMT

Unfallstelle absichern und Notruf absetzen:
- Wer meldet den Unfall?
- Wo liegt die Unfallstelle?
- Was genau ist passiert?
- Wie viele Personen sind betroffen?
- Welche Verletzungen?

Vorgehensweise bei Notfällen

Was tun?	Erste Hilfe Blutstillung	stabile Seitenlage	Beatmung	Beatmung Herzmassage
Bewusstsein	ja	nein	nein	nein
Atmung	ja	ja	nein	nein
Kreislauf	ja	ja	nein	nein

RETTUNGSGRIFF (RAUTEK-GRIFF)

Wenn eine verletzte Person nach einem Unfall den Wagen nicht mehr von allein verlassen kann, dann rät der ADAC:
- Zündung ausschalten, Sicherheitsgurt öffnen (notfalls zerschneiden)
- Vergewissern, dass Beine und Füße nicht eingeklemmt sind
- Zwischen dem Gesäß des Verletzten und der Lehne durchgreifen. An der abgewandten Hüfte packen und mit dem Rücken zu sich drehen
- Unter den Achseln durchgreifen und mit beiden Armen je einen Unterarm fassen. Keinen Druck auf den Magen ausüben und den Verletzten vorsichtig rückwärts herausziehen
- In sicherer Entfernung ablegen

WIEDERBELEBUNG

Wenn Sie keine Atmung feststellen können, sollten Sie umgehend mit einer Herz-Lungen-Wiederbelebung beginnen:

30-x Herz-Druck-Massage
- Der Bewusstlose soll auf dem Rücken liegen
- Störende Hemden/Pullover aufreißen
- Neben dem Brustkorb knien
- Handballen übereinander auf die Mitte des Brustkorbs legen
- Mit gestreckten Armen senkrecht kurz und kräftig hundertmal pro Minute auf den Brustkorb drücken (zirka 5 Zentimeter tief)
- Den Brustkorb ganz entlasten, ohne die Hände wegzunehmen

Nach 30 Massagen nun 2-x Mund-zu-Mund-Beatmung
- Den Kopf nach hinten überstrecken
- Nase zuhalten mit Daumen und Zeigefinger
- Normal einatmen und dann die Lippen auf den leicht geöffneten Mund des Bewusstlosen legen
- So lange gleichmäßig ausatmen, bis sich der Brustkorb hebt
- Warten, bis sich der Brustkorb wieder senkt
- Ein zweites Mal beatmen, dann wieder Herzmassage

BLUTSTILLUNG

Wenn Blut im Herzrhythmus aus einer Schlagader spritzt, müssen Sie versuchen, die Gefäße so abzudrücken, dass die Blutung zum Stillstand kommt. Beim Oberarm liegt die Arterie an der Innenseite zwischen Bizeps und Trizeps. Sie muss gegen den Oberarmknochen gedrückt werden.

HEIMLICH-GRIFF

Der Heimlich-Griff wird angewandt, wenn sich jemand verschluckt hat und zu ersticken droht. Durch den Heimlich-Griff wird der Brustkorb so kontrahiert, dass eine Druckwelle den verschluckten Gegenstand herausbefördert.
Stellen Sie sich hinter den Patienten, der die Arme über den Kopf zusammenlegt. Legen Sie die Arme über dem Nabel zusammen, und ergreifen Sie mit der einen Hand Ihr anderes Handgelenk. Nun ziehen Sie die Arme mit einem sehr kräftigen Ruck zu sich, und der Gegenstand sollte herauskommen.

SCHOCKZUSTAND

Merkmale
- Schock kann hervorgerufen werden durch: Blut- oder Flüssigkeitsverlust; schwere Allergien, Infarkte, Vergiftungen oder starke Schmerzen
- Der Puls ist beschleunigt oder schlecht fühlbar
- Die Haut ist blass, kalt und mit kaltem Schweiß bedeckt
- Der Geschockte ist teilnahmslos, mitunter verwirrt
- Muskelzittern
- Schnappatmung

Gegenmaßnahmen
- Kleidung lockern
- Schocklagerung: flache Rückenlage, Beine hochlegen (rund 30 Grad)
- Warm zudecken
- Atemwege frei machen
- Bei Bewusstlosigkeit: Atemwege frei machen durch Überstrecken des Kopfes in den Nacken. Kontrollieren, ob das Opfer noch atmet.
- Stabile Seitenlage

STABILE SEITENLAGE

Wenn ein Bewusstloser atmet, sollte er umgehend in die stabile Seitenlage gebracht werden:
- Beine des Bewusstlosen ausstrecken
- Einen Arm im rechten Winkel zum Körper ablegen
- Den anderen Arm über die Brust an die Wange legen
- Den Bewusstlosen zur Seite drehen
- Die Beine im rechten Winkel beugen
- Den Kopf vorsichtig überbeugen, damit die Atemwege offen bleiben
- Warm zudecken
- Atmung überprüfen

SPRITZEN SETZEN

Es gibt drei Injektionstechniken: unter die Haut (subkutan), in die Muskeln (intramuskulär) oder in die Vene (intravenös). Die Spritze muss unbedingt steril bleiben, die Verpackung sollte erst im letzten

Moment abgenommen werden, ohne die Nadel zu berühren. Ziehen Sie die Flüssigkeit auf, und spritzen Sie die Luft heraus, bis der erste Tropfen Flüssigkeit austritt. Das Einspritzen muss langsam und gleichmäßig erfolgen.
Der beste Ort für die intramuskuläre Injektion ist das Gesäß. Um den Ischiasnerv nicht zu treffen, sollte man oben in der äußeren rechten Ecke der rechten Pobacke stechen.
Bei subkutaner und intramuskulärer Injektion darf kein Blut herauskommen, wenn Sie den Kolben noch einmal kurz nach oben ziehen, sonst haben Sie ein Gefäß getroffen.
Für die intravenöse Injektion wird der Oberarm leicht abgebunden, so dass die Vene in der Armbeuge anschwillt. Stechen Sie in die Vene und ziehen Sie den Kolben kurz an. Kommt Blut, haben Sie die Vene getroffen. Nun den Blutstau lösen und den Kolben ganz reindrücken.

WIE MAN BEI EINER ENTBINDUNG HELFEN KANN

- Sie können durch Klopfen und Tasten bereits Tage vor der Geburt erfühlen, ob eine Steißgeburt droht. Die Herztöne des Babys sollten unmittelbar unterhalb des Nabels am lautesten sein. Der Kopf sollte zum Steißbein hin liegen. Falls nicht, ist ärztliche Hilfe dringend notwendig.
- Wenn der Kopf aus dem Geburtskanal drückt, droht eine mögliche Komplikation: der Dammriss. Deshalb drücken Sie mit der flachen Hand fest auf den Damm. Die Frau soll in diesem Moment nicht mehr pressen, sondern hecheln wie ein Hund.
- Wenn der Kopf herausgekommen ist, nehmen Sie ihn in beide Hände und stützen Sie ihn ab.
- Binden Sie die Nabelschnur einige Zentimeter vom Bauchnabel entfernt mit einem Faden ab.
- Nach einiger Zeit kommt die Nachgeburt, die von bis zu einem Liter Blut gefolgt werden kann. Dieses sogenannte Lösungsblut gibt keinen Anlass zur Sorge.

WIE MAN EINE WUNDE NÄHT

Zum Chirurgen sollte man nur werden, wenn wirklich keine ärztliche Versorgung erreichbar ist.
Genäht werden dürfen nur Fleisch- und Schnittwunden, die nicht älter als acht Stunden sind, die nicht von Tierbissen oder infizierten Messern stammen, keine Schürf- und Brandwunden.

- Falls vorhanden, 1 cm^3 Lokalanästhetikum (beispielsweise Scandicain) auf eine Spritze aufziehen und intramuskulär injizieren.
- Nur mit sterilem Operationswerkzeug und Handschuhen die Wunde berühren
- Die Wunde nach Fremdkörpern absuchen und reinigen
- Haare abrasieren (Infektionsherd)
- Rauhe Wundränder mit dem Skalpell glatt schneiden
- Den ersten Stich vier Millimeter vom Rand in der Mitte der Wunde setzen und dann im Abstand von einem Zentimeter die Knoten setzen
- Dann so durchziehen, dass die Nadel vier Millimeter vom gegenüberliegenden Wundrand wieder nach oben kommt
- Jeweils einen Knoten machen

WIE MAN EIN SCHULTERGELENK WIEDER EINRENKT

- Legen Sie sich neben den Patienten auf den Boden.
- Schieben Sie einen Fuß unter die Achsel des Verletzten.
- Bringen Sie seinen Arm in einen Winkel von 30 Grad zu seiner Körperachse.
- Schieben Sie den Arm zum Körper hin, und drücken Sie mit dem Fuß den Knochen ins Gelenk.
- Wenn der Knochen wieder im Gelenk einrastet, knackt es.

BEI VERBRENNUNGEN

Wenn die Kleidung Feuer gefangen hat, sollte sich der Betroffene auf dem Boden wälzen, um die Flammen schnell zu löschen oder zu ersticken. Eingebrannte Kleiderreste nicht losreißen. 10–15 Minuten kaltes Wasser über die Verbrennungen laufen lassen. Mit einem keimfreien Verband abdecken. Bei starkem Flüssigkeitsverlust eine Nährstofflösung verabreichen (ein Teelöffel Salz und acht Teelöffel Zucker auf einen Liter Wasser).

Verbrennung
1. Grad   Schmerz, Schwellung, Rötung
2. Grad   Oberflächliche Zerstörung der Haut, Bläschenbildung
3. Grad   Tiefe Gewebezerstörung mit Schorfbildung

BEI ERFRIERUNGEN

Nasse Kleider ausziehen. Die erfrorenen Körperteile in warmem Wasser aufwärmen (bei ca. 40 Grad Celsius). Geben Sie Schmerzmittel, die Erwärmung von erfrorenen Körperteilen führt zu großen Schmerzen.

BEI HITZSCHLAG

Kleidung öffnen, in den Schatten legen, kalte Tücher auflegen, nass machen und zufächeln. Durch die Verdunstung entsteht ein kühlender Effekt.

WIE MAN WUNDEN VERBINDET

Hand

Arm

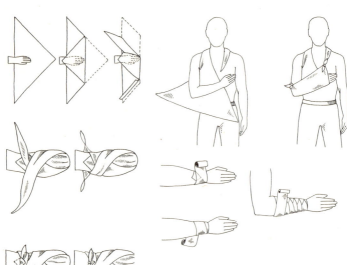

Kopf

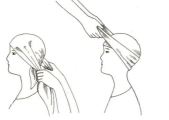

LUFTRÖHRENSCHNITT

Droht ein Mensch zu ersticken und bleiben mehrfache Versuche, den Heimlich-Griff durchzuführen erfolglos, könnte es passieren, dass Sie einen Luftröhrenschnitt durchführen, müssen. Achtung: Die sogenannte Krikotomie ist sehr gefährlich und sollte nur durchgeführt werden, wenn keine ärztliche Hilfe rechtzeitig vor Ort sein kann.

- Ertasten Sie die Vertiefung zwischen Adamsapfel und Ringknorpel.
- Führen Sie einen ca. zwei Zentimeter langen und drei Zentimeter tiefen horizontalen Schnitt durch, der die Luftröhre durchtrennt. Die Wunde sollte nicht stark bluten.
- Ziehen Sie den Schnitt etwas auseinander und, schieben Sie einen Strohhalm oder eine andere Röhre in die Luftröhre. Blasen Sie hinein und beobachten Sie, ob sich der Brustkorb hebt. Dann blasen Sie gleichmäßig weiter, bis ärztliche Hilfe eintrifft.

WIE MAN EIN ORDENTLICHES LOCH BOHRT

- Untersuchen Sie die Wand auf mögliche Leitungen (Elektro, Wasser, Heizung). Mit einem Leitungssuchgerät können Sie Leitungen und Metalle aufspüren.
- Für Beton braucht man eine Schlagbohrmaschine oder einen elektropneumatischen Bohrhammer. Kleine Bohrdurchmesser erfordern eine höhere Drehzahl als große. Bei Metall kommen HSS-Bohrer zum Einsatz, bei Edelstahl besser Bohrer aus kobaltlegiertem Hochleistungsstahl (HSS-E) oder mit Titanbeschichtung.
- Damit der Bohrer nicht verrutscht (speziell auf Metall), sollte man mit einem Hammerschlag auf einen Metallstift die Oberfläche ankörnen, damit man nicht abrutscht. Manche empfehlen, etwas Pflaster auf die Stelle zu kleben, an der gebohrt wird.
- Für Holz sollten Sie einen Spiralbohrer mit Zentrierspitze benutzen. Der Schlagbohrer kommt bei Mauerwerk aus Vollsteinen zum Einsatz: Beton, Backstein, Klinker. Bei Bims und Porenbeton wird nur drehend ohne Schlag gebohrt.
- Das Bohrmehl von Beton ist staubfein und weiß bis hellgrau. Ziegelsteine liefern rotes Bohrmehl und Porenbeton großkörniges, weißes Mehl. Gipskartonplatten haben feines weißes Mehl, das am Bohrer kleben bleibt. Außerdem klingt die Wand hohl.

WIE MAN DÜBELT

- Der simpelste Dübel ist der Spreizdübel (die Schraube spreizt den Dübel gegen die Wand). Er ist am besten geeignet für Beton und Mauerwerk aus Vollstein.
- Reicht die Reibung nicht, um die auf den Dübel wirkende Zugkraft zu fixieren, dann benötigen Sie einen Dübel mit Formschluss. Hier klappt der Dübel im Hohlraum des Baustoffs aus (Hohlraumdübel, Universaldübel).

- Beim Stoffschluss wird der Dübel mit Mörtel oder Harz verklebt.
- Der Bohrdurchmesser entspricht dem Dübeldurchmesser.
- Bohren Sie so tief, dass die Bohrung Dübel und Schraube aufnehmen kann.
- Entfernen Sie das Bohrmehl.
- Die Schraube sollte vom Durchmesser ein bis zwei Millimeter kleiner sein als der Dübel.
- Dübel kann man mit einem Korkenzieher prima entfernen.

WENN DIE SICHERUNG RAUSGEFLOGEN IST

Woran kann es liegen?
- Es wurden zu viele und zu starke Geräte an diesem Stromkreis gleichzeitig betrieben. Möglichst viele Geräte ausschalten.
- Fehler in einem angeschlossenen Gerät. Springt die Sicherung nur bei einem bestimmten Gerät raus?
- Liegt ein Schaden im Leitungsnetz vor? Dann springt die Sicherung auch heraus, wenn alle Verbraucher vom Netz getrennt sind.

UMRECHNUNG

Glühbirne	*Energiesparlampe*
15 Watt	3–5 Watt
40 Watt	7–9 Watt
60 Watt	11–13 Watt
75 Watt	15–18 Watt
100 Watt	20 Watt

SO WIRD EIN STECKER ANGESCHLOSSEN

Braun und Blau sind gewöhnlich die äußeren Kontakte. Das gelbgrüne Kabel wird mit dem Schutzleiter (PE) in der Mitte verbunden. Bei Elektrogeräten der Schutzklasse II wird kein Schutzleiter verwendet. Das braune Kabel ist für die spannungsleitende Phase (L). Die blaue Ader ist für den Neutralleiter (N).

WIE MAN EINEN TROPFENDEN WASSERHAHN REPARIERT

Wasserzufuhr am Haupthahn abdrehen. Der befindet sich meist unter der Spüle. Den Wasserhahn mit dem Schraubschlüssel abdrehen. Legen Sie den Filter und die Mutter in eine Entkalkungslösung, und wechseln Sie den Dichtungsring aus. Schrauben Sie den Hahn wieder zusammen.

WIE MAN EINE WAND ORDENTLICH STREICHT

1. Alles ordentlich abdecken und abkleben.
2. Ecken und Kanten mit einer kleinen Rolle vorstreichen. Pinsel nur für die Orte, an die man auch mit einer dünnen Rolle nicht hinkommt. Das Vorgestrichene darf noch nicht getrocknet sein, bevor Sie mit der großen Rolle weiterstreichen, sonst entsteht ein Streifen.
3. Die Rolle darf nie leer sein, sonst nimmt sie die Farbe wieder auf. Die Rolle nie ganz eintauchen, sondern nur ein Stück und dann über das Abstreifgitter rollen.
4. In Pausen sollten die Rollen und Pinsel in Frischhaltefolie eingewickelt werden, damit sie nicht eintrocknen.

WIE MAN SICH VERTEIDIGT, WENN MAN ANGEGRIFFEN WIRD

- Guten ausbalancierten Stand finden
- Die Beine schulterbreit (nicht mehr als 45 Zentimeter) auseinander
- Die Knie leicht gebeugt, so auf den Fußballen stehen, dass der Schwerpunkt in der Mitte liegt
- Hände nach oben – aber keine Faust machen

WIE MAN EINE RICHTIGE FAUST MACHT

Drücken Sie die Finger gegen die Ballen und den Daumen von außen gegen die Finger.

FÜNF PUNKTE, AUF DIE SIE SCHLAGEN SOLLTEN, UM DEN GEGNER KAMPFUNFÄHIG ZU MACHEN

Versuchen Sie jegliche Schlägerei zu vermeiden. Flüchten Sie, wenn Sie können. Rufen Sie laut um Hilfe. Falls Ihnen der Gegner keine Chance lässt, der Schlägerei zu entfliehen, dann versuchen Sie ihn möglichst effektiv und schnell auszuschalten. Hier einige kampferprobte Techniken, um jeden Gegner aus dem Weg zu räumen:

Augen *Nase*

Ohren   *Halsschlagader*

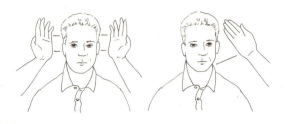

Solarplexus (zwei Fingerbreit unterm Brustbein)

EINIGE TECHNIKEN, UM EINEN ANGREIFER EFFEKTIV AUSZUSCHALTEN

Der Fingerstich
Stechen Sie gleich mit allen vier leichtgekrümmten Fingern schnell und schwungvoll in die gegnerischen Augen. Nicht mit zwei Fingern, wie man das aus den Filmen kennt, weil die Trefferchance kleiner ist.

Der Kopfstoß
Stoßen Sie mit voller Wucht mit der Stirn oder der Schädeldecke hinten ins gegnerische Gesicht.

Ellenbogenschlag
Schlagen Sie von unten mit voller Wucht unters gegnerische Kinn und an den Hals.

Handballen
Für ungeübte Kämpfer ist es leichter, mit dem Handballen zu schlagen als mit der Faust. Legen Sie Ihr gesamtes Körpergewicht in den Schlag.

Handkantenschlag
Schlagen Sie mit voller Wucht gegen den seitlichen Hals.

Knie
Das Knie kann auf kurze Distanzen unheimlich kraftvoll schlagen. Besonders ein Schlag seitlich auf den Oberschenkelnerv zwischen Knie und Hüfte kann äußerst schmerzhaft sein.

Fußtritt
Fußtritte sind eigentlich nur für geübte Kampfsportler empfehlenswert. Schlagen Sie nie hoch und weit, sondern versuchen Sie möglichst kurze und präzise Tritte gegen das Knie zu setzen. Die größte Wirkung zeigt ein seitlicher Tritt gegen das Knie, der das Kniegelenk brechen kann.

Beißen
Auch wenn Sie schwach sind, können Sie kraftvoll zubeißen. Beißen Sie in die Hand, in die Ohren oder den Hals. Und lassen Sie nicht mehr los, sondern beißen Sie kräftig zu.

Finger umbiegen
Sehr schmerzhaft und effektiv ist es, die Hand oder die Finger des Gegners zurückzubiegen.

WIE SIE VERLETZUNGEN MINIMIEREN

- Spannen Sie Ihre Halsmuskulatur an.
- Beißen Sie die Zähne zusammen, um Kieferverletzungen zu vermeiden.
- Nehmen Sie das Kinn nach unten (damit der Hals geschützt ist).
- Versuchen Sie die Schläge des Gegners zu blocken.

SO BLOCKEN SIE DIE SCHLÄGE DES GEGNERS

- Versuchen Sie zu verhindern, dass er Sie überhaupt trifft.
- Einen Haken oder Schwinger können Sie mit Ihrem harten Unterarmknochen ablenken. Bei harten Schlägen können Sie auch beide Arme als Block verwenden.
- Wenn er versucht, Sie mit dem Knie zu schlagen, blocken Sie mit beiden Händen nach unten.
- Wenn Sie am Boden liegen, drehen Sie sich mit den Füßen zum Gegner, und treten Sie auf seine Kniescheibe. Bei mehreren Angreifern versuchen Sie Ihre inneren Organe zu schützen und kugeln Sie sich zusammen. Ziehen Sie die Knie nach oben, und legen Sie die Arme über den Kopf.
- Schlagen Sie genau in dem Moment zu, wenn der Gegner gerade geschlagen hat. Unmittelbar aus dem Block heraus entstehen die machtvollsten Angriffe.
- Um sich vom Griff zu befreien, muss man die schwächste Stelle der Umklammerung durchbrechen – meist zwischen Fingerspitzen und Daumen. Dafür sollten Sie die Hände drehen und dann schlagartig zu sich reißen. Oder biegen Sie ihm die Finger um.

- Kommt der Angriff von hinten, können Sie ihm mit der Ferse aufs Schienbein schlagen, in den Unterleib greifen, mit dem Hinterkopf ins Gesicht schlagen oder sich blitzschnell umdrehen und dabei den Arm auf der angegriffenen Seite nach oben reißen. Werden Sie von hinten umklammert, gehen Sie in die Knie und schnellen Sie nach vorne. Versuchen Sie sich nicht aufrecht zu befreien. Wenn Sie im sogenannten Schwitzkasten gefangen sind: Schlagen Sie ihm in die Genitalien, und drücken Sie seinen Körper nach hinten. Verlagern Sie Ihr Gewicht nach hinten (nicht wie instinktiv nach vorne), und versuchen Sie sich so aus dem Würgegriff zu befreien.
- Wenn Sie gewürgt werden, werfen Sie Ihr gesamtes Gewicht zur Seite und versuchen Sie das Handgelenk nach außen zu drehen. In der jetzigen Position können Sie den Gegner mit dem Ellenbogen attackieren. Es ist übrigens schwieriger zu würgen, wenn die Halsmuskulatur locker ist, als wenn Sie den Hals anspannen.
- Bei einem typischen Angriff packt einen der Gegner mit der einen Hand am Kragen und holt mit der anderen zum Schlag aus. Schlagen Sie die Hand an Ihrem Kragen kräftig nach unten, und drehen Sie sich gleich in diese Richtung. Aus dieser Bewegung heraus sollten Sie ihm mit dem Ellenbogen oder dem Handballen ins Gesicht oder gegen den Hals schlagen.
- Wenn Sie mit einem Knüppel angegriffen werden: Gehen Sie auf den Gegner zu, versuchen Sie dem Schlag auszuweichen und blocken Sie den Angriff mit einem Schlag von innen gegen seinen Schlagarm.
- Bei einem Messerangriff von oben sollten Sie mit beiden Händen versuchen, sein Handgelenk zu greifen. Ziehen Sie seinen Arm nach unten, und rammen Sie ihm den Ellenbogen in Hals oder Gesicht. Bei einem Angriff von unten blocken Sie das Messer mit beiden verkreuzten Armen, und drehen Sie ihm das Messer nach hinten aus der Hand.

WIE MAN EINEN KNOPF ANNÄHT

- 30 Zentimeter Faden in die Nadel einfädeln und beide Enden mehrfach verknoten
- Die alten Einstechlöcher nutzen und von innen nach außen einstechen und bis zum Anschlag durchziehen
- Knopf auffädeln
- Von oben durchs zweite Knopfloch und den Stoff nach innen ziehen, dann wieder nach außen, durchs dritte Knopfloch und durchs vierte wieder nach innen
- Die Nadel mindestens dreimal durch jedes Knopflochpaar führen
- Der Knopf sollte ein paar Millimeter vom Stoff entfernt sein
- Den Faden um die Fäden wickeln und fixieren
- Rest abschneiden

13 HILFREICHE HAUSHALTSTIPPS

1. Grauschleier geht aus der Wäsche, wenn man einen Esslöffel Backpulver zum Waschmittel kippt.
2. Wer nicht weiß, ob ein Ei noch gut ist, kann es einfach ins Wasser legen. Schwimmt es an der Oberfläche, ist es schlecht und muss in den Müll.
3. Obst, das nicht braun werden soll, kurz in eine Salzwasserlösung tunken.
4. Äpfel nicht mit anderem Obst lagern, weil sie Reifegase abgeben und dann alles andere schneller braun wird. Unreifes Obst kann in einer Plastiktüte mit einem Apfel zum schnelleren Reifen gebracht werden.
5. Zwiebeln vor dem Schneiden in den Kühlschrank legen – so dünsten sie weniger, und man muss weniger weinen.
6. Warnung vor dem Überkochen von Milch: Kleine Keramikscheibe in den Topf, die beginnt zu klappern, wenn die Milch zu kochen beginnt.

7. Bei einer versalzenen Suppe eine rohe Kartoffel mitkochen, die nimmt Salz auf.
8. Man kann einen Lachs wunderbar in der Spülmaschine garen. In Alufolie packen, ins obere Fach legen, einschalten. Fertig. Sehr beeindruckend fürs erste Date.
9. Bei verstopftem Abfluss: Drei Esslöffel Backpulver rein und eine halbe Tasse Essig hinterher. Später mit heißem Wasser durchspülen.
10. Edding- und Kugelschreiberflecken gehen in der Waschmaschine raus, wenn man sie vorher mit Haarspray besprüht.
11. Kerzen und Teelichter brennen viel länger, wenn sie vorher in der Tiefkühltruhe eingefroren werden.
12. Saugnäpfe halten länger, wenn man etwas Haarspray draufsprüht.
13. Zum Feueranschüren durch das Rohr einer Küchenrolle blasen.

WIE MAN EIN HEMD ZUSAMMENLEGT

1. 30 Minuten auf einem Bügel auskühlen lassen. Zuknöpfen.
2. Mit der Vorderseite nach unten hinlegen. Auf Schulterhöhe einklappen.
3. Den Ärmel nach unten klappen und die Manschette flach auf die Seite drehen.
4. Die andere Seite einklappen, so dass der Knick im rechten Winkel nach unten verläuft.
5. Den zweiten Ärmel einklappen, so dass das Hemd ein langes Rechteck ergibt.
6. Den unteren Teil nach oben klappen, so dass der Rumpf am Kragen liegt.
7. Umdrehen. Fertig.

WIE MAN FLECKEN OHNE CHEMIE RAUSKRIEGT

Blutflecken	gleich mit kaltem Wasser auswaschen
Fett/Ölflecken	bei Leinen und Baumwolle Kreide aufstreuen und ausbügeln
Grasflecken	bei Baumwolle in Kochsalzlösung (1 Esslöffel Salz in 1 Liter Wasser) einweichen, dann mit klarem Wasser ausspülen
Obstflecken	mit Waschpulver-Brei einweichen und mit Wasser nachspülen
Rotweinflecken	mit viel Salz bestreuen und dann mit warmem Seifenwasser nachwaschen

WIE MAN EIN HEMD BÜGELT

- Hemd aufknöpfen
- Mit den Ärmelaufschlägen anfangen
- Kragen von den Seiten kommend bügeln
- Schultern auf die Spitze des Bügelbretts ziehen und bügeln
- Ärmel straff ziehen und der Naht entlang bügeln
- anschließend Knopfleiste, Vorderseite und Rückseite

WIE MAN EINEN KOFFER PACKT

1. Nach unten kommt alles Schwere (Schuhe, Bücher, Föhn). Die Zwischenräume mit Socken und Unterwäsche auffüllen.
2. T-Shirts, Pullis drauflegen. Hosen und Jacketts ungefaltet drauflegen. Dann wieder eine Lage T-Shirts und Pullis drauf und erst dann einfalten, damit die Jacketts und Hosen keine scharfen Falten bekommen.
3. Obendrauf kommen die gebügelten Hemden.

WAS DIE PFLEGEETIKETTEN BEDEUTEN

Waschen
Das Symbol des Waschbottichs zeigt zwei Dinge an: die maximale Waschtemperatur und die geeignete Drehzahl der Trommel. Werden verschiedene Gewebe in einem Waschgang gewaschen, sollte die jeweils niedrigste empfohlene Temperatur bzw. Drehzahl gewählt werden.

Trocknen
Das Symbol zeigt einen Kreis im Quadrat. Ist im Kreis ein Punkt abgebildet, sollte die Wäsche nur bei reduzierter Temperatur getrocknet werden. Zwei Punkte bedeuten eine höhere Temperatur. Ist das Symbol durchgestrichen, ist die Wäsche nicht geeignet für den Trockner.

Bügeln
Die Punkte auf dem Bügeleisensymbol zeigen die Temperatureinstellung an. Je mehr Punkte, desto heißer das Bügeleisen.

Bleichen
Das Dreieckssymbol gibt Aufschluss, ob die Wäsche zum Bleichen geeignet ist. Sie ist es nicht bei durchgestrichenem Symbol.

Chemische Reinigung
Das Kreissymbol informiert über die Möglichkeit einer professionellen Reinigung. Die Buchstaben im Kreis stehen für die verschiedenen Lösungsmittel, die verwendet werden können.

WIE MAN EINE FLASCHE BIER
OHNE FLASCHENÖFFNER ÖFFNEN KANN

Ein anständiger Mann sollte wenigstens tausend Arten kennen, ein Bier ohne Flaschenöffner zu öffnen. (Viele innovative Ideen finden Sie im Internet.) Auf jeden Fall sollte man sein Bier mit einem Blatt Papier öffnen können. Denn ein Papier ist meistens in der Nähe.

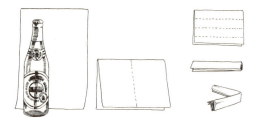

- Das Papier wird erst in der Länge und dann in der Breite halbiert.
- Nun in der Länge in ca. 1,5 Zentimeter breite Streifen so oft falten, bis ein einziger dicker Streifen überbleibt.
- Diesen Streifen in der Längsrichtung halbieren.
- Mit dem festen Falz gefaltet den Kronkorken öffnen, indem man den Flaschenhals fest umgreift und durch den Hebel über den Zeigefinger möglichst viel Druck auf die Seite des Kronkorkens bekommt.
- Entscheidend beim Öffnen von Bierflaschen mit allerlei Werkzeugen ist stets, dass ein möglichst großer Hebel entsteht, um viel Kraft auf den Kronkorken zu bekommen.

WIE MAN AM BESTEN EIN GROSSES
FLACHES PAKET TRÄGT

Einfach mit einer Schnur umwickeln, die in einem Abstand angebracht wird, dass die Hand sie einfach erreichen kann.

SPUREN IM WALD

Der Spurenleser blickt gegen die Sonne, da dann jede Unebenheit des Bodens zarte Schatten wirft. Lehm, Sand und Schnee sind die besten Spurenträger. Zusammengetretenes Gras richtet sich nach kurzer Zeit wieder auf. Der Jäger unterscheidet Fährten, Spuren und Trittbilder. Fährten sind die Spuren des Hochwildes (Hirsch, Damwild, Rehe), Spuren stammen vom Raub- und Federwild. Ein Trittbild ist der Abdruck aller vier Beine eines Tieres. Das hilft bei der Identifikation ungemein.

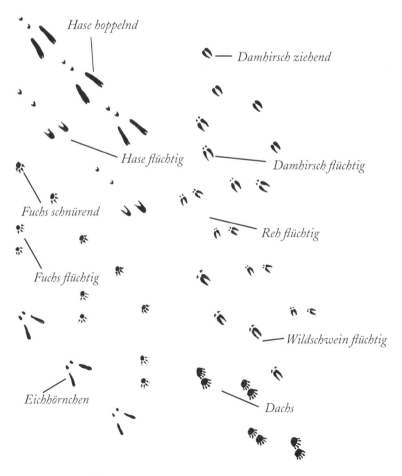

Die unterschiedlichen Trittbilder
- Fuchs und Katze schnüren, das heißt, sie setzen ihre Füße voreinander, so dass eine fast gerade Spur entsteht.
- Größere Huftiere schränken, das heißt, sie setzen die Hufe versetzt auf.
- Je weiter die Hufeindrücke auseinanderliegen, umso größer, stärker und älter ist das Tier.
- Zweihufer hinterlassen die Abdrücke ihrer beiden Zehenhufen, die beiden verkümmerten Zehen sind nicht zu erkennen.
- Nur beim Wildschwein berühren sie den Boden, am sogenannten »Geäfter« erkennt man eine Wildschweinspur.
- Raubwild besitzt Pfoten und tritt mit der ganzen Sohle auf.
- Dachs und Igel drücken beim Gehen ihre Krallen in den Boden, Katze und Luchs dagegen nicht.
- Die kleinste Fährte hinterlässt das Reh. Wenn es flieht, dann macht es Sprünge von bis zu vier Metern.

Flüchtiges Reh

Hufform	oval, kleiner als bei anderen Huftieren, 2–3 cm lang
Losung	dunkelbraun, länglich, bis 1 cm dick und 1,4 cm lang in Gehölz und Wald
Weitere Spuren	Abgelöste Rinde an Bäumen auf 50 cm Höhe. Der Rehbock wirft im Herbst sein Gehörn ab.
Stimme	Rehböcke »schmälen«, geben also ein tiefes Bö-Bö-Bö-Bellen von sich, Geißen schmälen heller: Bäu, bäu, bäu.

Rothirsch

Hufform	9 cm lang, 6 cm breit, die Weibchen rund 1,5 cm kleiner. Damhirsche haben rund fünfzig Prozent längere Ballen als der Rothirsch.
Losung	Eichelförmig, braun, bis 2 cm lang, rund 1,2 cm dick

Weitere Spuren	Schälspuren an der Rinde höher als einen Meter. Hirsche werfen ihr Geweih im Februar bis März ab. Sie suhlen sich gerne in Schlammpfützen.

Hase

Spuren	Wenn der Hase hoppelt, dann wechseln sich lange und kurze Pfotenabdrücke ab. Wenn er flüchtet, dann springt er oft mehrere Meter und nimmt eine Zickzackspur.
Losung	Braune Kugeln, die oben und unten abgeplattet sind. Ältere können gelblich werden.
Weitere Spuren	Hasen nagen an der Rinde ca. 20–40 Zentimeter über dem Boden. Sie reißen längliche Rindenfetzen heraus.

Fuchs

Spuren	länglicher Tritt, ovale Pfote, Krallen sichtbar (Im Gegensatz zum ähnlichen Katzenabdruck. Der Hundeabdruck ist breiter, der Fußballen stärker ausgebildet.)
Losung	Graue Würste, ca. 2 cm dick und 8 cm lang.
Weitere Spuren	Manchmal liegen Knochen oder Federn vor dem Fuchsbau, dessen Gänge bis zu 30 Zentimeter Durchmesser besitzen.

Igel

Spur	geschränkte Schrittspur, fünf Zehen und Krallen stark sichtbar
Losung	schwarz-blau, 8 mm Durchmesser, voller Insekten- und Beerenreste

Marder

Spur	geschränkte Schrittspur, ovale Pfoten bis 3 cm, paarige Tritte
Losung	gelb bis schwarz, wurstförmig, stinkt stark

GESCHLECHTSSPEZIFISCHE BEZEICHNUNGEN FÜR TIERE

	Weibchen	*Männchen*	*Nachwuchs*
Wildschwein	Bache	Keiler, Basse	Frischling
Taube	Taube	Tauber	Brut
Kaninchen	Häsin	Rammler	Jungkaninchen
Dachs	Fähe	Rüde	Geheck
Reh	Ricke, Geiß	Bock	Kitz
Raubvogel	Weibchen	Terzel	Nestling

WIE MAN DIE VERSCHIEDENEN VÖGEL UNTERSCHEIDET

Kaufen Sie sich ein gutes Fernglas (Vergrößerung 6- bis 9fach)

Der Spatz (Haussperling)
Aussehen: 15 Zentimeter lang, Männchen: braune Oberseite, kastanienbrauner Nacken, schwarze Kehle, gräulich weißer Bauch; Weibchen: braune Oberseite, schmutzigweißer Bauch
Gezwitscher: zweisilbige Rufe: fil-lip

Rotkehlchen
Aussehen: 14 Zentimeter lang, rote Brust, weißer Bauch, der Rest ist olivgrün. Scheue Tiere. Der Flug ist niedrig und ruckartig.
Gezwitscher: verträumter Sprechgesang mit einem traurigen Unterton

Amsel
Aussehen: 25 Zentimeter lang, Männchen: tiefschwarz mit goldenem Schnabel, Weibchen: braun; sehr scheu
Gezwitscher: flötender Gesang von melancholischer Weichheit

Singdrossel
Aussehen: 22 Zentimeter lang; graue, dunkle Flecken auf der Brust
Gezwitscher: durchdringender, fast schon greller Gesang. Klingt nach unüberlegter Freude

Kohlmeise
Aussehen: 14 Zentimeter lang, blaue Krone, die mit Weiß abgesetzt ist, schwarzer Streif über der gelben Brust. Weiße Wangen, Oberseite grün, immer in Bewegung.
Gezwitscher: fröhliches, klares Trällern wie das melodische Fließen von Wasser (zi-zi-zi-dä, zi-zi-dä)

Buchfink
Aussehen: 15 Zentimeter lang, der Kopf des Männchens ist schwarz, Scheitel und Nacken sind blau, die Wangen und die Unterseite sind rosa. Sehr mutig, wellenförmiger Flug.
Gezwitscher: Sein freundlicher klappernder Gesang ist der erste Frühlingsbote. Beim Fliegen gibt er einen zischenden Doppellaut von sich.
Andere Finken sind der Gimpel, der schön weich singt und eine rosenrote Unterseite hat, und der Stieglitz mit gelben Flügeln.

Zaunkönig
Aussehen: 8–9 Zentimeter lang, er ähnelt dem Rotkehlchen: oben rostbraun, unten graubraun, ein blasser Streifen, baut viele große Nester
Gezwitscher: ein Schwall von Tönen, die zu einem Triller kumulieren

Star
Aussehen: Länge 20 Zentimeter, die Federn schimmern metallisch in unterschiedlichen Farbtönen, der Schnabel ist zitronengelb. Das Weibchen ist stärker gepunktet als das Männchen.
Gezwitscher: Mischmasch aus melodischen Klängen und Schnalz- und Klicklaute. Er kann andere Vögel nachahmen.

Kuckuck
Aussehen: Länge: 32–34 Zentimeter. Oben: bläulich grau, unten weißlich mit dunklen Querstreifen. Der lange runde Schwanz ist gepunktet und hat weiße Spitzen. Das Weibchen paart sich mit mehreren Männchen und legt seine Eier in fremde Nester. Dabei wirft es je eines der vorhandenen Eier aus dem Nest.
Gezwitscher: »Kuckucks«-Ruf; ertönt ab seiner Ankunft Mitte April als Frühlingsbote

WEITERE STIMMEN IN WALD UND NATUR

Mauersegler	schrilles »Sril-Sril«
Waldkauz	im Frühling: »Huuuu Huhuhuhu«, das ist der Paarungsruf. Sonst: »Juik-Juik«
Steinkauz	helles »Kuwitt-kuwitt«. Klingt wie »Komm mit«. Deshalb wurde er früher Totenvogel genannt.
Pirol	lauter Flötenruf: »düdlio-düdlio«
Hirsch	Der Brunftschrei im Herbst ist ein lautes, grobes Röhren.
Fuchs	kurzes, lautes Bellen (ähnlich wie Hundegebell), häufig in kalten Winternächten
Dachs	Grunzen
Wachtel	erst ein heiseres »chwächwä«, dann ein helles »pickwiwick-pickwiwick«
Fischreiher	kreischender Ruf wie eine Säge: »kräik, kräik, kräik«

JÄGERLATEIN

Äser	Maul
Ausfahrt	Ausgang eines Tierbaus
beschlagen sein	Trächtigkeit beim Murmeltier
Bockfieber	Erregung des Jägers vor dem Schuss
dick gehen	Trächtigkeit beim Fuchs
Hochwild	Wildarten, die früher nur vom Hochadel gejagt werden durften (z. B. Hirsch, Adler), im Gegensatz zum Niederwild des Niederadels (wie Rehe und Kaninchen)
Kirrung	ausgelegtes Futter, um Wild anzulocken
Luder	Tierkadaver, um Raubwild anzulocken
Mönch	männlicher Hirsch ohne Geweih
Pirsch	geräuschloses Durchstreifen des Reviers
Pürzel	Schwanz des Wildschweins

Ständer	Beine und Füße des Federwilds
Strecke	erlegte Gesamtmenge
Waidmann	fürsorglicher Jäger
Wölfen	Geburtsakt beim Fuchs

WAS UNS DAS HOLZ ERZÄHLT

Die Jahresringe im Baumstamm werden von einem vollen Jahr ins Holz gezeichnet. Der Abstand zwischen zwei Jahresringen entsteht im Frühling und im Sommer. In feuchten Jahren ist er breiter als in trockenen. So kann man an einem gefällten Baum nicht nur feststellen, wie alt der Baum ist, sondern auch, wie das Klima in den jeweiligen Jahren war. Wetterforscher nutzten etwa amerikanische Mammutbäume, die mehrere hundert Jahre alt sind, um Informationen darüber zu bekommen, wie das Wetter vor den regelmäßigen Wetteraufzeichnungen war.

WIE MAN HERAUSFINDET, WO NORDEN IST

Die Sonne geht im Osten auf und im Westen unter. Um zwölf Uhr mittags steht die Sonne im Süden (auf der Südhalbkugel liegt sie im Norden). Mit einem Stock kann man anhand des Schattens genau erkennen, wo Norden ist. Legen Sie eine analoge Armbanduhr so in den Schatten, dass der Stundenzeiger parallel verläuft. Auf der Südhalbkugel müssen Sie die Uhr umdrehen. Die Mitte des Winkels zwischen dem Schatten des Stocks und der Stellung des Zeigers um 12 Uhr zeigt die Nord-Süd-Linie an. Zur Sommerzeit gilt die Mitte zwischen Stockschatten und der Stellung um 13 Uhr. Diese Methode wird übrigens immer ungenauer, je mehr man sich dem Äquator nähert.

Auf der Nordhalbkugel
Nachts liegt der Polarstern im Norden des Sternenhimmels. Er ist der letzte Stern in der Deichsel des Kleinen Wagens. Um den Kleinen Wagen zu finden, muss man der Verlängerung der letzten beiden Sterne des Großen Wagens auf einer gedachten Linie folgen. Der Polarstern liegt etwa fünfmal so weit entfernt, wie die letzten beiden Sterne voneinander entfernt sind.
Der Große Bär kreist im Laufe von 24 Stunden einmal um den Polarstern.

Auf der Südhalbkugel
Das Kreuz des Südens sind vier helle Sterne in der Form eines schiefen Kreuzes. Verlängern Sie die längere Achse des Kreuzes ungefähr fünf Längen nach unten. Dieser Punkt ist der Süden.

Anhand des Mooses
Moos wächst meist auf der Nordwestseite von Bäumen, weil sie weniger Sonne bekommt als die Südseite. Dies gilt nur dann, wenn nur eine Seite des Baums bemoost ist. Freistehende Bäume neigen sich wegen des starken Nordwestwinds häufig nach Südost.

WAS UNS TIERE UND PFLANZEN ÜBER DIE UHRZEIT VERRATEN

02:00 Uhr	Die Wachteln schlagen.
04:00 Uhr	Der Specht beginnt zu hämmern.
05:00 Uhr	Die Hähne krähen, die Spatzen zwitschern.
07:00 Uhr	Der Löwenzahn öffnet seine Blüten.
15:00 Uhr	Die Blüten des Löwenzahns schließen sich.
21:00 Uhr	Das Nachtpfauenauge fliegt aus.

WIE MAN HERAUSFINDET, WIE WEIT EIN GEWITTER ENTFERNT IST

Der Schall breitet sich mit einer Geschwindigkeit von 330 Metern pro Sekunde aus. Wenn man die Sekunden zwischen Blitz und Donner zählt und mit 330 multipliziert, ergibt sich die Entfernung des Gewitters in Metern.

WIE MAN ENTFERNUNGEN SCHÄTZT

Anhand des Daumensprungs lassen sich relativ exakte Schätzungen der Entfernung vornehmen. Man fixiert mit dem Daumen ein Objekt, blickt es mit einem Auge an und schließt das andere Auge. Nun öffnet man das andere Auge und schließt das Auge, mit dem man das Zielobjekt zuerst fixiert hatte. Dabei springt das Objekt scheinbar. Anschließend muss man versuchen, die Distanz des Sprungs abzuschätzen. Die Distanz zum Zielobjekt beträgt die Entfernung des Sprungs mal zehn.

Einzelne Gebäude kann man auf 4 Kilometer erkennen, große freistehende Bäume auf 2 Kilometer, die Gliedmaßen eines Menschen auf 300 Meter und Einzelheiten der Kleidung auf 100 Meter.

WIE MAN WASSER FINDET

- Tiere, die auf Wasser hinweisen: Körnerfressende Vögel (auch Tauben und Kakadus) und pflanzenfressende Tiere suchen morgens und abends in der Dämmerung nach Wasser. Fleischfressende Tiere können ihren Wasserbedarf über ihre Beute befriedigen und sind deshalb wenig hilfreich.
- Bienen sind selten weiter als fünf Kilometer von Wasser entfernt.
- Bäume weisen auf Wasser hin (Akazien etwa speichern Feuchtigkeit). Manche Bäume haben Hohlräume, wie der Affenbrotbaum. Birkenzweige sprießen besonders im Frühling. Baumwurzeln enthalten viel trinkbare Flüssigkeit.
- Sogar in der Wüste gibt es Tau. Beduinen drehen in der Morgendämmerung Steine um und sammeln das Wasser, das sich unter den Steinen angesammelt hat.
- Hacken Sie eine Bananenstaude, und höhlen Sie den Stamm wie eine Schüssel aus. Die Wurzeln versorgen die Pflanze noch mehrere Tage mit Wasser.
- Einige Kakteenarten speichern Flüssigkeit, aber Vorsicht: Kakteen können giftig sein oder halluzinogene Stoffe enthalten.
- Kein Salzwasser trinken. Der hohe Salzgehalt führt zu Nierenversagen. Der Körper benötigt mehr Flüssigkeit, um das Salzwasser zu verdauen, als ihm zugeführt wird.
- Wenn Wasser extrem knapp ist, sollte man auch nicht mehr essen. Essen erhöht den Durst.
- Menschen verlieren besonders viel Wasser über den Kopf, also immer eine Kopfbedeckung tragen.

WASSER ABKOCHEN

Wenn möglich, sollten Sie Wasser abkochen, um Keime und Bakterien abzutöten. Richtlinie: Das Wasser 1 Minute plus eine Minute pro 300 Meter über Meereshöhe kochen. Maximal jedoch 10 Minuten.

WIE LANGE MAN OHNE WASSER ÜBERLEBEN KANN

Unter 21 Grad Celsius im Schatten	rund zehn Tage
Bei 30 Grad im Schatten	eine Woche
Bei 40 Grad im Schatten	zwei Tage

WIE MAN ÜBERLEBT, WENN MAN VON DER STARKEN STRÖMUNG IM MEER ERFASST WIRD

Wehren Sie sich nicht gegen den Sog, und versuchen Sie nicht mit Gewalt, an den Strand zu kommen. Schwimmen Sie parallel zum Strom, bis die Strömung nachlässt. Häufig verlaufen die Strömungen kreisförmig und schieben nach hundert Metern wieder in Richtung Strand.

WIE MAN FEUER MACHT

Feuerholz sammeln: Besonders gut geeignet ist dünnes und trockenes Holz. Nach Regenfällen am besten unter dichten Büschen suchen. Zum Anschüren verwenden Sie dünne Blätter und Zweige, dann legen Sie dünne Weichholzäste (Haselstaude, Tanne, Fichte) dazu und schließlich dicke Prügel aus Hartholz (Eiche, Buche). Fürs Anschüren bauen Sie eine kleine Pyramide, bei der innen die dünnen und außen dickere Zweige verwendet werden. Im Kern der Pyramide wird das Feuer entzündet.

WIE MAN SICH RETTET, WENN MAN INS EIS EINBRICHT

- Drehen Sie sich in die Richtung, aus der Sie gekommen sind. Dort ist vermutlich das Eis tragfähiger.
- Nehmen Sie einen spitzen Gegenstand (Schlüssel, Gürtel-

schnalle, Stift), den Sie ins Eis rammen, um mehr Halt zu kriegen. Sie haben nur wenige Minuten, dann schwächt Sie die Unterkühlung bereits dramatisch. Bewegen Sie sich möglichst wenig, damit der Körper nicht auskühlt.
- Verlagern Sie das Gewicht möglichst breit auf die Ellenbogen, und heben Sie sich heraus. Schieben Sie mit Schwimmbewegung der Beine von hinten an.
- Kriechen Sie ein paar Meter, und stehen Sie erst dann auf, damit Sie nicht wieder einbrechen.

WIE DICK DAS EIS SEIN MUSS, DAMIT ES TRÄGT

4 Zentimeter	Einzelpersonen
10 Zentimeter	einzelne Pferde
20 Zentimeter	zwei Lkw bei 20 Meter Abstand

WIE MAN EINEN BRAND ÜBERLEBT

- Den Türknauf berühren: Wenn er bereits heiß ist oder Rauch durch die Ritzen dringt, sollten Sie das Zimmer nicht mehr verlassen. Die Gefahr einer Rauchvergiftung auf der Flucht ist zu groß.
- Durch das Fenster können Sie gewöhnlich nur bis zum siebten Stock gerettet werden, höher reichen die Drehleitern der Feuerwehr nicht.
- Nicht aus dem Fenster springen, wenn Sie das Feuer noch nicht unmittelbar erreicht hat. Besser auf die Balustrade klettern und dort verharren.
- Legen Sie ein feuchtes Handtuch über Mund und Nase, und befeuchten Sie auch Ihre Kleidung.
- Wenn Sie flüchten müssen und der Gang voller Rauch ist, ungefähr den Kopf auf 50 Zentimeter Höhe gebeugt halten und

so schnell wie möglich in Richtung Ausgang rennen. Wenig atmen.
- Setzen Sie den Feuerlöscher stets mit dem Wind ein. Stoßweise löschen. Einen Flächenbrand stets von unten löschen, einen Fließbrand von der Quelle. Möglichst gleichzeitig maximale Löschkraft einsetzen. Brennende Flüssigkeiten (Öl, Benzin) können meist nicht gelöscht, sondern müssen erstickt werden (keine Kunstfaser verwenden).
- In der Wildnis: Buschfeuer können sich schneller ausbreiten, als ein Mensch rennen kann. Deshalb immer versuchen, gegen die Windrichtung zu flüchten. Womöglich ein Gegenfeuer entzünden, um einen mehrere Meter breiten Sicherheitsstreifen niederzubrennen.

WIE MAN VON EINEM GEBÄUDE SPRINGT

Im schlimmsten Notfall kann es sein, dass Sie aus dem Fenster springen müssen. Werfen Sie möglichst weiche Gegenstände (Matratze, Teppiche etc.) voraus und schützen Sie den Kopf mit einem Turban aus Handtüchern (oder einem Helm). Versuchen Sie sich wenn möglich mit einem Leinentuch oder einem Seil abzuseilen, um die Sprunghöhe zu verkürzen. Während des Fallens den Kopf an die Brust drücken und beim Aufprall versuchen, die Knie ganz zu beugen und über den Rücken abzurollen.

WIE MAN TREIBSAND ÜBERLEBT

Um möglichst lange nicht im Treibsand zu versinken, ist es wichtig, die Oberfläche des Körpers zu maximieren (also nach hinten auf den Rücken legen, Beine und Arme ausbreiten).
Wenn möglich, einen langen Stock unten den Rücken schieben, das erhöht die Fläche zusätzlich.

WIE MAN AUS DEM DSCHUNGEL FINDET

Im Dschungel ist die Navigation oft schwierig, weil durch die hohen Bäume und die Blattkronen kaum Sonnenlicht nach unten dringt. Wählen Sie eine Richtung, und folgen Sie ihr immer weiter. Ritzen Sie regelmäßig Markierungen in die Baumrinden, oder legen Sie Stöcke aus, um im Zweifel wieder zurückzufinden. Verfolgen Sie Tierspuren zum nächsten Wasserlauf. Bauen Sie sich ein Floß, und fahren Sie den Fluss hinab, bis Sie auf Menschen treffen.

WIE MAN OHNE EQUIPMENT ANGELT

- Die Angel besteht aus einer möglichst durchsichtigen und stabilen Nylonsehne, einem Angelhaken und einem Holz- oder Korkstück, das als Schwimmer dient.
- Fische beißen morgens und abends am besten an und lassen sich nachts mit einer Taschenlampe über dem Wasser anlocken.
- Als Köder können Würmer, Insekten, glitzernde Löffel, rote Stofffetzen oder blutige Tampons dienen. Im Zweifel muss man ausprobieren, auf was die örtlichen Fische anbeißen.
- Wenn man keinen Angelhaken hat, kann man sich aus einem gebogenen Draht einen basteln. Weil er dann keinen Widerhaken hat, muss man den Fisch mit einem kräftigen Ruck aus dem Wasser ziehen, in dem Moment, in dem er angebissen hat. Damit die Leine nie locker wird, sollte man mit ihr landeinwärts laufen, bis der Fisch auf dem Trockenen liegt.
- Betäuben Sie den Fisch mit einem Schlag auf den Kopf, und töten Sie ihn mit einem Stich zwischen den Brustflossen ins Herz.
- Nun schneiden Sie den Bauch vom After aus auf, bis die Innereien herausfallen.
- Hinweise darauf, dass der Fisch giftig ist: Stacheln (Rochen, Rotfeuerfisch), Kugelform (Igel-, Koffer- und Kugelfisch), eine harte Haut mit Platten oder Stacheln.

WIE MAN PFEIL UND BOGEN BAUT

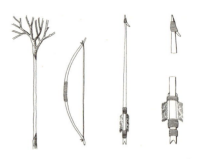

Um einen Bogen zu bauen, benötigt man einen elastischen Stock und zwei Meter Nylonsehne. Besonders geeignete Hölzer stammen von der Esche und von Palmen. Die Pfeile müssen aus geraden Ästen geschnitzt werden. Sie werden entrindet und unter ständigem Drehen über dem Feuer getrocknet. Die Spitze wird in der Glut gehärtet. Besser ist eine Spitze aus Metall, etwa aus einem Nagel oder einem Angelhaken. Das hintere Pfeilende bekommt eine Kerbe über die Sehne. Daran werden symmetrisch drei Stücke von einer Vogelfeder gebunden, um die Flugfähigkeit zu erhöhen.

WIE MAN EIN FLOSS BAUT

Binden Sie mehrere mittelgroße Stämme und Äste aneinander, bis eine rund zwei mal zwei Meter große Holzfläche entsteht. Verwenden Sie einen großen Ast als Ruder.

WICHTIGE KNOTEN

Der doppelte Schotstek
Um zwei Seile von unterschiedlicher Dicke zu verbinden.

Palstek
Mit dem Palstek kann man etwa eine Hängematte oder Ähnliches befestigen. Die Schlinge zieht sich fest.

Prusikknoten
Der Prusikknoten zieht sich unter Belastung zu und lockert sich bei Entlastung. Eine Endlosschlinge aus einem dünnen Seil zwei- oder dreimal um das dickere, herabhängende Seil legen, dann die lange durch die kurze Bucht stecken.

Fischerstek
Der Fischerstek (Fischerknoten)ist ein einfacher Knoten, um vor allem dünneres Garn zu verknüpfen. Er besteht aus zwei Überhandknoten, durch die jeweils das andere Garn geführt wird.

Anglerknoten
Mit ihm lassen sich ohne großen Aufwand Angelsehne und -haken fest verbinden.

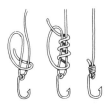

Achterknoten
Der Achterknoten wird vor allem beim Klettern verwendet. In das eine Ende des Seils wird ein Achterknoten so gebunden, dass noch ein gutes Stück freies Seilende vorhanden ist.

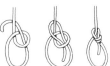

RETTUNGSSCHLINGE

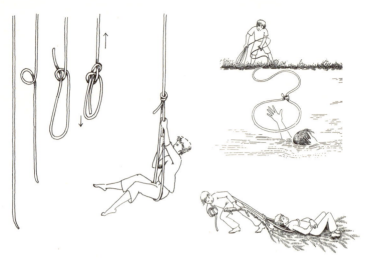

Mit diesem Knoten können Sie einem Ertrinkenden eine Wurfleine zuwerfen oder als Zugleine benutzen, wenn Sie jemanden transportieren müssen. Die Schlinge am Ende des Seiles zieht sich nicht zu.

DIE GIFTIGSTEN TIERE

Die giftigste Spinne	Brasilianische Wanderspinne oder die Sydney-Funnel-Web-Spinne
Die giftigste Schlange	Inlandtaipan
Der giftigste Fisch	Steinfisch
Die giftigste Qualle	Würfelqualle
Der giftigste Frosch	Schrecklicher Giftfrosch. (Schon eine Berührung kann töten. Ein erstaunliches Tier: In Gefangenschaft ist er nicht mehr giftig. Er bekommt sein Gift von einem anderen Tier, das er frisst.)

TIERE, VOR DENEN SIE SICH IN ACHT NEHMEN SOLLTEN

Der britische Forscher Percy Fawcett berichtete in seinen Tagebüchern über besonders grauenerregende Tiere:

Die Riesenspinne Apazauca
In einem Gasthaus in den Anden starb ein Gast nach dem anderen. Die Einheimischen dachten, das Zimmer sei verhext. Doch schließlich entdeckten sie eine Apazauca im Gebälk.

Der Penisfisch Candiru
Der durchsichtige aalartige Fisch kann in den Penis kriechen, wenn man gerade in einem Fluss pinkelt. Die Haut ist voller Widerhaken.

Piranhas
Diese kleinen Raubfische treten in tropischem Süßwasser in Schwärmen auf und können sogar Menschen in Minutenschnelle bis auf die Knochen abnagen. Falls Sie einen Fluss mit Piranhas durchqueren müssen: Piranhas jagen nicht in der Nacht.

Der Palo-Santo-Baum
In diesem Baum nisten Feuerameisen. Die brasilianischen Indianer nutzten den Palo-Santo als Folterinstrument und banden ihre Gefangenen einfach an den Baum.

WENN MAN VON EINEM LÖWEN ANGEGRIFFEN WIRD

Nicht wegrennen, denn flüchtende Beute verstärkt seinen Jagdinstinkt. Besser: Stillhalten, dem Löwen in die Augen schauen. Die Buschmänner in der Kalahari empfehlen zusätzlich, mit Steinen zu werfen und zu brüllen.

WENN MAN AUF EINE TARANTEL TRIFFT

- Taranteln sind friedliche Tiere. Sie beißen nur, wenn sie sich bedroht fühlen. Reagieren Sie nicht panisch, sondern schieben Sie die Spinne mit einem Stock zur Seite, wenn sie auf Ihrer Kleidung sitzt.
- Wenn Sie leicht hüpfen, sollte die Spinne fliehen.
- Häufig sondern Taranteln bei ihrem Biss gar kein Gift ab, dann entspricht der Biss nur dem Schmerz von zwei Nadelstichen.
- Verwenden Sie Antihistamine gegen allergische Reaktionen. Suchen Sie einen Arzt auf. Halten Sie die Wunde trocken und sauber.
- Taranteln besitzen Borsten an ihrem Hinterleib, die sich ablösen. Sie können in die Haut eindringen und allergische Reaktionen hervorrufen.

WENN MAN VON EINEM SKORPION GESTOCHEN WIRD

- Bleiben Sie ruhig. Schlucken Sie Antihistamine.
- Skorpionstiche sind sehr schmerzhaft und sorgen deshalb häufig für Panikreaktionen.
- Schneiden Sie die Wunde nicht auf.
- Versuchen Sie die Wunde nicht abzubinden oder auszusaugen.

WIE MAN GEGEN EIN KROKODIL KÄMPFT

- Krokodile sehen träge aus, sind aber unheimlich schnell. Sie können mit 18 km/h aus dem Wasser auftauchen und einem Menschen bis zu 50 Meter an Land folgen.
- Harmlos sind die Kaimane in Amerika und die Süßwasserkrokodile in Australien.
- Der einzige Schwachpunkt der Tiere: Die Muskeln, um ihr Maul

zu öffnen, sind schwach. Beim Zubeißen sind die Krokodile hingegen unheimlich unerbittlich. Die beste Strategie deshalb: Wann immer möglich versuchen, dem Tier das Maul zuzuhalten.
- An Land kann man versuchen, auf das Krokodil zu springen.
- Es sind Fälle bekanntgeworden, in denen Krokodile abgelassen haben, nachdem ihnen das Opfer in die Nase gebissen oder einen Stock ins Auge gestoßen hat.
- Nachts sind Krokodile leicht zu erkennen, weil ihre Augen rot im Schein der Taschenlampe leuchten.

WENN MAN VON EINEM ELEFANTEN ANGEGRIFFEN WIRD

Elefanten haben ein sehr gutes Gedächtnis. Deshalb sind insbesondere Tiere gefährlich, die schon einmal von Menschen gejagt wurden. Wenn Elefanten die Ohren zu einer Drohgestik abspreizen, dann reiten sie häufig nur einen Scheinangriff. Sind die Ohren angelegt, ist es ernst. Elefanten trampeln ihre Opfer tot oder versuchen sie mit den Stoßzähnen zu durchbohren. Um einen attackierenden Elefanten zu stoppen, bedarf es einer großkalibrigen Waffe. Auch ein lauter Schuss kann einen angreifenden Elefanten vertreiben.

WENN MAN VON EINEM HAI ANGEGRIFFEN WIRD

- Gehen Sie niemals mit einer offenen Wunde oder bei Dämmerung oder Dunkelheit in ein Haigewässer.
- Menschen werden eigentlich nur von drei Haiarten angegriffen: vom Weißen Hai (Carchadoron carcharias), vom Tigerhai (Galeocerdo cuvieri) und vom Bullenhai (Carcharhinus leucas). Es werden also nur Haie mit einer Länge von mehr als zwei Meter für Menschen gefährlich.

- Falls Sie tatsächlich Opfer eines Haiangriffs werden, gibt es eigentlich nur eine Verteidigungsmöglichkeit: Schlagen Sie mit einem spitzen Gegenstand auf die beiden empfindlichsten Punkte des Hais: seine Augen und die Kiemen.

WIE MAN EINEN BLUTEGEL LOSWIRD

Bleiben Sie ruhig, Blutegel sind ungefährlich. Wird ein Blutegel einfach weggerissen, erbricht er sich in die Wunde. So kann es zu schweren Infektionen kommen. Ein Blutegel besitzt zwei Saugnäpfe (am schmaleren Ende liegt der vordere, orale Saugnapf, am breiten der hintere Saugnapf). Klopfen und schieben Sie zuerst gegen den vorderen Saugnapf, bis der Blutegel loslässt, dann entfernen Sie den hinteren Saugnapf.

WIE MAN SICH VERHÄLT, WENN MAN EINEM BÄREN BEGEGNET

- Bären meiden Menschen. Deshalb tragen in Nordamerika viele Spaziergänger Bärenglocken. Trifft man auf einen Bären, sollte man laut rufen und sich möglichst groß machen.
- Braunbären ernähren sich vorwiegend vegetarisch. Schwarzbären lassen sich durch Anschreien einschüchtern, Grizzlys nicht.
- Nicht flüchten, der Bär würde Sie verfolgen, und er ist schneller als ein Mensch. Bären können bis zu 55 km/h schnell laufen. Jede Form von Flucht erhöht die Aggressivität des Bären.
- Nicht in die Augen schauen.
- Versuchen Sie, nicht zwischen Bär und Jungtier zu kommen.
- Kommt es zum Angriff, dann legen Sie sich auf den Boden, und stellen Sie sich tot. Oft täuschen Bären einen Angriff vor und bleiben dann nur ein paar Meter vor ihrem Ziel stehen. Trotzdem nicht weglaufen. Das ist reine Nervensache.

WIE MAN GEGEN EINEN EISBÄREN KÄMPFT

Eisbären sind mit bis zu 1000 Kilogramm die schwersten Raubtiere der Welt. Eisbären werden häufig von Essensresten angelockt. Deshalb nichts Essbares draußen liegen lassen. Versuchen Sie sich möglichst groß zu machen. Auf einen Stein steigen, mit der Jacke ein größeres Körpervolumen vortäuschen, laut brüllen. Essen hinwerfen, um die Bären abzulenken, und dann wegrennen.

WIE MAN EIN DURCHGEHENDES PFERD STOPPT

Festklammern mit Oberschenkeln und Knien. Auch mit den Händen am Sattel festhalten. So aufrecht wie möglich sitzen bleiben (instinktiv neigt man dazu, sich nach vorne zu beugen, dann rennt das Pferd noch schneller). Einen Zügel stärker anziehen als den anderen, damit das Pferd im Kreis reitet. Immer wieder freigeben und erneut fest anziehen, bis das Pferd in Schrittgeschwindigkeit bremst. Schreie helfen nicht. Besser: Beruhigend auf das Tier einreden. Sofort abspringen, wenn das Tier steht.

WIE MAN EIN KAMEL STOPPT

Im Gegensatz zum Pferd kann man beim Kamel den Kopf nicht zur Seite ziehen. Wählen Sie die Richtung, in die das Kamel ohnehin rennt, und versuchen Sie den Kopf in dieser Position zu fixieren, so dass das Kamel im Kreis läuft. Das Kamel wird nach relativ kurzer Distanz ohnehin langsamer werden und sich hinsetzen. Versuchen Sie unbedingt, das Gleichgewicht zu halten, um nicht vom Kamel zu stürzen.

WIE MAN EIN AUTO STOPPT, WENN DIE BREMSEN VERSAGT HABEN

- Einen möglichst niedrigen Gang einlegen und den Motor bremsen lassen.
- Handbremse ziehen (aber nicht zu fest, sonst reißt das Seil).
- Möglichst im flachen Winkel an ein Hindernis oder eine Leitplanke auffahren und daran entlangschrammen.
- Vorausfahrende Fahrzeuge als Prellbock verwenden.

WIE MAN EINE VERSCHLOSSENE TÜR ÖFFNET

- Wenn die Tür nicht abgeschlossen ist, lässt sich der Türschnapper mit einem biegsamen, aber festen Stück Plastik aufdrücken.
- Der Schnapper sitzt ungefähr auf der Höhe der Klinke und nicht auf der Höhe des Zylinders.
- Um das Stück einzuführen, sollten Sie die Tür möglichst weit aufdrücken, so wird der Spalt ein wenig größer.
- Die Scheckkarte, die man aus Filmen kennt, ist hingegen leider total nutzlos, weil sie sich nicht ausreichend biegen lässt.
- Türen mit der Schulter einzurammen ist ebenfalls ein Filmmärchen, das nur mit präparierten Papptüren funktioniert. Sie können allenfalls versuchen, die Tür mit einem gezielten Tritt auf den Schließzylinder aufzutreten. Bei modernen Sicherheitstüren dürfte das allerdings nicht gelingen. Verwenden Sie besser einen Schraubenzieher oder ein Eisenstück, und versuchen Sie die Tür aufzuhebeln.
- Beim Auto: Manche Autos mit Zentralverriegelung lassen sich öffnen, indem man einen Tennisball mit Loch an das Schloss hält und dann einmal schwungvoll draufschlägt.
- Ältere Autos mit Sicherungsknöpfen lassen sich aufziehen. Schieben Sie einen gebogenen Drahtkleiderbügel zwischen Dichtung und Scheibe, und ziehen Sie nach oben.

WIE MAN ÜBER GLÜHENDE KOHLEN LÄUFT

Die Nummer mit der glühenden Kohle ist ein Klassiker unter Motivationsgurus. Die Kohle glüht in zartem Rot bei einer Temperatur von über 500 Grad. Wie könnte man es jemals wagen, barfuß darüberzuspazieren? Wenn Manager erst mal über heiße Kohle gelaufen sind, preisen die Gurus, dann kann sie auch keine Massenentlassung mehr schrecken. Glühende Kohle ist in erster Linie die perfekte Illusion von Gefahr. Der Trick funktioniert über ein physikalisches Phänomen. Wir können etwa in einen heißen Ofen langen, und die heiße Luft tut uns nichts. Greifen wir hingegen an ein Metall, verbrennen wir uns. Das liegt daran, dass Metall ein guter und Luft ein schlechter Wärmeleiter ist. Kohle ist auch ein schlechter Wärmeleiter. Wenn der Guru behauptet, der Wille müsse über die Angst siegen, dann hat er eigentlich unrecht. Wichtig ist vielmehr, dass die Füße trocken sind und man sich gleichmäßig und zügig bewegt.

WIE MAN VON EINEM FAHRENDEN ZUG SPRINGT

Mit der richtigen Sprungtechnik kann man auch Sprünge von Zügen mit mehr als hundert Kilometern pro Stunde überleben. Ziehen Sie sich so viele Jacken wie möglich übereinander an, und versuchen Sie Ihre Kleidung zu polstern. Der Landeplatz sollte einen möglichst weichen Untergrund haben (Wiese, Acker) und frei von Bäumen sein. Unbedingt über den Schienenwall mit den Steinen hinausspringen. Gesicht und Kopf schützen und zur Seite abrollen. Den Aufprall auf eine möglichst große Körperfläche verteilen.

WIE MAN EIN FLUGZEUG LANDET

- Im ausgesprochen unwahrscheinlichen Fall, dass sowohl der Pilot als auch der Copilot ohnmächtig oder tot sind und es in der

ganzen Maschine keinen anderen Piloten gibt, muss man die Maschine eben selber notlanden.
- Falls der Pilot noch ohnmächtig im Sitz hängt, heben Sie ihn herunter und setzen Sie sich selbst auf den Pilotenstuhl.
- Setzen Sie den Kopfhörer auf. Am Steuerknüppel und da, wo das Kopfhörerkabel in die Armaturen gesteckt ist, befindet sich der Knopf, mit dem Sie sprechen können. Drücken Sie ihn, und sagen Sie laut: »Mayday Mayday«.
- Nun nennen Sie die Flugnummer und das Reiseziel, erklären Sie Ihre Notlage und verlangen Sie einen Piloten, der Ihnen Anweisungen gibt, wie Sie das Flugzeug landen können.
- Dies ist mit einem automatischen Landestrahl durchaus auch für absolute Anfänger möglich.
- Berühren Sie nichts, um nicht versehentlich den Autopiloten auszuschalten.
- Beobachten Sie den Höhenmesser, ob das Flugzeug an Höhe verliert (Altitude, die Höhe, wird in Fuß angegeben, ein Fuß entspricht rund 0,30 Meter). Falls ja, ziehen Sie den Steuerknüppel zu sich, bis die Nase nach oben kommt.

WIE MAN SICH ALS GEISEL VERHÄLT

- Wenn Sie gefesselt werden: Den Oberkörper möglichst breit machen und tief einatmen, um Spielraum zu gewinnen, mit dem man sich später von den Fesseln befreien kann. Handfesseln können durch endloses Winden und Dehnen geweitet werden.
- Versuchen Sie die Fessel zum Mund zu bekommen, die Zähne sind das schärfste Instrument am Körper eines Menschen.
- Bei der Fahrt unbedingt sämtliche Details merken. Wie lange sind Sie zum Versteck unterwegs? Wie oft sind Sie abgebogen? Welche Geräusche sind zu hören?
- Falls Sie im Kofferraum transportiert werden, reagieren Sie nicht panisch. Ein Kofferraum ist nicht luftdicht.
- Falls Sie sich von den Fesseln befreien konnten, versuchen Sie

die Scheinwerfer hinten herauszudrehen und mit der Hand auf sich aufmerksam zu machen.
- Erzählen Sie dem Geiselnehmer über Ihre Familie und Ihre Kinder. Das wird ihn später womöglich davon abhalten, Sie umzubringen.
- Versuchen Sie nicht, die Geiselnehmer ohne Maske zu sehen, dann könnte er Sie nicht mehr gefahrlos laufenlassen.
- Rechnen Sie permanent mit einer plötzlich auftauchenden Chance zur Flucht. Da könnte blitzartiger Instinkt Ihnen das Leben retten.
- Werfen Sie sich auf den Boden, wenn es zu einem Befreiungseinsatz kommt, um nicht versehentlich in die Schussbahn zu geraten.

ABSCHÜTTELN EINES VERFOLGERS

Ein paar Tricks, wie man Verfolger erkennt und gegebenenfalls abhängt:
- Steigen Sie im letzten Moment in den Zug, damit Sie sichergehen können, dass Sie nicht verfolgt werden.
- Gehen Sie ins Kino, setzen Sie sich in die letzte Reihe. Stehen Sie mitten im Film auf, und verlassen Sie das Kino.
- Fahren Sie langsamer als erlaubt. Andere Fahrzeuge werden Sie nun überholen, ein Verfolger bleibt zurück. Überfahren Sie die Ampel so, dass sie gerade auf Rot schaltet, wenn Sie durchfahren.
- Um einen Verfolger beim Spurenlesen in die Irre zu leiten, laufen Sie rückwärts oder kleben Sie sich Sohlen in der falschen Richtung unter die Schuhe.

WIE MAN DER FOLTER WIDERSTEHT

Folter wird immer noch weltweit praktiziert, um Geständnisse zu erzwingen. Wahre oder unwahre. Es hilft, wenn man die typischen Vorgehensweisen kennt:

- Man wird über den Grund der Festnahme nicht informiert.
- Man wird von der Außenwelt hermetisch abgeriegelt. Mögliche Zellengenossen sind oft Spitzel.
- Alles wird von Kameras und Mikrofonen aufgenommen.
- Man wird abwechselnd in Furcht und Hoffnung versetzt.
- Brutalität wechselt sich ab mit Freundlichkeit. (Nie vergessen, auch der Nette ist ein Feind.)

WENN MAN SCHIESSEN MUSS

In höchster Notwehr kann es passieren, dass man zur Waffe greifen muss, um sein Leben gegen eine bewaffnete Attacke zu schützen. Man zielt am besten auf den Rumpf des Gegners, weil man dort am wahrscheinlichsten vitale Organe trifft. Achtung: Jeder fünfte Getroffene kann noch zurückschießen.

WIE MAN MIT DEN HÄNDEN DEN RUF EINER EULE NACHAHMEN KANN

- Die Hände ineinander verschränken, so dass sich ein Hohlraum bildet.
- Es gibt nur einen kleinen Spalt zwischen den Daumen, der Rest sollte luftdicht abschließen.
- Die Daumen sollten entspannt und leicht gebeugt gehalten werden.
- Nun die Lippen ansetzen: Die untere Lippe setzt unter den Knöcheln an, die obere knapp unter den Fingernägeln.
- Darauf achten, dass die untere Lippe etwas Platz lässt, damit die Luft auch wieder entweichen kann.
- Nun gleichmäßig in die Hand blasen.
- Im besten Fall erklingt ein zartes Heulen. Ansonsten so lange die Art des Einblasens variieren, bis ein Heulen ertönt.

WIE MAN EINEN ELFER SCHIESST

Das Geheimnis des verwandelten Elfmeters liegt darin, schon vorher zu wissen, in welche Ecke man schießt. Bewusst in die andere Ecke blicken. Anlaufen und dann in der allerletzten Sekunde möglichst hoch ins geplante Eck schießen.

WIE MAN AUF EINE PALME STEIGT

Wie ein Frosch am Baumstamm festklammern. Mit angewinkelten Beinen die Sohlen an den Stamm drücken und dann nach unten wegdrücken. Die Kraft kommt aus der Aufstehbewegung der Beine. Die Arme klammern sich am Stamm fest, damit man die Beine wieder anziehen kann.

WIE MAN EINEN PAPIERFLIEGER BAUT

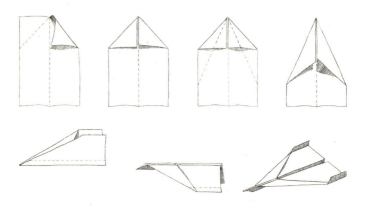

Wenn man über ein Papier pustet, dann hebt es sich. Das liegt daran, dass weniger Luft von oben drückt als von unten. So entsteht der Auftrieb, den die modernen Flugzeuge durch die Form ihrer Tragflächen nutzen. Die Oberfläche der Tragfläche ist gekrümmt, so dass die Luft schneller darüber hinwegfließt als von unten. Die Schwalbe, der perfekte Papierflieger, ist recht kompliziert, aber sie ist von den Flugeigenschaften der beste Flieger, der sich aus einem Blatt Papier falten lässt (Faltanleitungen finden Sie im Internet).

WIE MAN STÜRZT, OHNE SICH WEHZUTUN

Der Körper sollte möglichst entspannt sein und sich nicht dem Sturz entgegensetzen. Die Körperoberfläche möglichst klein machen und versuchen, die Energie in Rollbewegung umzusetzen. Die Arme sollten das Gesicht schützen. Möglichst nicht auf dem Rücken landen. Bei Fahrradstürzen das Bein blitzschnell unter dem Fahrrad vorziehen.

WIE MAN JONGLIERT

- Einen Ball von einer Hand in die andere Hand werfen. So lange, bis man mit der gleichen Intensität und Stärke sicher werfen kann. Die Hände sind auf Hüfthöhe, die Bälle sollten ungefähr auf Augenhöhe geworfen werden.
- Nun mit zwei Bällen üben. Den ersten Ball wie oben beschrieben werfen. Wenn er gerade am höchsten Punkt ist, den zweiten Ball hinterherwerfen.
- Der erste Ball wird von der Hand gefangen und unter dem zweiten Ball zurückgeworfen.
- Wenn man dafür nicht genügend Zeit hat, dann sollte man die Bälle etwas höher werfen, um Zeit zu gewinnen.
- Die Bälle immer dann beobachten, wenn sie am höchsten Punkt sind.
- So lange üben, bis man sich sicher fühlt. Dann einen dritten Ball hinzufügen. Die Bälle (A) und (B) in der linken Hand, den Ball (C) in der rechten Hand halten.
- (A) hochwerfen, exakt wenn er den höchsten Punkt erreicht (C), rüberwerfen.
- Ball (A) mit der rechten Hand fangen.
- Wenn (C) den höchsten Punkt erreicht hat, dann (B) werfen. (C) mit der linken Hand fangen.
- Wenn (B) am höchsten Punkt ist, (A) werfen. (B) fangen. (C) werfen und so weiter.
- Es sollte immer ein Ball in der Luft sein und nie mehr als ein Ball in der Hand.

Jeder kann jonglieren, es ist nur eine Frage der Disziplin und der Ausdauer.

WIE MAN EINE HÜTTE BAUT

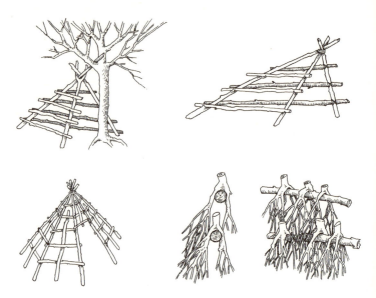

Sie benötigen Äste, Zweige und dünne Stämme. Wie in der Illustration dargestellt, stecken Sie mindestens 15 Äste im 45°-Winkel in die Erde, so dass sie sich oben im Mittelpunkt treffen und dort mit einem Strick oder Weidenruten zusammengebunden werden können. Die Seitenteile werden eingeflochten. Dann können sie mit Zweiggeflecht oder Schilfbündeln abgedeckt werden.

WIE MAN EIN IGLU BAUT

In Zeiten der Klimaveränderung liegt selten genug Schnee, um ein Iglu zu bauen. Aber hoffentlich kommt bald mal wieder ein Superwinter, und dann sollte man noch schnell ein Iglu bauen, bevor es für immer zu spät ist.

- Wir brauchen festen Schnee, der sich zu Blöcken zusammenpressen lässt.
- Die Blöcke werden mit der Säge herausgeschnitten. Sie haben eine unterschiedliche Größe, je nachdem, an welcher Stelle des Iglus man sie einsetzt (siehe Illustration).
- Der Durchmesser des Iglus sollte rund zwei Meter betragen, die Höhe rund 1,5 Meter.
- Die ersten Blöcke werden nach innen neigend angesetzt, damit das Iglu eine Kuppelform erhält.
- Eine zweite Person sollte immer im Iglu stehen und von der Innenseite dagegenpressen, damit er nicht einstürzt.
- Der Eingang des Iglus sollte zur windabgewandten Seite liegen.
- Das Eis isoliert ganz ausgezeichnet gegen die Kälte. Mit einer einzigen Kerze kann man die Temperatur im Iglu um bis zu zehn Grad erhöhen.

WIE MAN EINEN STEIN ÜBERS WASSER HÜPFEN LÄSST

- Am besten benutzt man einen flachen, glatten, runden Stein mit einem Durchmesser von etwa zehn Zentimetern.
- Das Wasser sollte möglichst ruhig sein.
- Der Stein sollte möglichst aus einer niedrigen Position geworfen werden (aus der Höhe verliert er schnell Geschwindigkeit).
- Der Stein wird aus dem Handgelenk in eine Drehung versetzt und sollte mit einem Winkel von rund 20 Grad auf der Wasseroberfläche aufsetzen, damit er die Oberflächenspannung des Wassers voll ausnützen kann.

WIE MAN WEIT SPUCKT

Viele Experten sagen, dass das Geheimnis des guten Spuckens darin liegt, dass der Druck von ganz tief unten aus der Bauchmuskulatur kommt. Es gilt möglichst viel Spucke zu sammeln, hier hilft ein saures Bonbon, die Spucke in der Kehle zu sammeln und dann mit extremem Druck aus dem Mund zu befördern. Dafür müssen sowohl Zunge, Zähne und Mund einen Kanal bilden, aus dem die Spucke mit höchstem Druck geschleudert wird.

WIE MAN GEHEIMTINTE HERSTELLT

Die drei besten Geheimtinten sind Eiweiß, Milch und Kartoffelsaft. Eigentlich eignet sich jeder eiweißhaltige Stoff, denn das Eiweiß verfärbt sich bei Hitze. Um die Geheimtinte sichtbar zu machen, muss sie der Empfänger über einer Flamme erhitzen.

WENN EIN VOGEL AUS DEM NEST FLIEGT

Noch nackte Jungvögel darf man wieder ins Nest setzen. Gefiederte, aber flugunfähige, die unter dem Nest liegen, stehen häufig noch in Kontakt mit den Eltern. Deshalb nicht einfach mitnehmen. Aus großer Entfernung beobachten und mindestens einen halben Tag warten, ob die Eltern noch füttern. Wirklich verwaiste Vögel in eine Auffangstation bringen. Wer den Vogel selber hochpäppeln will, sollte sich beim Bund Naturschutz über die entsprechende Behandlung erkundigen; möglich ist das bei Amsel, Drossel, Fink, Star, Meise und Schwalbe.

WIE MAN EIN PAPIERSCHIFFCHEN BAUT

Auf halbem Weg zum Papierschiffchen hat man einen Papierhut (aus einem großen Blatt Zeitungspapier, sehr geeignet als Schutz beim Streichen).

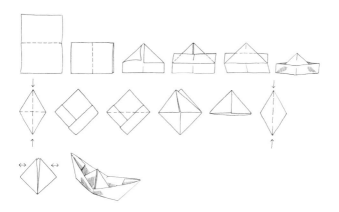

WIE MAN EINEN IGEL RETTET

Wenn ein Igel Mitte November weniger als 500 Gramm wiegt, sollte man ihn mitnehmen und aufpäppeln. Igel vertragen keine Milch und keine Früchte. Besser Hundetrockenfutter und Rührei ohne Salz.

WIE MAN EIN BLATT MEHR ALS SIEBENMAL FALTET

Es wird nicht gehen. Zumindest wahrscheinlich nicht. Außer Sie verwenden ein unglaublich großes Stück Papier. Die amerikanische Highschool-Absolventin Britney Gallivan hat die minimale Länge (L) des Papiers in Abhängigkeit von dessen Papierdicke (d) berechnet. Die Formel:

$$L = \frac{\pi \times d}{6} \times (2^n + 4) \times (2^n - 1)$$

Normalerweise ist bei sieben Faltungen immer Schluss.

WIE MAN EINEN KÖRPER MALT

Leonardo da Vinci hat mit seinem Vitruvianischen Mann illustriert, dass sich der aufrecht stehende Mensch sowohl in die geometrische Form des Quadrates wie des Kreises einfügt.
Schon Vitruvius schrieb: »Ferner ist natürlicherweise der Mittelpunkt des Körpers der Nabel. Liegt nämlich ein Mensch mit gespreizten Armen und Beinen auf dem Rücken und setzt man die Zirkelspitze an der Stelle des Nabels ein und schlägt einen Kreis, dann werden von dem Kreis die Fingerspitzen beider Hände und die Zehenspitzen berührt. Ebenso, wie sich am Körper ein Kreis ergibt, wird sich auch die Figur eines Quadrats an ihm finden. Wenn man nämlich von den Fußsohlen bis zum Scheitel Maß nimmt und wendet dieses Maß auf die ausgestreckten Hände an, so wird sich die gleiche Breite und Höhe ergeben wie bei Flächen, die nach dem Winkelmaß quadratisch angelegt sind … Der Körper des Menschen ist so geformt, dass das Gesicht vom Kinn bis zum oberen Ende der Stirn und dem unteren Rand des Haarschopfes ⅒ beträgt, die Handfläche von der Handwurzel bis zur Spitze des Fingers ebenso viel, der Kopf vom Kinn bis zum höchsten Punkt des Scheitels ⅛ …

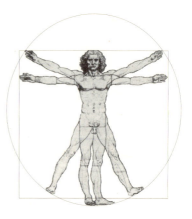

Vom unteren Teil des Kinns aber bis zu den Nasenlöchern ist der dritte Teil der Länge des Gesichts selbst, ebenso viel die Nase von den Nasenlöchern bis zur Mitte der Linie der Augenbrauen. Von dieser Linie bis zum Haaransatz wird die Stirn gebildet, ebenfalls ⅓ …«

WIE MAN EIN GESICHT MALT

1. Zeichnen Sie ein eiförmiges Oval, und teilen Sie es je in der Mitte mit einer waagrechten und senkrechten Linie. Teilen Sie die Hälfte unter dem waagrechten Strich in der Mitte.

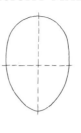 

2. Auf der waagrechten Linie in der Mitte liegen die Augen und die Oberkante der Ohren und der Nase. Auf der unteren Linie liegen die Nasenspitze und die untere Ohrenspitze.

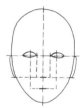

3. Die Augen sind so weit voneinander entfernt, wie ein Auge breit ist. Wenn Sie die obere Waagrechte in fünf gleiche Abschnitte teilen, dann liegen die Augen im zweiten und vierten Abschnitt. Auf der Höhe der Pupillen enden die Mundwinkel. Die Nase ist ungefähr so breit, wie die beiden Augeninnenseiten auseinanderstehen.

WIE MAN MIT DER HAND SCHATTENTIERE WIRFT

Reh *Hund* *Taube* *Ziege*

WIE MAN EINEN OLLIE AUF DEM SKATEBOARD MACHT

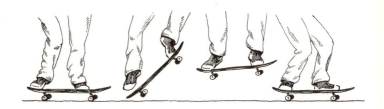

Skateboardlegende Alan »Ollie« Gelfand hat einen Trick erfunden, den jeder können sollte.
1. Das vordere Bein steht auf dem vorderen Drittel des Bretts, das hintere möglichst weit hinten. Der Fußballen soll sich ungefähr auf der Mittellinie des Bretts befinden.
2. Aus der Hocke heraus hinten aufs Brett steigen und schnell aufrichten.
3. Wenn das Brett in die Höhe schnellt, dann mit dem vorderen Fuß die Spitze nach unten drücken. Den hinteren Fuß gleichzeitig hochziehen, damit das Brett hinten hochgeht.
4. Mit beiden Beinen gleichzeitig landen und in die Knie gehen.

WIE MAN EINEN WHEELIE MACHT

- Der Schwerpunkt des Fahrrads sollte möglichst tief liegen, also Sattel runter.
- Langsam anradeln.
- Über die Lenkstange beugen und nach oben reißen.
- Dabei weitertreten.
- Jetzt wieder leicht nach vorne beugen, damit das Rad nicht hinten überkippt.
- Auf den hinteren Teil des Sattels setzen, mit der hinteren Bremse justieren.

WIE MAN »SCHIFFE VERSENKEN« SPIELT

Ein wunderbarer Klassiker, den viele Kinder heutzutage gar nicht mehr kennen.
1. Zwei oder mehr Spieler malen zwei Raster auf kariertes Papier, die sie waagrecht mit A–J und senkrecht mit 0–10 beschriften.
2. Jeder für sich malt (ohne dass es der andere Spieler sieht) möglichst geschickt verteilt sechs Schiffe in sein Feld (einen Flugzeugträger mit fünf Kästchen, ein Kampfschiff mit vier Kästchen, zwei Zerstörer mit drei Kästchen und zwei Kreuzer mit zwei Kästchen). Das zweite Raster dient dazu, um einzutragen, auf welche Koordinaten man beim Gegner bereits geschossen hat.
3. Ein Spieler fängt an und nennt eine Koordinate (etwa E7). Der andere Spieler überprüft sein Feld und sagt entweder »Treffer« oder »daneben«. Wenn bei einem Schiff sämtliche Kästchen getroffen sind, gilt das Schiff als versenkt.
4. Derjenige Spieler hat das Spiel gewonnen, der als Erster sämtliche Schiffe des Gegners versenkt hat.

WIE DIE BILLARDKUGELN ANGEORDNET WERDEN

8er Ball
Die 15 Kugeln werden so im Dreieck aufgebaut, dass die schwarze 8 in der Mitte liegt und in den hinteren Ecken jeweils eine volle und eine halbe. Der Rest kann zufällig angeordnet werden.

9er Ball
Die Kugeln werden rautenförmig angeordnet. Die 1 liegt an der Spitze, die 9 in der Mitte.

WIE MAN DEN QUEUE HÄLT

Die eine Hand, für Rechtshänder die linke, bildet eine Brücke. Legen Sie die Faust stabil auf den Tisch und den Queue in die Mulde zwischen dem Daumen und dem Zeigefinger. Die rechte Hand führt den Queue ganz locker in der Hand. Die Beine sollten schulterbreit auseinanderstehen und ein Dreieck mit der Brücke der linken Hand bilden. Der Queue sollte immer parallel zum Boden sein, und der Kopf sollte sehr niedrig gehalten werden, fast auf Höhe des Queues.

SPIEL & SPASS

WIE MAN DIE KUGELN ANSTÖSST

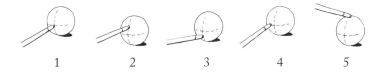

1 2 3 4 5

Der gewöhnliche Stoß (1)	Soll die Kugel ohne Effet gespielt werden, muss sie exakt in der Mitte getroffen werden.
Nachläufer (oberhalb der Mitte) (2)	Die weiße Kugel läuft weiter, nachdem sie eine andere Kugel getroffen hat.
Rückläufer (unterhalb der Mitte) (3)	Die weiße Kugel läuft zurück, nachdem sie eine andere Kugel getroffen hat.
Seitlicher Drall (links oder rechts der Mitte) (4)	Die Kugel ändert die Abprallrichtung, nachdem sie eine andere Kugel getroffen hat.
Kopfstoß (5)	Beim Kopfstoß bewegt sich die weiße Kugel in einer Bogenlinie. So kann eine andere Kugel umspielt werden.

WIE MAN GEGEN DEN WIND SEGELT

Eigentlich möchte man meinen, es wäre unmöglich, gegen den Wind zu segeln. Doch es geht. Der Trick: Der Wind drückt in die Segel, und durch die Gegenkraft des Kiels oder des Schwerts schiebt das Boot nach vorne. Nehmen Sie das Segel möglichst dicht, und versuchen Sie, sich so nah wie möglich an den Wind heranzutasten. Wenn das Segel flattert, steht man im Wind und treibt rückwärts.

WIE MAN SUMO-RINGER WIRD

Sumo ist eine sehr traditionelle Form des Ringens in Japan. Das Ziel ist es, den Gegner aus dem Ring oder auf den Boden zu werfen. Schlagen, Treten und Haareziehen ist nicht erlaubt. Die Vorbereitung ist nicht ganz einfach: Essen Sie jahrelang möglichst große Mengen pampigen Reis. Beim Sumo-Ringen ist es durchaus von Vorteil, wenn man schwerer ist als der Gegner. Um in der Klasse »Schwergewicht« mitmachen zu dürfen, sollten Sie mehr als 120 Kilo wiegen.

Bevor Sie den Ring (dohyo) betreten, sollten Sie klatschen und stampfen, um die bösen Geister zu verscheuchen. Anschließend streuen Sie Salz in die Arena, das soll Glück bringen. Das brauchen Sie auch, denn nach dem Befehl »Gunbai wo kaesu!« wird sich der Gegner auf Sie stürzen. Das kann sich für ungeübte Sumo-Ringer anfühlen, als wenn man von einem Lastwagen angefahren wird. Falls Sie noch bei Bewusstsein sein sollten, stehen Sie wieder auf, wenn der Schiedsrichter (gyoji) Ihnen »Nokotta« zuruft. Das bedeutet nichts anderes als: »Los, weitermachen!«

DER RÖSSELSPRUNG

60	11	56	07	54	03	42	01
57	08	59	62	31	64	53	04
12	61	10	55	06	41	02	43
09	58	13	32	63	30	05	52
34	17	36	23	40	27	44	29
37	14	33	20	47	22	51	26
18	35	16	39	24	49	28	45
15	38	19	48	21	46	25	50

Wenn Sie mal ein paar Monate Zeit und nichts zu tun haben, dann versuchen Sie doch mal das Springerproblem zu lösen. Dafür müssen Sie das Pferd mit 64 Sprüngen so über das Feld bewegen, dass es jedes Feld nur ein einziges Mal berührt. Es gibt einige Varianten, dies ist die elegante Variante von Monneron aus dem 18. Jahrhundert.

BACKGAMMON

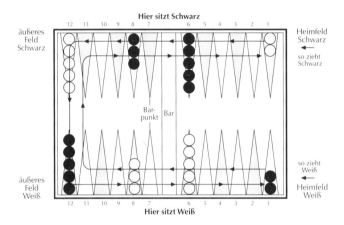

Backgammon ist ein wunderbares Brettspiel. Die Aufstellung erfolgt gemäß der Illustration. Es wird mit zwei Würfeln gespielt. Der Spieler darf entweder mit einem Stein die Summe beider Würfelzahlen in Richtung seines Homeboards ziehen oder mit zwei Steinen jeweils eine Würfelzahl. Beim Pasch darf man die doppelte Würfelzahl fahren. Ziel ist es, sämtliche 15 eigenen Steine vom Feld zu entfernen. Dazu müssen alle Steine ins eigene Homeboard gebracht werden (W7–12 oder S1–6). Dann dürfen sie mit der exakten Würfelzahl herausgenommen werden. Ein einzelner Stein darf vom Gegner geschlagen werden. Dann muss er wieder entgegengesetzt seines Homeboards beginnen. Felder, auf denen sich zwei oder mehr Spielsteine befinden, darf der Gegner nicht besetzen.

MÜHLE

Jeder Spieler hat neun Steine. Das Spielbrett hat 24 Felder. Die Spieler legen abwechselnd einen Stein auf einen freien Punkt. Sobald drei Steine auf einer Linie sind, kann er einen gegnerischen Stein vom Feld nehmen. Wenn alle Steine gesetzt sind, kann jeder Spieler nacheinander je einen Stein verschieben. Allerdings immer nur auf ein benachbartes Feld, wenn das noch nicht besetzt ist. Steine können nur dadurch aus dem Spiel genommen werden, dass man eine Reihe aus drei Steinen bildet. Wer nur noch drei Steine hat, darf auf ein beliebiges freies Feld springen, wenn er an der Reihe ist. Der Gegner muss weiterhin in der gewohnten Art ziehen, bis er gewinnt oder auch nur noch drei Steine hat. Wer nur noch zwei Steine besitzt, hat verloren.

DER PERFEKTE WORK-OUT

Fitnessübungen für den perfekten Körper, die jeder Mann jeden Tag machen sollte:

Gerade Bauchmuskeln kräftigen
Legen Sie sich auf den Rücken. Ziehen Sie ein Bein an, halten Sie es kurz und strecken es dann wieder aus. Wiederholen Sie diese Übung mit jedem Bein 15-mal.

Schräge Bauchmuskeln kräftigen
Legen Sie sich auf den Rücken, und ziehen Sie ein Bein an. Führen Sie die Hand der Gegenseite zum Knie, und drücken Sie dagegen. Halten Sie diese Position für 10 Sekunden. Wiederholen Sie diese Übung auch mit dem anderen Bein, jeweils 10-mal.

Oberschenkel- und Wadenmuskeln trainieren
Stellen Sie sich aufrecht hin, die Arme zeigen waagerecht nach vorn. Wippen Sie nun von den Fersen auf die Zehenspitzen und

wieder zurück. Nach einer Minute Beine ausschütteln, dann wiederholen.

Kurzhantelrudern
Nehmen Sie eine Kurzhantel in jede Hand. Stellen Sie sich so hin, Knie und Rumpf an der Taille leicht gebeugt. Atmen Sie aus, während Sie die Arme nach hinten und die Rückenmuskulatur zusammenziehen. Achten Sie darauf, Ellenbogen und Kurzhanteln in Körpernähe zu halten. Während der gesamten Bewegung Rücken gerade halten, und die Schulterblätter nicht nach vorne absenken. Einatmen und Arme wieder in die Ausgangsposition bringen.

Liegestützen
Legen Sie sich mit dem Gesicht nach unten. Setzen Sie die Hände direkt unter den Schultern auf, die Beine und Füße bleiben zusammen. Halten Sie den Rücken gerade. Die Zehen bleiben auf dem Boden. Stemmen Sie den Oberkörper beim Ausatmen vom Boden weg. Atmen Sie ein, und senken Sie den Körper langsam wieder in die Ausgangsposition.

Crunches
Legen Sie sich auf den Rücken. Fassen Sie mit den Händen hinter den Kopf, die Finger sollten die Ohren leicht berühren. Ziehen Sie den Kopf nicht nach vorne. Heben Sie die Schultern von der Matte, indem Sie den unteren Rücken in die Matte pressen und die Bauchmuskulatur aktivieren. Atmen Sie dabei aus. Kehren Sie beim Einatmen wieder zur Ausgangsposition zurück.

Fitness-Dips
Setzen Sie sich an den vorderen Rand eines stabilen Stuhls. Umschließen Sie die seitlichen Stuhlkanten mit den Händen. Gehen Sie mit den Füßen nach vorne, die Knie sind leicht gebeugt. Das Gewicht ruht auf Fersen und Armen. Senken Sie den Körper beim Einatmen, stemmen Sie den Körper beim Ausatmen mit den Armen wieder hoch in die Ausgangsposition.

Kurzhantel-Curls für den Bizeps

Stellen Sie sich aufrecht hin. Die Füße sollten schulterbreit parallel zueinanderstehen. Nehmen Sie in jede Hand eine Kurzhantel, und halten Sie diese auf Hüfthöhe. Heben Sie die Hanteln beim Ausatmen an. Oberarme und Ellenbogen an der Seite halten. Drehen Sie die Handgelenke im letzten Teil der Aufrollbewegung nach außen. Atmen Sie ein, und senken Sie die Arme langsam in die Ausgangsposition.

Kurzhantelfliegen

Legen Sie sich auf den Rücken, am besten auf eine Bank. Nehmen Sie in jede Hand eine Kurzhantel. Halten Sie die Arme mit gestreckten Ellenbogen nach außen, die Handflächen zeigen zur Mitte. Heben Sie beide Arme nach oben, und lassen Sie die Arme dann langsam wieder an den Seiten herunter.

Maximaler Herzschlag

Prüfen Sie Ihren Pulsschlag. Er sollte bei den Übungen nicht mehr als 70 Prozent der maximalen Herzschlagfrequenz für Ihre Altersstufe betragen.

Alter	angestrebter Herzschlag	maximaler Herzschlag
20	100–150	200
25	98–146	195
30	95–142	190
35	93–138	185
40	90–135	180
45	88–131	175
50	85–127	170
55	83–123	165
60	80–120	160
65	78–116	155
70	75–113	150

DIE SPIELREGELN VON TEXAS HOLD'EM POKER

Texas Hold'em ist die beliebteste Spielart des Pokers und lässt sich leicht lernen.
Jeder Spieler erhält zwei verdeckte Karten, die nur er sieht. Dann werden nacheinander fünf Gemeinschaftskarten in der Mitte des Tisches ausgegeben, die jeder sehen und zu seinem Blatt benutzen kann. Die Spieler bilden ihre 5-Karten-Hand aus beiden, einer oder auch keiner ihrer verdeckten Karten in Kombination mit diesen Gemeinschaftskarten. Zuerst werden drei Karten in den Flop gelegt, anschließend die nächste, der Turn und am Schluss der River, die letzte Karte. Unterbrochen jeweils durch eine Wettrunde.
Das Spiel ist in vier Wettrunden aufgeteilt. Die Spieler bieten der Reihe nach im Uhrzeigersinn. Zuerst bietet der Spieler neben dem Kartengeber, der nach jeder Spielrunde eine Position nach links rückt.

Blinds (erzwungene Einsätze)
Vor Spielbeginn geben die beiden Spieler, die links vom Kartenleger (Button) sitzen, Blinds ab. Der Name kommt daher, dass die Spieler diese Einsätze leisten, bevor sie die Karten sehen. Die Blinds gewährleisten, dass Geld im Pott ist, um das zu Beginn gespielt werden kann. Der Spieler links vom Geber setzt den Small Blind und der Spieler zu dessen Linken setzt den Big Blind.

Pre-Flop
Jeder Spieler erhält zwei Karten, die nur er sehen kann. Im Anschluss beginnt die erste Wettrunde mit dem ersten Spieler links vom Big Blind. Dieser Spieler, der jetzt als »under the gun« bezeichnet wird, kann:
- mitgehen – den im Big Blind geleisteten Einsatz zahlen (call)
- erhöhen – einen höheren Einsatz zahlen (raise)
- aussteigen – seine Karten niederlegen und den Einsatz verlieren (pass, fold).

Ist der Spieler, der den Big Blind (der erste volle Einsatz) gezahlt hat, erneut an der Reihe, kann er schieben (check) bzw. im Spiel bleiben, ohne etwas in den Pott zu zahlen. Wenn ein Gegner jedoch erhöht hat, hat der Big Blind drei Möglichkeiten: Er kann passen (pass, fold), mitgehen (call) oder erneut erhöhen (reraise).

Der Flop
Nun werden drei Gemeinschaftskarten, die jeder Spieler nutzen kann, um seine 5-Karten-Hand zu bilden, offen auf den Tisch gelegt. Es folgt die zweite Wettrunde. Wenn ein Spieler wettet, müssen die anderen entweder mitgehen, raisen oder folden.

Der Turn
Eine 4. Gemeinschaftskarte wird offen auf den Tisch gelegt. Es folgt die dritte Wettrunde, die wie die vorherige abläuft.

Der River
Die 5. und letzte Gemeinschaftskarte wird ausgegeben, und es folgt die letzte Wettrunde.

Der Showdown
Sind noch mehr als ein Spieler im Spiel, kommt es zum Showdown, in dem die Spieler ihre Karten aufdecken und das höchste Blatt gewinnt. Haben beide Spieler ein gleichwertiges Blatt, wird der Pott geteilt.

DIE WERTIGKEIT DER BLÄTTER VOM SCHWÄCHSTEN ZUM STÄRKSTEN

High Card – Höchste Karte
Keine Kombination
Wert der höchsten Karte, bei Gleichheit entscheidet die zweithöchste usw.

POKER

One Pair – Paar/Zwilling
Zwei Karten mit gleichem Wert
Wert des höchsten Paares, bei Gleichheit entscheidet die höhere Beikarte (engl. Kicker)

Two Pair – Zwei Paare
Zwei Paare
Wert des höchsten Paares, bei Gleichheit entscheidet das zweithöchste Paar und schließlich die höhere Beikarte

Three of a Kind – Drilling
Drei Karten mit gleichem Wert
Wert des höchsten Drillings, bei Gleichheit entscheidet die höhere Beikarte

Straight – Straße
Fünf Karten in einer Reihe (nicht gleiche Farbe), dabei darf kein Ass in der Mitte vorkommen
Wert der Endkarte

Flush
Fünf Karten in einer Farbe
Wert der höchsten Karte, bei Gleichheit entscheidet die zweithöchste usw.

Full House
Ein Drilling + ein Paar
Wert des höheren Drillings

Four of a Kind – Vierling / Poker
Vier Karten mit gleichem Wert
Wert des höheren Vierlings

Straight Flush
Straße in einer Farbe
Wert der Endkarte

Royal Flush
Straße in einer Farbe auf Ass endend

KLEINES POKER-LEXIKON

Action: Checken/Bieten/Erhöhen. Ein Spiel, in dem die Spieler um große Töpfe spielen, wird als »Action«-Game bezeichnet
All-in: Wenn ein Spieler seine gesamten Chips einsetzt
American Airlines: Zwei Asse (auch Pocket Rockets genannt)
Angle: Eine Aktion, die nicht unbedingt gegen die Regeln verstößt, aber mit unfairen Taktiken arbeitet

Bankroll: Der einem Spieler zur Verfügung stehende Geldbetrag
Bet Odds: Die Wahrscheinlichkeit, seine Hand zu verbessern und zu gewinnen, in Prozent
Blank: Eine nutzlose Karte
Blind: Der oder die Einsätze, die von den beiden Spielern direkt links vom Geber gemacht werden müssen. Die Zwangseinsätze werden vor Ausgabe der Karten gesetzt
Boat: Ein Full House
Broadway: Eine Straße bis zum Ass (10-B-D-K-A).
Bullets: Ein Asse-Paar
Bump: Erhöhen/raise
Button: Auch Dealerbutton genannt. Die kleine runde Scheibe, die nach jeder Runde im Uhrzeigersinn von Spieler zu Spieler geht. Sie markiert den Geber jeder Runde.

Buy-in: Der spezifische Mindestbetrag, den ein Spieler zur Verfügung haben muss, um bei dem jeweiligen Pokerspiel mitmachen zu können

Call: Beim Gebot mitgehen
Cap: Die maximale Zahl erlaubter Erhöhungen pro Einsatzrunde zu bieten
Check: Ist ein Spieler an der Reihe zu bieten und noch niemand hat vor ihm geboten, kann er checken. Das heißt, er setzt nicht, bleibt aber trotzdem im Spiel.
Chop: Abhacken. Wenn der Pot zwischen den Spielern geteilt wird, entweder weil mehrere das gleiche Blatt haben oder weil vor dem Flop alle weggeschmissen haben

Dead Man's Hand: Zwei Asse und Zwei Achter. (Das Blatt, das Wild Bill Hickock in Händen hielt, als Jack McCall ihm in den Rücken schoss.)
Door Card: Die erste aufgedeckte Karte in einer Stud-Runde, auch »Up«-Karte genannt
Draw Poker: Poker-Variante, bei der jeder Spieler fünf Karten verdeckt erhält, mit der Option, eine oder mehrere wegzuwerfen und sie durch neue zu ersetzen, um ein besseres Blatt zu bilden
Ducks: Ein Zweierpaar (auch Deuces genannt)

Fifth Street: Auch als »River«-Karte bekannt. Bei Flop-Spielen ist dies die 5. Gemeinschaftskarte in der letzten Einsatzrunde. Bei Stud-Spielen ist es die 5. an jeden Spieler ausgegebene Karte in der 3. Einsatzrunde.
Fish: Ein schlechter Spieler (auch Calling-station genannt)
Flat Call: Mitgehen, ohne zu erhöhen
Flop: Bei Hold'em und Omaha die ersten drei Gemeinschaftskarten, die mit dem Bild nach oben und alle zusammen im Zentrum des Tisches plaziert werden
Flop Games: Die Pokerspiele (Hold'em und Omaha), die mit of-

fenen, in der Mitte des Tischs plazierten Gemeinschaftskarten gespielt werden

Flush Draw: Wenn man bereits vier Karten einer Farbe hat und noch die Möglichkeit besteht, eine 5. derselben Farbe zu erhalten

Grinding: Über einen längeren Zeitraum mit minimalem Risiko und kleinen Gewinnen spielen

Hand: Die fünf besten Karten eines Spielers
High Limit: Ein Spiel, in dem um hohe Einsätze gespielt wird

Keep Them Honest: Am Ende einer Runde mitgehen, um jemanden vom Bluffen abzuhalten
Key Hand: In einer Sitzung oder einem Turnier das Blatt, das für einen Spieler den Wendepunkt zum Besseren oder Schlechteren bedeutet

Lead: Der erste Spieler, der einen Einsatz in den Pott macht
Limp-in: Mitgehen statt zu erhöhen. Am meisten wird der Begriff genutzt, wenn der erste Bieter nach dem Big Blind nur mitgeht.

Main Pot: Der zentrale Pott. Alle anderen Gebote gehen in einen Nebenpott (side-pot), um den die verbleibenden Spieler spielen. Dies geschieht, wenn ein Spieler all-in geht und die anderen Spieler mehr Geld als er haben und weiterspielen.
Maniac: Ein sehr aggressiver Spieler, der viele Blätter spielt
Muck: Sein Blatt wegwerfen oder zurückgeben. Auch Kartenstapel, der nicht mehr im Spiel ist.
Monster: Ein sehr gutes Blatt. In einem Turnier ist derjenige ein Monster, der aus einem kleinen Stapel Chips einen großen macht.

Nuts: Das bestmögliche Blatt zu jedem Zeitpunkt während eines Spiels. Ein unschlagbares Blatt.

Open – Eröffnen: das erste Gebot abgeben
Outs: Anzahl der Karten im Deck, die Ihr Blatt verbessern

Pocket Cards: Die zwei Karten, die Sie zu Beginn eines Hold'em erhalten und die niemand anders sehen darf
Post: Wenn Sie keinen Blindeinsatz abgeben, müssen Sie »posten«, d. h. so viel Chips zugeben, wie im Blind gesetzt waren.
Pot – Pott: Das Geld oder die Chips in der Mitte des Tisches, um die gespielt wird

Rail: Die Kante des Pokertischs oder die Abgrenzung des Pokerbereichs
Railbird: Jemand, der im Pokerzimmer die Spiele beobachtet und eventuell einsteigen will
Rake: Betrag, der für den Veranstalter eines Pokerturniers aus dem Pot genommen wird. Meist 5–10 %
Rap: Wenn ein Spieler auf den Tisch klopft, um anzuzeigen, dass er checkt (schiebt)
Rock: Ein passiver, knickriger Spieler
Rounders: Spieler, die mit dem Spiel ihren Lebensunterhalt verdienen. Auch der Titel eines bekannten Pokerfilms mit Matt Damon und Ed Norton
Rush: Eine Glückssträhne

Sandbagging: Zurückhaltend spielen und mitgehen, obwohl man ein gutes Blatt auf der Hand hat. Diese Spielweise soll in der Regel das eigene starke Blatt verschleiern, Bluffs provozieren und andere zum Checken und Erhöhen animieren.
Scoop: Bei Split-Pot-Varianten (z. B. Omaha High) den gesamten Pott gewinnen
See – Sehen: mitgehen
Stack: Wenn ein Spieler all-in geht

Thirty Miles: Dreierkombination aus Zehnern
Tight: Ein nicht sehr risikobereiter Spieler, der nur gute Karten spielt

Tilt, On: Irrationales, in der Regel schlechtes Verhalten beim Verlieren

Walking Sticks: Ein Siebener-Paar
Wild Card: Eine Karte, die jeden Wert erhalten kann

NOTIZEN

NOTIZEN

NOTIZEN

NOTIZEN

NOTIZEN

Oliver Kuhn

Der perfekte Verführer

Wie Sie garantiert jede Frau erobern

Es ist das größte Experiment der Welt. Hunderttausende Männer haben sich weltweit zu einer verschworenen Gemeinschaft zusammengeschlossen. Ihr Ziel: Das letzte große Geheimnis zu enträtseln – wie können Männer schöne Frauen erobern?

Gemeinsam haben Sie die perfekte Masche ersonnen. Es ist das erste Verführungssystem, das wirklich funktioniert. Erstmals offenbart dieses Buch nun die geheimen Strategien und Techniken, um garantiert jede Frau rumzukriegen.

Dies ist kein herkömmlicher Flirtratgeber, dieses Buch enthält machtvolle psychologische Techniken, um Frauen süchtig nach Ihnen zu machen. Das neue Standardwerk der modernen Verführungskunst.

Knaur Taschenbuch Verlag